ZU DIESEM BUCH

Mehr denn je haben sich PsychotherapeutInnen heute darauf einzustellen, therapeutische Ziele innerhalb befristeter und relativ
kurzer Zeit zu erreichen. Die anhaltenden finanziellen Engpässe
im Gesundheitswesen werden diesen Trend in nächster Zeit noch
verstärken.

Das praxisnahe und gut lesbare Buch des bekannten amerikanischen Psychotherapeuten M. F. Basch bietet eine effektive Be-
handlungsmethode, die geeignet ist, mit den meisten Patienten erfolgreich in weniger als 20 Sitzungen zu arbeiten.

Baschs psychotherapeutische Technik gründet auf dem von ihm in
früheren Büchern ausführlich dargestellten »Entwicklungsmodell«, das die zentrale Rolle des Affekts und der Affektentwicklung in der Behandlung betont. Er zeigt anhand vieler ausführlicher Fallstudien, wie der Therapeut die spezifische Dynamik eines
jeden Patienten hervorlocken und die so offenbarte Stärke dann
zur Bearbeitung der jeweiligen Störungen und Schwierigkeiten
nutzen kann.

Michael Franz Basch, M. D., ist Psychoanalytiker, Professor für
Psychiatrie am Rush Medical College, Lehr- und Kontrollanalyti-
ker am Chicagoer Institut für Psychoanalyse; er hat zudem eine
psychotherapeutische Praxis in Chicago.

Zahlreiche Veröffentlichungen. In deutscher Sprache ist erschienen: »Die Kunst der Psychotherapie« (J. Pfeiffer Verlag).

Michael Franz Basch

Kurzpsychotherapie
in der Praxis

Aus dem Amerikanischen übersetzt
von Brigitte Stein

J. Pfeiffer Verlag · München

Die amerikanische Originalausgabe ist unter dem Titel »Doing Brief Psychotherapy« erschienen bei BasicBooks. Published by arrangement with BasicBooks, a division of HarperCollins Publishers, Inc.

Die Deutsche Bibliothek – CIP-Einheitsaufnahme

Basch, Michael Franz:

Kurzpsychotherapie in der Praxis / Michael Franz Basch. Aus dem Amerikan. übers. von

Brigitte Stein. – München : Pfeiffer, 1997

  (Reihe Leben lernen ; 111)

  Einheitssacht. : Doing brief psychotherapy <dt.>

  ISBN 3-7904-0645-7

NE: GT

Reihe »Leben lernen«

Nr. 111
herausgegeben von Monika Amler und Siegfried Gröninger

Satz: PC-Print, München
Druck: G.J. Manz AG, Dillingen
Umschlagentwurf: Michael Berwanger, München
Titelabbildung: Michael Berwanger
© J. Pfeiffer Verlag, München 1997
ISBN 3-7904-0645-7

Für Erik Thomas Basch

5. Oktober 1994

Gute Reise

Inhalt

Vorwort

Die sogenannte Kurztherapie – eine psychotherapeutische Behandlung, die maximal zwanzig Sitzungen umfasst – wird oft als eine Notlösung betrachtet. TiefenpsychologInnen bekommen im Laufe ihrer Ausbildung die feste Überzeugung vermittelt, dass eine längere Therapie vorzuziehen sei. Die Erfahrung hat mich jedoch gelehrt, dass kürzere Behandlungsformen keinesfalls von Nachteil sein müssen. In der Mehrzahl der Fälle befähigt die kurzfristige Behandlung, nach den Regeln der Kunst angewandt, den Patienten durchaus, dieselben therapeutischen Ziele zu erreichen wie die langfristige Psychotherapie, und sie hat überdies den Vorzug, den Patienten entsprechend früher von seinem seelischen Leidensdruck zu befreien. Außerdem, glaube ich, kann man nicht von vornherein aufgrund der Symptome oder der Charakterstruktur entscheiden, dass ein Patient aus einer Kurztherapie keinen Nutzen ziehen könnte. Vielmehr vertrete ich die Auffassung, dass man alle Patientinnen und Patienten, die weder psychotisch noch suizidgefährdet sind, bis zum Beweis des Gegenteils als für eine Kurztherapie geeignet ansehen sollte.

Es mag zunächst befremdlich erscheinen, wenn ein ausgewiesener Psychoanalytiker über Kurztherapie schreibt. Aber ich behaupte ja gar nicht, dass diese einen Ersatz für die Psychoanalyse oder eine andere unbefristete Psychotherapie darstellt. Es ist einfach ein Faktum, dass sehr wenige der Menschen, die mir zur Behandlung überwiesen werden, eine so ausgedehnte Behandlung benötigen. In der Mehrzahl der Fälle arbeiten die Patienten und ich eine Weile zusammen, gelangen zu einer akzeptablen Lösung ihrer jeweiligen Schwierigkeiten und nehmen wieder voneinander Abschied. So sehr ich mich für sie freue, wenn sie mich verlassen, so murre ich doch gelegentlich, dass mir niemand mehr richtige, klassische psychoanalytische Behandlungsfälle schickt. Ich dachte, ich käme einfach meinen Aufgaben nach, aber es stellte sich heraus, dass ich die ganze Zeit Kurztherapie betrieben hatte.

Dies wurde mir klar, als geplagte KollegInnen und StudentInnen mir in Seminaren und Supervisionssitzungen klagten, die von den

Krankenkassen verfügten Leistungsbeschränkungen machten es ihnen unmöglich, ihre Patienten angemessen zu versorgen. Viele ihrer Patienten baten sie buchstäblich in Tränen, wie ich hörte, mit einem Therapeuten sprechen zu dürfen, statt einfach ein neues Medikament verordnet zu bekommen. Aber die Ärzte waren sich darin einig, dass es die von den Kassen errichteten hohen Hürden nicht zuließen, irgendeine Art von Psychotherapie zu beginnen. Was konnte man schließlich zu erreichen hoffen, wenn die Zahl der Therapiestunden pro Patient willkürlich von vonherein beschränkt wurde? Eine ganze Menge, dachte ich, als ich die Falldarstellungen hörte. Ich wäre nur zu gern bereit gewesen, innerhalb der festgesetzten zeitlichen Grenzen mit diesen Klienten zu arbeiten.

Ich brauchte nicht lange, um das Problem zu identifizieren, das einer angemessenen Behandlung dieser Patienten im Wege stand. Da sie an jeden Patient mit dem Schema herangingen, das Freud für die Behandlung neurotischer PatientInnen entwickelt hat – eine therapeutische Technik, bei der eine langwierige Erforschung der Kindheit unerlässlich ist –, waren diese TherapeutInnen blockiert, wenn die Behandlungsdauer von vornherein festgelegt war.

Wie das Sprichwort sagt, wenn man nichts als einen Hammer hat, sieht man überall Nägel. Ich hatte das Glück, mit ein paar neurotischen PatientInnen zu arbeiten, bei denen der psychoanalytische Hammer gut funktionierte. Wir schlagen den Nagel so tief ein, wie es geht – das heißt durch die Abwehr des Patienten hindurch bis hinunter zu den frühesten Erinnerungen und Phantasien, die der Patient am liebsten nicht anschauen, geschweige denn zur Kenntnis und beim Namen nennen möchte. Aber warum sollte man auf jene bedauernswerten Patienten einhämmern, deren Problem ihnen ins Gesicht geschrieben ist, die keinen Widerstand dagegen leisten, sich mit dem zu konfrontieren, was sie wissen müssen, und deren Fähigkeit zu heilsamer Veränderung nicht davon abhängt, tief verschüttete Geheimnisse aufzudecken?

Meine eigene Erfahrung wie auch die meiner StudentInnen und der von mir supervidierten TherapeutInnen hat gezeigt, dass sich Behandlungen oft nicht aufgrund der Bedürfnisse des Patienten in die Länge ziehen, sondern weil der Therapeut nicht weiß, wie und wo er intervenieren soll. Ich bin mir durchaus bewusst, dass wir alle verborgene Probleme haben, die im Prinzip nur durch eine psychoanalytisch orientierte Exploration der frühen Kindheit aufdeckbar sind, aber folgt daraus zwingend, dass dies der Pfad ist, den jede Psychotherapie einschlagen muss? Das wäre etwa so sinnvoll wie die Behauptung, da Insulin Diabetikern das Leben rette und da wir alle eine Bauchspeicheldrüse haben, sei Insulin das geeignete Mittel für alle körperlichen Gebrechen.

Seit Freud seine Theorie und Technik formulierte, haben wir viel über normale psychische Entwicklung und Bindung gelernt. Dieses Wissen, in praktische Technik umgesetzt, bildet die Grundlage eines neuen, wenn auch immer noch tiefenpsychologischen therapeutischen Ansatzes, den ich als das *entwicklungsbezogene Modell* bezeichne. Auf eine kurze Formel gebracht, lokalisiert die entwicklungsbezogene Psychotherapie das Problem des Patienten im jeweiligen Bereich, in dem seine Entwicklung blockiert gewesen zu sein scheint, und gibt sich gleichzeitig Rechenschaft über jene Gebiete, auf denen der Patient produktiv und handlungsfähig ist oder sein könnte. Damit vermeidet man unnötige Regression und langwierige Therapie, indem man von der Arbeitshypothese ausgeht, dass der Patient über die Ressourcen verfügt, um seine Probleme zu bewältigen, und dass es Aufgabe des Therapeuten ist, diese Ressourcen zu mobilisieren und zum Einsatz zu bringen. Mit anderen Worten, ich betrachte den Patienten nicht bloß als ein Opfer der Vergangenheit, sondern als einen Akteur der Veränderung in der Gegenwart.

Wenn man auf diese Weise mit ihren eigenen Möglichkeiten arbeitet, können Patienten in einem annehmbaren Zeitraum annehmbare Ziele erreichen. Für viele Patienten eröffnet die Kurztherapie den Weg zu einer grundlegenden und dauerhaften Charakterveränderung. Für andere vermag die Kurztherapie ein bestimmtes Problem zu lösen, das einer funktionalen psychologischen Anpassung im Wege stand oder diese zunichte zu machen drohte. Bei all jenen, die eine längere Behandlung brauchen, dient die Kurztherapie als ein diagnostisches Instrument, das die Situation klärt und Gelegenheit bietet, die Notwendigkeit anderer Therapieformen und die dem Patienten offen stehenden Optionen zu erörtern.

Dieses Buch entfaltet das entwicklungsbezogene Modell der Kurztherapie vor dem Hintergrund von Fallgeschichten, anhand derer sich Richtlinien für eine Technik ableiten lassen, die sich an der normalen Entwicklung orientiert. LeserInnen, die mit der Literatur über Kurztherapie vertraut sind, werden rasch feststellen, dass sich mein Ansatz grundlegend von anderen Behandlungsmodellen unterscheidet, die sich überwiegend noch auf die psychoanalytische Exploration des unbewussten ödipalen Konflikts stützen. Was ich vertrete, ist jedoch inklusive, nicht exklusive; so können unter anderem die Beiträge von Franz Alexander, Habib Davanloo, David Malan, James Mann und Peter Sifneos durch die entwicklungsbezogene Psychotherapie erklärt werden und umgekehrt zu deren Bereicherung dienen. Im Einleitungskapitel stelle ich die vier Modelle einer tiefenpsychologischen Kurztherapie vor, die heute in der Literatur am häufigsten behandelt werden. Diese Modelle haben eine Reihe von technischen Aspekten miteinander gemein, die beibehalten werden sollten; gleichwohl vertrete ich einen Ansatz, der ihre Begrenzungen zu überwinden sucht.

Im ersten Teil meines Buches wird das entwicklungspsychologische Modell im klinischen Kontext dargestellt. Ich ziehe hierzu zwei Fälle heran, die mir von Ärzten in klinischen Seminaren vorgestellt wurden, um zu zeigen, wie man der Falle der Regression entgehen kann. Dabei sind jene Entwicklungsaspekte zu identifizieren, in denen der Patient Stärken hat; diese Stärken können dann dazu herangezogen werden, um die blockierte Entwicklung in anderen Bereichen zu korrigieren, die ihn zu konterproduktiven Strategien verleitet haben. Im zweiten Teil des Buches erläutere ich das Modell anhand von Fällen aus meiner eigenen Praxis, die sich für ein aktives therapeutisches Eingreifen eigneten und in deren Verlauf die Patienten eine signifikante charakterliche Veränderung durchmachten. Am Ende dieses Abschnittes komme ich auf jene klinischen Situationen zu sprechen, die sich für einen zeitlich kurz befristeten Ansatz nicht eignen, und führe aus, warum manche Patienten eine längere Behandlung benötigen, um eine solche Charakteränderung zu erzielen. Die Behandlungen verschiedener schwieriger – und anfänglich entmutigender – PatientInnen nehmen den dritten und letzten Teil des Buches ein. Diese Falldarstellungen veranschaulichen, wie man bedeutsame, wenn auch begrenzte, Ergebnisse selbst in Fällen erzielen kann, die leicht als hoffnungslos aufgegeben werden oder sich in einer endlosen Therapie hätten dahinschleppen können, ohne je zu einem therapeutischen Abschluss zu kommen.

Da man idealen PatientInnen häufiger in Lehrbüchern als in der eigenen Praxis begegnet, habe ich mich bewusst dafür entschieden, Fallbeispiele vorzustellen, die nicht in die engen Parameter der Eignung fallen, die von verschiedenen anderen Schulen der Kurztherapie empfohlen werden. Der Leser wird feststellen, dass ich die Anwendung des entwicklungsbezogenen Modells anhand einer Reihe von auf den ersten Blick wenig aussichtsreichen, schwierigen Fällen vorstelle – Patienten, wie sie jeder von uns zu Gesicht bekommt, der über eine Praxis, ein Telefon und freie Therapiestunden verfügt.

Natürlich sind die Fallgeschichten bzw. Komposita hinreichend abgeändert worden, um die Identifizierung einzelner Patienten zu verhindern. Ich habe jedoch eine genaue Beschreibung des therapeutischen Austauschs beibehalten, um das Wann, Wie und Warum der von mir vertretenen Technik zu verdeutlichen. Allzu oft demonstrieren klinische Protokolle zwar das Geschick des Therapeuten, der die Behandlung durchführt, lassen den Leser aber im Unklaren darüber, wie Prinzipien in bestimmte Interventionen umgesetzt wurden. Ich habe versucht, einer solchen Frustration vorzubeugen, indem ich Schritt für Schritt darlege, woraus sich meine Interventionen ableiten. Auf diese Weise hoffe ich die einzelnen therapeutischen Maßnahmen bei einem bestimmten Patienten entwicklungspsychologisch zu begründen, ohne das entwicklungspsychologische Modell an eine Technik zu ketten, die meiner Persönlichkeit, aber nicht unbedingt der eines anderen entgegenkommt. Mein Ziel ist es, eine Herangehensweise an die Psychotherapie zu formulieren, die programmatisch, aber dabei weder so allgemein ist, dass es nutzlos, oder so spezifisch, dass es idiosynkratisch wird.

Da sich das Buch primär mit psychotherapeutischer Technik beschäftigt, habe ich die theoretischen Erörterungen auf ein Minimum beschränkt und das entwicklungsbezogene Modell und seine Anwendung so knapp wie möglich umrissen. Den Hintergrund und die Rechtfertigung für die klinischen Grundsätze, die ich hier mehr oder weniger dogmatisch vertrete, habe ich jedoch an anderer Stelle ausführlich dargestellt (Basch 1988, 1992).

Die meisten TherapeutInnen scheinen zu erwarten, dass es zwangsläufig ein langsamer, schwieriger und langwieriger Prozess ist, in der Behandlung signifikante Veränderungen zu erzielen. Dies ist nicht notwendigerweise der Fall. Das Therapiemodell, das ich vertrete, ist geradlinig und verständlich, und es funktioniert. Und das ist keine Frage von jahrzehntelanger Erfahrung. Ich fühle mich ermutigt durch den Erfolg der jungen Leute, die bei mir in Ausbildung sind, nachdem ich sie davon überzeugen konnte, dass graue Haare keine Vorbedingung sind, um das entwicklungspsychologische Modell anwenden zu lernen. Viele von ihnen erreichen innerhalb weniger Wochen oder Monate einen Grad an therapeutischer Kompetenz, den sie früher bestenfalls nach einem Jahrzehnt der Praxis erlangten.

Ich hoffe, dass meine Ausführungen sowohl für Lehrende und Studierende als auch für praktizierende TherapeutInnen von Wert sein werden. Mein Ziel war es, ein Buch zu schreiben, das für TherapeutInnen aller Richtungen brauchbar sein würde, nicht nur für psychoanalytisch orientierte wie ich, die wir von unserer Ausbildung her nicht auf ein Klima vorbereitet sind, in dem die Nachfrage zwar groß ist, aber nur wenige Optionen offen stehen; ich wollte alle TherapeutInnen ansprechen, die die Auferlegung zeitlicher Beschränkungen frustrierend finden. Mit einem Ansatz wie dem hier vertretenen entwicklungspsychologischen Modell brauchen wir solche Zwänge nicht länger als schädlich für den therapeutischen Prozess anzusehen.

Einführung

Seit Freud demonstrierte, dass die lähmenden Symptome der Psychoneurosen durch Analyse des ödipalen Kindheitstraumas geheilt werden können, gilt sein Ansatz als »Goldstandard« jeder dynamischen Form von Psychotherapie (Goldberg 1995). Der Aufwand an Zeit, Mühe und Kosten, den eine Psychoanalyse erfordert, sowie die begrenzte Anzahl voll ausgebildeter PsychoanalytikerInnen führte jedoch bald zu Bemühungen, Freuds Erkenntnisse einer größeren Anzahl in psychischen Schwierigkeiten befindlicher Menschen zugänglich zu machen. Man hoffte, die psychoanalytische Methode so abwandeln zu können, dass die Therapie geringere Anforderungen stellte, aber dennoch eine Heilung erzielt würde, die auf einem Verständnis der aus der Kindheit herrührenden Schwierigkeiten des Patienten basierte. Dies führte zur Entstehung der sogenannten *psychoanalytisch orientierten dynamischen Richtungen der Psychotherapie.*

Obwohl die Patienten, die in der psychoanalytisch orientierten Psychotherapie behandelt wurden, weniger Sitzungen pro Woche hatten als die Analysanden, so dass sich die für die Behandlung erforderliche Zeit und Kosten reduzierten, wurde die Dauer der Therapie ebenso wie die der Psychoanalyse immer noch in Jahren gemessen. Als die Nachfrage und der Bedarf an kürzerer Psychotherapie zunahmen, wurden verschiedene Modelle in der Hoffnung entwickelt, dass es gelingen möge, psychoanalytische Ziele in kürzeren Zeitrahmen zu erreichen.

Die Kurzpsychotherapien von Habib Davanloo (1980), David Malan (1976), James Mann (1973) und Peter Sifneos (1992), den bekanntesten Vertretern dieses Gebietes, halten alle an einer ödipalen Erklärung der Psychopathologie fest; nur in ihrer Methodik weichen diese Therapieformen vom traditionellen Modell ab. Während der Analytiker – bzw. der Psychotherapeut, der eine unbefristete Form von Therapie betreibt – eine scheinbar passive Haltung gegenüber dem Patienten einnimmt und dessen Geschichte sich soweit wie möglich von selbst entfalten lässt, treten die Befürworter der Kurztherapie für eine aktive, zupackende Haltung seitens des Therapeuten ein. Alle gehen von der Annahme aus, dass der zentrale Konflikt des Patienten diesem zwar verborgen (von ihm verdrängt) sein mag, dass dieser Konflikt für den geschulten Beobachter, der eine detaillierte Vorgeschichte aufnimmt, jedoch klar zu Tage liegt. Sobald der vermutete Grundkonflikt des Patienten in den Mittelpunkt gerückt ist, wird er vom Therapeuten unnachgiebig verfolgt. Wie aus den verschiedenen Fallberichten hervorgeht, stellt sich der Therapeut dem Patienten entschieden in den Weg, sooft dieser dem Thema auszuweichen scheint, das der Therapeut für das ödipal relevant hält, speziell, wenn der Patient Anzeichen zeigt, in eine abhängige Position regredieren zu wollen. Jede Anstrengung wird übernommen, um den Konflikt in die Übertragung zu bringen, so dass der Patient im Hier und Jetzt der therapeutischen Situation mit dieser Wiederholung konfrontiert werden kann (Budman 1981; Crits-Christoph u. Barber 1991; Flegenheimer 1982; Zeig u. Gilligan 1990).

Ein gemeinsames Charakteristikum der traditionellen Psychoanalyse und dieser Kurztherapien ist, dass sie alle angstauslösend sind. In einer Analyse erhöht der Analytiker den Angstpegel des Analysanden, um in tiefere Motivationsschichten vorzudringen, indem er dem Patienten die üblichen Signale vorenthält, mit denen Menschen einander Zustimmung, Verständnis und Sicherheit vermitteln. Wie die klinischen Illustrationen der obenerwähnten Kurztherapien zeigen, verschärft der Therapeut dann die Angst des Patienten, indem er gnadenlos das »Geheimnis« verfolgt, das dieser mit sich herumträgt, ohne es einzugestehen. Unter dem Druck seiner zunehmenden Angst stellt sich der Patient im Idealfall dem Vermiedenen und wird dafür nicht nur durch neue Einsichten belohnt, sondern auch durch die implizite Anerkennung des Therapeuten, der sich ihm gegenüber jetzt eher kollegial als konfrontierend verhält. Das ursprünglich selbstschädigende Verhalten des Patienten hat sich durch den fortlaufenden Austausch mit dem Therapeuten oft dramatisch gebessert, und beide haben jeden Grund, über das Ergebnis erfreut zu sein.

Meine Deutung der in diesen Modellen herangezogenen Fälle lässt mich jedoch vermuten, dass es sich bei den von diesen Therapeuten erfolgreich behandelten Problemen nicht um Probleme von neurotischer Schuld handelt – das heißt, um Schwierigkeiten, die aus ungelösten, mangelhaft verdrängten ödipalen Konflikten stammen (Basch 1988). In der Regel handelt es sich bei den angeführten Fällen um Patienten, die sich in Therapie begeben, um mit verschiedenen Problemen bei der Knüpfung und Aufrechterhaltung von Beziehungen fertig zu werden. Wie aus den Vorgeschichten dieser Patienten deutlich wird, litten sie in der Kindheit entweder an schädlicher Überstimulierung oder, am anderen Ende des Spektrums, ihre Sehnsucht nach Zuwendung stieß auf kalte Ablehnung. Infolge dieser Störungsformen ihrer frühen affektiven Entwicklung schleppen sie ein Gefühl von Scham und Wertlosigkeit in ihr Erwachsenenleben mit, einen Mangel an Selbstachtung, der zu den vorgebrachten Schwierigkeiten führt. In diesen Fällen haben es die Therapeuten nicht mit unbewussten Erinnerungen zu tun, sondern ganz im Gegenteil mit höchst lebendigen, die die Patienten mit aller Macht von sich fern zu halten suchen. Erst wenn der Therapeut die Artikulation dieser Erinnerungen erzwang, waren die Patienten imstande, eine Verbindung zwischen diesen nur zu deutlich erinnerten traumatischen Verletzungen und ihrer Symptomatik herzustellen. So wirkungsvoll diese Therapien für die betroffenen Patienten gewesen sein mögen, sie werden doch nicht dem Anspruch gerecht, Probleme kindlicher Sexualität ans Licht zu bringen und verdrängte ödipale Schwierigkeiten zu lösen. Deshalb untermauern sie nicht die Behauptung, dass kurzfristige Behandlungen leisten können, was durch Psychoanalyse bzw. unbefristete Psychotherapie dort, wo eine solche Behandlung angezeigt ist, erreicht werden kann.

Die Begründer dieser Schulen von Kurztherapien präsentieren reichhaltiges, detailliertes Fallmaterial und Nachuntersuchungen, die die tiefreichende und dauerhafte Wirkung ihrer jeweiligen Therapieformen bezeugen, und wir haben keinen Grund zu bezweifeln, dass ihre Arbeit den geschilderten Patienten echte Fortschritte ermöglicht hat. Das Problem bei diesen Therapien ist ihre äußerst begrenzte Brauchbarkeit aufgrund der Anforderungen, die sie an die Behandlungssituation, den Patienten und den Therapeuten stellen. Diese Methoden sind im Rahmen von Forschungseinrichtungen entwickelt worden, in denen ein sorgfältiger Ausleseprozess stattfindet, bevor ein Patient für eine solche angstprovozierende Therapie ausgewählt wird. Patienten, die nicht angenommen werden, können in anderen Abteilungen der Klinik versorgt werden, und all jene, die eine Behandlung begonnen haben, aber aus dem einen oder anderen Grund ausscheiden, sich als zu gestört für eine Fortsetzung erweisen oder bei denen die Behandlung fehlschlägt, können zu einer anderen Therapieform überwechseln. So wünschenswert solche Wahlmöglichkeiten sind, praktizieren die meisten Therapeuten jedoch nicht in einem Umfeld, wo ihren Patienten diese Optionen offen stehen.

Der Patient, der gewöhnlich als geeignet für diese Therapieformen beschrieben wird, hat ein eingegrenztes Problem vorzugsweise neueren Ursprungs und eine Vorgeschichte mit zumindest einigermaßen befriedigenden Kindheitsbeziehungen. Der Betreffende hat realistische Erwartungen gegenüber der Therapie und dem Therapeuten, ist einsichtsfähig und merkt, was emotional in ihm vorgeht, und er ist imstande, einen therapeutischen Vertrag abzuschließen und sich daran zu halten (Burke, White u. Havens 1979; Flegenheimer 1982; Gustafson 1984; Strupp 1980 a, 1980 b, 1980 c). Mit anderen Worten, der für diese Modelle von Kurztherapie als geeignet befundene Patient ist der ideale Klient, den wir uns alle erhoffen, aber selten zu Gesicht bekommen (Lazarus u. Fay 1990).

Es überrascht daher nicht, dass nur eine kleine Anzahl von Patienten sowohl ein passendes Problem als auch die Kraft hat, der angstauslösenden Konfrontation, der sie in diesen Formen von Kurztherapie ausgesetzt sind, standzuhalten und daraus Nutzen zu ziehen. Der Prozentsatz von PatientInnen, die für diese kurzfristigen Behandlungen ausgewählt (aber nicht notwendigerweise erfolgreich behandelt) werden, wird unterschiedlich als zwischen 3 und 23 Prozent liegend angegeben (Flegenheimer 1982; Lazarus u. Fay 1990).

Was gewöhnlich unerwähnt bleibt, aber sofort klar wird, wenn man die Fallillustrationen liest, ist, dass selbst bei einem Musterpatienten der Therapeut sehr erfahren und versiert sein müsste, um die versprochenen Resultate zu erzielen. Aus dem Fallmaterial geht nicht hervor, welche Technik der Therapeut anwandte, um das Problem zu identifizieren, zu isolieren und zu differenzieren, auf das der Patient fokussiert werden soll und von dem alles abhängt; es wird als Faktum vorausgesetzt. (James Mann [1981], der

Begründer der zeitlich begrenzten Psychotherapie, ist die Ausnahme; er erklärt ausdrücklich, dass all jene, die sich seiner Methode zu bedienen wünschen, in langfristiger Therapie Erfahrung haben und selbst eine Therapie, vorzugsweise eine Psychoanalyse, gemacht haben sollten.) Angesichts der Kürze und Intensität der Arbeit wird der Therapeut außerdem abwechselnd ermahnt, total neutral gegenüber dem Patienten zu sein, ihn total zu akzeptieren, sich total auf ihn einzustellen und die totale Empathie für ihn aufzubringen; für Irrtümer scheint kein Platz zu sein. Wie viele von uns würden es anstreben oder sich anmaßen, in einen solchen Mantel der Vollkommenheit zu schlüpfen?

Mein Ansatz weicht in wesentlichen Punkten von dem oben erörterten ab. Ich betrachte alle PatientInnen, mit Ausnahme von psychotischen oder suizidgefährdeten, als geeignet für einen Versuch mit der entwicklungsbezogenen kurzen Psychotherapie. Mit anderen Worten, jeder Patient gilt so lange als geeignet für die Kurztherapie, bis der Verlauf der Behandlung zeigt, dass ein anderes Vorgehen angebracht ist.

Ich versuche nicht, die Kooperation des Patienten herbeizuführen, indem ich ein hohes Stressniveau hervorrufe. Die große Mehrzahl der PatientInnen, mit denen ich es zu tun habe, ist bereits von Angst geplagt. Mein Ziel ist es, mein Wissen über Entwicklung einzusetzen, um zu verstehen, warum dies so ist; die Angst so schnell wie möglich zu vermindern oder zu beseitigen; und mein Möglichstes zu tun, um den Patienten in die Lage zu versetzen, seine Schwierigkeiten besser zu meistern, falls sie wieder auftreten sollten.

Ich verlange nicht, dass ein Patient nahezu ideale psychologische Voraussetzungen mitbringt; ich halte es im Gegenteil für meine Aufgabe, die Stärken des Patienten ans Licht zu bringen und zu fördern. Zwar teile ich die Betonung, die die oben erwähnten Kollegen auf die aktive, selbstsichere, zielgerichtete Haltung des Therapeuten legen, aber ich unternehme keine besonderen Anstrengungen, um das, was ich für das Problem des Patienten halte, in die Beziehung zu mir hereinzuzwingen. Mein Fokus liegt nicht primär auf den Ursprüngen der Schwierigkeiten in der Kindheit des Patienten, sondern auf den Gründen, warum ihm die Stärken, die er entwickelt hat, keine Dienste mehr leisten, und was ich möglicherweise tun könnte, um diese Situation zu korrigieren. Obwohl mein Ansatz in dem Sinne psychodynamisch ist, als er vom Primat unbewusster Denkvorgänge und der Übertragung von Erwartungsmustern ausgeht, hängt er nicht vom ödipalen Konflikt als Erklärung für jedwede Psychopathologie ab. Im Gegenteil, die Auflösung eines ödipalen Konflikts erfordert ja, wie Freud aus Erfahrung lernte, einen langwierigen und mühsamen Abbau unbewusster Abwehrmechanismen, hinter denen die Quelle der Schwierigkeiten des Patienten liegt – mit anderen Worten, eine Psychoanalyse. Wenn es sich herausstellt, dass ein ödipaler Konflikt zentral für ein Problem des Patienten ist, dann muss man dem Patienten erklären, warum ein psychoanalytisches Vorgehen notwendig ist, und muss die Kurztherapie abschließen, sobald der Patient die Chance hatte, jene Angst zu bewältigen, die diese Empfehlung möglicherweise auslöst. Eine ähnliche Einschränkung gilt für Patienten, die tiefsitzende narzisstische Persönlichkeitsstörungen haben (Basch 1988; Goldberg 1973). Die PatientInnen, die eine unbefristete bzw. psychoanalytische Therapie benötigen, sind jedoch in der Minderzahl.

Es ist das Fehlen einer brauchbaren Alternative zur ödipalen Entwicklungstheorie, was die Erarbeitung eines allgemein anwendbaren psychodynamischen Herangehens an die Kurzbehandlung behindert hat. Dieses Problem ist jetzt gelöst. In den letzten – etwa fünfzig – Jahren haben wir durch die Säuglings- und Kleinkindforschung viel über normale Entwicklung gelernt. So wichtig der ödipale Konflikt für den psychoneurotischen Patienten ist, stellt er doch nur eine Komponente eines viel umfassenderen Entwicklungsprozesses dar (Basch 1988, 1992; Karen 1994; Stern 1985, 1989, 1990). Ebenso hat die Arbeit von Silvan Tomkins (1970, 1980, 1981; Nathanson 1987, 1992) im Bereich der Affekttheorie unsere Kenntnisse über Entwicklung und menschliche Motivation erweitert. Von der klinischen Seite an die Entwicklungsthematik herangehend, hat das Werk des Psychoanalytikers Heinz Kohut (1971, 1977, 1984, 1987; Basch 1986) unser Verständnis von Bindungsproblemen und der therapeutischen Bedeutung positiver Übertragung vertieft. Freud hatte in seinen Werken die negative Übertragung hervorgehoben, die Übertragung von Inhalten auf den Analytiker, die dem Patienten verborgen blieben und von ihm verabscheut wurden (1912 a, 1912 b, 1913, 1914, 1915). Die nicht-erotische positive Übertragung, die Freud als Verbündeten des Analytikers bezeichnete, wurde von ihm als gegeben vorausgesetzt und nicht weiter untersucht. Kohut zerlegte in seiner Arbeit die positive Übertragung von Patienten mit Bindungsstörungen in ihre Bestandteile und zeigte ihre Bedeutung nicht nur für die Therapie, sondern für die Entwicklung allgemein. Das Konzept des *Selbstobjekts*, wie Kohut (1984) es nannte, ist es, was als Brücke zwischen der normalen Entwicklung und dem Behandlungsprozess dienen kann. *Selbstobjekt* ist ein Kohutscher Neologismus und basiert auf der Kind-Mutter-Beziehung, in der der Säugling in den ersten achtzehn Monaten die Mutter nicht als eigenständige Person, sondern einfach als Verlängerung des bedürftigen Selbst wahrnehme (Kohut 1971, 1984).

Kohuts Erkenntnis, dass einer kohärenten Selbstorganisation noch mehr Gefahren drohen als ödipale Frustration, veranlasste ihn, drei Grundbedürfnisse zu formulieren, die uns vom Beginn bis zum Ende unseres Lebens begleiten und deren weitgehende Frustration zu jedem Zeitpunkt im Lebenszyklus Psychopathologie hervorrufen könne. Auf eine kurze Formel gebracht, sagte er, dass diese grundlegenden Bedürfnisse und nicht Sexualität und Aggression als solche die elementaren Triebkräfte des Verhaltens seien. Nach der Form, in der diese Bedürfnisse in der Therapie auftauchen, bezeichnete er sie als die Alter-ego- bzw. Zwillingsübertragung, die idealisierende Übertragung und die Spiegelbild- oder grandiose Übertragung. Zusammengenommen sprach er von den *Selbstobjektübertragungen*, womit er meinte, dass der andere, sofern wir von ihm bekommen, was wir benötigen, um die Kohäsion unseres Selbst zu erhalten, in diesem Augenblick kein eigenständiges Individuum – in psychoanalytischer Sprache ein *Objekt* – ist, sondern eine Quelle der Unterstützung für das Selbst. Mit anderen Worten, Kohut ging in Einklang mit allem, was wir inzwischen über Bindung gelernt haben (Karen 1994), davon aus, dass Menschen sozial veranlagte Tiere sind, dass zu Beginn unsere ganze Existenz und unsere Entwicklung von der physischen und psychischen Unterstützung unserer Umwelt abhängen und dass während des ganzen Lebens – speziell in Krisenzeiten – die Zuwendung und Anteilnahme anderer wesentlich für die Kohäsion des Selbst ist. Kohut hat uns gelehrt, dass Reife und Unabhängigkeit im Gegensatz zu einer verbreiteten Annahme nicht mit einer Art von freistehender Isolierung gleichzusetzen ist; ganz im Gegenteil, die Freiheit und Fähigkeit, sich altersgemäße Selbstobjektnahrung zu suchen und zu verschaffen, wann immer man ihrer bedarf – die *reife Selbstobjekterfahrung,* wie er es nannte –, seien wesentliche Aspekte des Erwachsenseins und der psychischen Gesundheit.

Ich habe diese Beiträge in meiner klinischen Arbeit als von großem praktischen Nutzen empfunden, und in Verbindung mit meiner klinischen Erfahrung habe ich daraus das entwicklungsbezogene Modell der Psychotherapie, wie ich es nenne, abgeleitet. Dieses wird bei der Durcharbeitung der klinischen Beispiele, die uns Gelegenheit geben, seine Einzelheiten, Begründung und Anwendung zu erhellen, für den Leser allmählich Gestalt annehmen. Das Fazit, das sich aus dem Folgenden ergibt, ist, dass uns durch die Anwendung des entwicklungsbezogenen Modells eine leicht erlernbare, überaus wirksame und breite Anwendungsmöglichkeiten bietende Form der Kurztherapie zur Verfügung steht.

Teil I

Das entwicklungs-
bezogene Modell

1. Ein Ziel setzen und die Behandlung darauf ausrichten: Denise Taft

Die Nützlichkeit des entwicklungsbezogenen Modells liegt in der Hilfestellung, die es uns dabei gibt, den kürzesten wirksamen Behandlungspfad für den jeweiligen Patienten zu finden und zu beschreiten. In diesem und im nächsten Kapitel beginne ich, die Komponenten des Modells anhand von zwei Fällen darzulegen, die mir in einem Ausbildungsseminar für Psychiater zur Beratung vorgestellt wurden. Die erste Patientin, Frau Taft, wäre aller Wahrscheinlichkeit nach in den Auswahlverfahren, die in den an Forschungseinrichtungen angeschlossenen Kurztherapiezentren praktiziert werden, nicht in Betracht gezogen worden, aber so entmutigend und verwirrend ihre Situation auch anfangs scheinen mochte, damit wäre ihr ein Unrecht geschehen.

DENISE TAFT

Ein Psychiater in seinem zweiten fachärztlichen Ausbildungsjahr stellte diesen Fall vor. Die Patientin, Denise Taft, war fünfzig Jahre alt, geschieden und arbeitslos. Auf die Frage, warum sie in die Klinik gekommen sei, sagte sie: »Ich bin wegen Jason hier.« Jason war ihr früherer Freund, mit dem sie zusammengelebt hatte. Ein Jahr vor ihrem Erscheinen in der Klinik hatte die Patientin Jason aus ihrer Wohnung hinausgeworfen, weil er sie schlecht behandelte, Alkoholiker war und sich weigerte, eine Arbeit zu suchen. Frau Taft war zunächst froh gewesen, sich von ihm befreit zu haben, und weigerte sich standhaft, Jasons wiederholten Bitten um Verzeihung Gehör zu schenken. Ihr ging es gut, solange Jason fortfuhr, sie um eine Versöhnung zu bitten, aber vor einigen Monaten war er schließlich zu einer anderen Frau in die Wohnung gezogen und hatte aufgehört, sie anzurufen. Seit damals, sagte die Patientin, sei sie depressiv. Sie litt unter Herzklopfen und Weinkrämpfen. Sie konnte nicht aufhören, sich mit Jason zu beschäftigen, hatte

Suizidgedanken (obwohl sie keine diesbezüglichen Versuche unternahm und dies auch nicht plante), war desorganisiert und schien außerstande, ihre Aufgaben zu erledigen. In den letzten zwei Monaten, bevor sie in die Klinik kam, schien ihr einfach alles egal zu sein.

Denises Kindheit war durch Verluste und Enttäuschungen gekennzeichnet. Sie wurde von ihrer Mutter aufgezogen, zu der sie, wie sie sagte, eine gute Beziehung hatte; ihr Vater verließ die Familie, als sie zwei Jahre alt war. Ihre Mutter erzählte ihr, dass ihr Vater ein Trinker gewesen sei und sie, die Mutter, misshandelt habe; sie ließ sich schließlich von ihm scheiden. Er besuchte die Familie zwar gelegentlich, aber der Mann, zu dem Denise eine starke Bindung entwickelte, war der zweite Mann ihrer Mutter. Denises Stiefvater zog ihr jedoch eindeutig ihre ältere Schwester vor, und sie empfand starke Eifersucht auf diese Beziehung. Die Patientin kam immer noch nicht gut mit ihrer Schwester, ihrem einzigen Geschwister, aus.

Denise hatte als Kind nicht viele Freundinnen und in der Highschool nur ab und zu eine Verabredung mit einem Jungen. Im Alter von siebzehn Jahren wurde sie von ihrem ersten Freund geschwängert, und obwohl sie nicht verliebt in ihn war, heirateten sie kurz danach. Nach fünfzehn Jahren Ehe und zwei Kindern ließ sie sich von ihm scheiden. Ihre Tochter, die jetzt in einer anderen Stadt lebte, hatte die Schule abgebrochen und war Prostituierte geworden. Ihr Sohn hatte einer Jugendbande angehört und mit Drogen gehandelt, aber es war ihm gelungen, sich aus diesem Umfeld zu befreien; er war jetzt verheiratet und hatte eine feste Anstellung.

»Sonst noch etwas?«, fragte ich.

»Nein, das sind im Großen und Ganzen meine Informationen über sie«, antwortete der junge Psychiater.

Die Teilnehmer an dem Seminar und der Therapeut stimmten bezüglich der sich wahrscheinlich wiederholenden dynamischen Muster hinter den vorgebrachten Beschwerden der Patientin und ihrem Leidensdruck überein: Ms. Taft lebte ein traumatisches Muster aus ihrer Kindheit symbolisch aus. Während sie unbewusst versuchte, frühere Verletzungen zu überwinden, die ihr durch den Weggang ihres Vaters und das mangelnde Interesse ihres Stiefvaters zugefügt worden waren, hatte sie es nur geschafft, genau das erneut hervorzurufen, was sie früher gekränkt hatte. Ihre Ehe war in vieler Hinsicht ein Abziehbild der gescheiterten Ehe ihrer Mutter; in ihrem Umgang mit Jason fühlte sie sich nur so lange gerechtfertigt, als sie es war, die ihn verließ und die ihr mangelndes Interesse an der Wiederaufnahme der Beziehung demonstrierte. Als er den Spieß jedoch umdrehte, erlebte sie die Situation als eine Wiederholung ihres Kindheitstraumas, auf die sie mit depressiven Symptomen reagierte.

Diese Spekulationen wurden bis zu einem gewissen Grad durch den Verlauf bestätigt, den Ms. Tafts Therapie in den ersten fünf Sitzungen genommen hatte. Als der Therapeut Ms. Taft die Wiederholungstendenzen klarmachte, die er in ihren Männerbeziehungen entdeckte, bestätigte sie seine Deutung, indem sie sich an die Traurigkeit erinnerte und diese erneut durchlebte, die sie jedesmal empfand, wenn ihr Vater, der ihr bei seinen Besuchen Zuneigung bekundete, wieder wegging. Gleichermaßen signifikant war die Art und Weise, wie sie mit ihren Terminen beim Therapeuten umging. Sie erschien zu ihrer zweiten Sitzung nicht wie verabredet; stattdessen rief sie die Kliniksekretärin einige Stunden später mit einer Ausrede wegen des versäumten Termins an, unternahm aber keinen Versuch, einen neuen Termin zu bekommen. Als der Therapeut sie später anrief, um herauszufinden, ob sie die Behandlung fortsetzen wolle, reagierte sie sichtlich erfreut über sein Interesse und war froh, einen neuen Termin angeboten zu bekommen. Dieses Muster wiederholte sich zwischen dem zweiten und dritten und dem vierten und fünften Termin. Ihr Bedürfnis, sich auf diese Weise zu vergewissern, dass man sie mochte und sich um sie kümmerte und dass jetzt sie diejenige war, die wegging bzw. wegblieb, während der »Vater« ihr nachlief, wurde der Patientin schon bald vom Therapeuten klargemacht. Frau Taft schien diese Erklärung zwar zu verstehen, aber ihre Einsicht bewirkte keine Besserung ihres Zustands und veränderte ihr Verhalten nicht. Der Therapeut, der unsicher war, wie er weiter vorgehen sollte, hatte ihren Fall als problematisch in das Seminar mitgebracht. Was er jetzt tun solle, wollte er wissen.

An dieser Stelle wird, glaube ich, jedem in einer psychiatrischen Klinik Tätigen diese Art von Fallgeschichte bekannt vorkommen.

Und man kann sich vorstellen, dass Frau Taft leicht eine dieser Patientinnen hätte werden können, die *ad infinitum* von einem abgehenden Praktikanten an den nächsten Anfänger weitergereicht werden und mit einem nach dem anderen Woche für Woche die Frustrationen ihrer gescheiterten und scheiternden Beziehungen besprechen. Jeder Therapeut hört ihr verständnisvoll zu, aber fragt sich dabei, warum weder das dauernde »empathische Zuhören« noch die »Einsicht«, die ihr in den Zusammenhang zwischen ihren Kindheitstraumen und ihren gegenwärtigen Enttäuschungen vermittelt wurde, einen signifikanten Unterschied in ihrer Einstellung oder ihrem Verhalten bewirkt haben, während die Erprobung eines Antidepressivums nach dem anderen nicht mehr ausrichtete, als sie etwas erträglicher dahinvegetieren zu lassen.

Die Schwierigkeit, die sich Frau Tafts Therapeut und die Seminarteilnehmer selbst geschaffen haben, entstand dadurch, dass die Patientin bisher mit dem von ihr vorgebrachten Problem gleichgesetzt wurde. So formuliert, wird der Fehler im therapeutischen Denken unübersehbar; wir behandeln nicht Probleme, wir behandeln Menschen, und Menschen bestehen aus mehr als der Summe ihrer jeweiligen Probleme. So gesehen, wissen wir bisher noch nicht viel über Frau Taft.

Niemand ist ohne Stärken, und diese Stärken können in den meisten Fällen die Defizite oder Konflikte eines Menschen wettmachen. Obwohl unsere Arbeit permanent davon abhängt, legen wir TherapeutInnen nicht genügend Gewicht auf das, was der Biologe C. H. Waddington (1966) die Tendenz zur Selbstberichtigung bzw. Selbstheilung genannt hat. In lebendigen Systemen ist eine starke Kraft vorhanden, die die Herstellung und Wiederherstellung von Ordnung anstrebt und die der Tendenz des Universums zur Entropie entgegenwirkt.

Wenn ich neue PatientInnen kennenlerne, lege ich immer großen Wert darauf, mir ein Bild von ihren Stärken zu machen und ein offenes Ohr sowohl dafür zu haben, was in ihrem Leben gut ging, als auch dafür, was misslang. Denn die Stärken der PatientInnen geben mir die Handhabe, die ich benötige, um ihnen zu helfen, gegen ihre Probleme anzugehen. Die Mehrzahl der Menschen, die sich an uns um Hilfe wenden, besitzt alles Nötige, um ihre Situationen in relativ kurzer Zeit zu verändern, sofern sie entsprechende psychotherapeutische Unterstützung erhalten. Das Problem besteht nicht darin, dass die meisten Patienten nicht eine Menge zu ihrer Behandlung beizutragen hätten, sondern vielmehr darin, dass die Therapeuten nicht danach Ausschau halten. Die Vorstellung, dass die heutige Schwierigkeit eines Patienten Ausdruck einer fundamentalen Störung ist, die behoben werden muss, indem man in die Kindheit zurückgeht und sich von den Ursprüngen aus vorarbeitet, ist wahrscheinlich das größte Hindernis, das dem Erlernen der Techniken einer Kurztherapie im Wege steht. Als Psychoanalytiker mit einem dauerhaften Interesse am Seelenleben von Säuglingen und Kleinkindern wäre ich der Letzte, der die Beweise dafür bestreitet, dass alles, was wir heute denken oder tun, seine Wurzeln in zuvor Geschehenem, beginnend mit dem ersten Lebenstag, hat. Aber das gilt ebenso für unsere Stärken wie für unsere Schwächen. Ich tue mein Bestes, nicht zu vergessen, dass der Mensch, der mich zu Rate zieht, es bisher geschafft hat, handlungsfähig zu bleiben und dem Leben ohne mich etwas abzugewinnen, und dass es Aufgabe der Therapie ist, die Entwicklung des Patienten zu fördern, und nicht, ihn von Grund auf zu korrigieren und umzukrempeln.

Wenn wir erfolgreich arbeiten, lösen wir eigentlich nicht die Probleme der Patienten als solche; vielmehr helfen wir ihnen, all ihre Vorzüge zu nutzen und zu entfalten, um ihre Schwächen zu minimieren, zu kompensieren und vielleicht auch zu überwinden. Wir helfen ihnen, sich so weit zu fangen, dass sie *selbst* in der Lage sind, die Probleme zu lösen, die sie zu uns geführt haben. Von dem Augenblick an, in dem mich ein Patient anruft, um einen Termin zu vereinbaren, fahre ich meine Antennen nicht nur für die Probleme aus, sondern auch für die Pluspunkte, achte auf seine Stärken ebenso wie auf die Schwächen: »Herr Doktor, ich muss Sie aufsuchen, aber diese Woche geht es nicht; meine Mutter hat eine Operation vor sich, und ich möchte ihr beistehen, bis sie außer Gefahr ist.« Obwohl ich noch nicht weiß, welche Beschwerden mir diese Patientin vortragen wird, habe ich bereits etwas über ihre Stärken gehört.

Sobald die Stärken des Patienten provisorisch festgestellt sind und wir Anhaltspunkte dafür haben, womit wir arbeiten können, kreisen wir die Schwierigkeiten ein, die der Patient zu haben scheint, mit dem Ziel, eine Besserung seines Befindens zu erreichen. Anhand des entwicklungsbezogenen Modells können wir dann einen Entscheidungsbaum skizzieren, der es uns gestattet, uns genau auf das zu stützen, womit in der Situation dieses Patienten aus unserer Sicht gearbeitet werden sollte. Wenn es uns gelingt, den therapeutischen Prozess zu fördern, dann wissen wir, warum dies geschah, und können unseren weiteren Kurs daraus ableiten; wenn nicht, dann wissen wir zumindest, welche Option unergiebig geblieben ist, und können systematisch einen anderen Weg einschlagen.

Aus den geschilderten Gründen fragte ich den jungen Therapeuten, der uns den Fall vorstellte: »Jetzt, da ich etwas über die Schwierigkeiten von Frau Taft weiß – oder genauer gesagt, über das, was sie für ihre Schwierigkeiten hält –, worin sehen Sie die gesunden Anteile der Patientin?« Hat Frau Taft je etwas getan, wollte ich wissen, was ihr und den Menschen in ihrer Umgebung Freude bereitet hat? Nachdem sie in ihren Männerbeziehungen so oft enttäuscht wurde – gab es irgendwelche Pluspunkte in ihrem Leben, die ihr Gefühl eigenen Wertes und Wohlbefindens steigern konnten?

Als der Praktikant anfing, Frau Tafts Situation aus seiner Sicht zu schildern, hatte seine Stimme resigniert und fast entschuldigend geklungen, dass er uns einen so katastrophalen Fall vorstelle. Als ich ihn ersuchte, über die Vorzüge der Patientin und die Bereiche, in denen sie sich bewährt hatte, nachzudenken, festigte sich seine Stimme und er vermittelte den Eindruck freudiger Erregung. Es war, als spreche er über eine andere Person.

Es stellte sich heraus, dass Frau Taft es trotz ihrer unvollständigen Schulbildung bereits früh zu einer gewissen Meisterschaft auf der Panflöte gebracht hatte. Sie trat mit verschiedenen kleinen Ensembles auf Hochzeiten, Gesellschaften und manchmal auch in Clubs auf und war imstande, sich damit ihren Unterhalt zu verdienen. Auch nach ihrer Eheschließung und Geburt der Kinder hatte sie ihre Berufstätigkeit fortgesetzt. Ihrem Mann, der meistens arbeitslos war, blieb die Aufgabe, sich um die Kinder zu kümmern. Als Frau Taft merkte, dass ihr Mann angefangen hatte, ihre Tochter sexuell zu missbrauchen, stellte sie ihn zur Rede, worauf er gewalttätig wurde. Im folgenden Handgemenge brach er ihr den

Kiefer und schlug ihr mehrere Zähne aus. Kurz danach wurde das Paar geschieden.

Die Patientin musste nun feststellen, dass sie wegen der bleibenden Beschädigung ihres Unterkiefers ihre Arbeit als Musikerin, selbst nach plastischer Chirurgie, nicht mehr ausüben konnte. Stattdessen wurde sie Kellnerin in einem der Restaurants, in dem sie früher aufgetreten war. Sie mochte diese Arbeit, und offenbar war sie bei den Leuten beliebt; sie bekam überdurchschnittliche Trinkgelder und verdiente schließlich mehr als in ihrer vorigen Tätigkeit als Musikerin. In dieser Stellung hatte sie bis zwei Jahre vor Beginn der Therapie gearbeitet, dann hatte sie gekündigt und war seither nicht mehr berufstätig gewesen.

Ich glaube, dass wir alle die Bewunderung für Ms. Taft teilten, die die Stimme ihres Therapeuten verriet, als er uns erzählte, dass sie wegen der Brutalität ihres Mannes ihren Beruf wechseln musste und es nicht nur geschafft hatte, sich über Wasser zu halten, sondern ihre Lage sogar verbessern konnte. Es verdient, hervorgehoben zu werden, dass der junge Therapeut – der begabt, lernfähig und fleißig ist und alle übrigen guten Eigenschaften besitzt, die ein angehender Psychotherapeut haben sollte – sich dieser Seite von Frau Tafts Leben vollkommen bewusst war, aber dies einfach nicht für eine relevante Information gehalten hatte, weil es kein Bestandteil des Problems war; dass es durchaus ein Bestandteil der Lösung sein könnte, war noch nicht in seinen theoretischen Bezugsrahmen integriert.

Der Bezugsrahmen, von dem ich hier spreche, ist das, was ich als das *entwicklungsbezogene Modell der Psychotherapie* bezeichne. Um mir eine ungefähre Vorstellung davon zu verschaffen, womit ich als Therapeut zu arbeiten habe, wenn ich die Situation eines Patienten diagnostisch beurteile, teile ich dessen Entwicklung in fünf Segmente auf: Affekt und Verstand, Bindung, Psychosexualität, Autonomie und Kreativität (siehe Abbildung 1.1). Die als *Sonstiges* bezeichnete Kategorie lässt erkennen, dass dieses Organisationsschema, ebenso wie jede der übrigen Komponenten des Entwicklungsmodells, offen für Ergänzungen und Korrekturen ist, sooft diese aufgrund klinischer Erfahrung oder relevanter Entdeckungen in anderen Bereichen angezeigt sind.

Abb. 1.1: Sektoren der Entwicklung

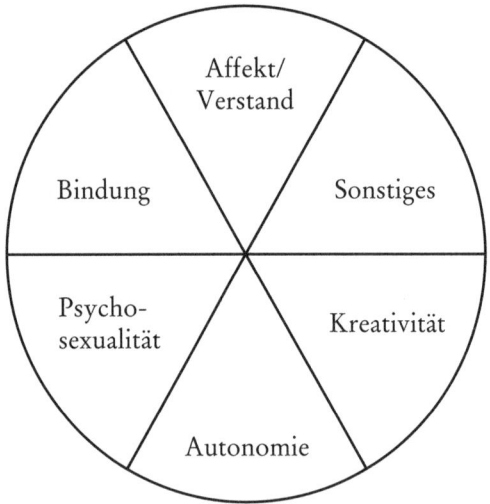

Nachdruck mit Genehmigung von Michael Franz Basch,
Practicing Psychotherapy: A Casebook (New York: Basic Books 1992)

Ich sollte ein Wort über den Entwicklungssektor hinzufügen, den ich als *Affekt/Verstand* bezeichne. Früher beugte ich mich den Gepflogenheiten und nannte ihn *Affekt/Kognition* (Basch 1988). Aber das ist nicht nur falsch, es führt unsere therapeutischen Bemühungen in die Irre, indem es den Affekt fälschlicherweise in eine Ecke verbannt, die vom Denken getrennt ist. Affekt und Verstand gehen Hand in Hand; sind im wirklichen Leben untrennbar und repräsentieren die jeweiligen Beiträge des limbischen Systems und des Neokortex zu dem Prozess, den wir als Denken oder Kognition bezeichnen. *Kognition* (von lat. *cognoscere*) bedeutet einfach Kennenlernen, Erkennen, Erkenntnis, und wir erkennen durch affektive Erfahrungen ebenso viel, wenn nicht mehr, als durch verstandesmäßige Überlegungen (Basch 1988). Die künstliche Trennung, die wir zwischen beidem machen müssen, dient bloß didaktischen Zwecken; wir können nur jeweils über das eine sprechen. Die Aufteilung der Psychotherapien in kognitive und affektive bzw. dynamische ist gleichermaßen irreführend. Die entwicklungsbezogene Psychotherapie nähert sich dem Patienten auf demjenigen Weg, der den meisten Erfolg verspricht, ob dies die Gefühle, der Verstand oder im Übrigen auch das Verhalten ist. In der Echtzeit fließen sie ohnehin alle zusammen. Diese Flexibilität ist es, was der Behandlung, die ansonsten langwierig und oft weniger erfolgreich wäre, gestattet, kurz und sinnvoll zu verlaufen.

Jetzt, da wir eine genauere Vorstellung von Frau Tafts allgemeiner Funktionsfähigkeit hatten, sah der Fall schon ganz anders aus. Obwohl sie Schwierigkeiten im Bindungssektor der Entwicklung hatte, war ihre Autonomie hoch entwickelt, und es gab keine Anzeichen dafür, dass die Sektoren Affekt/Verstand oder Kreativität gravierende Defizite aufwiesen. Es war also viel vorhanden, womit man arbeiten konnte, aber ich benötigte einige weitere Informationen. Warum, wollte ich wissen, hatte sie vor zwei Jahren eine Stelle aufgegeben, die ihr Freude machte, und dadurch die selbstintegrierende Funktion verloren, die mit Erfolg im Beruf einhergeht? Darauf konnte uns der Therapeut keine Antwort geben. Ohne sie war es mir nicht möglich, eine Stellungnahme zu dem Fall dieser Patientin abzugeben bzw. einen Behandlungsansatz zu empfehlen. Diese Frage ist deshalb so wichtig, weil sie einen weiteren Entwicklungsaspekt berührt, der entscheidend für die Beurteilung der Vergangenheit eines Patienten und seine gegenwärtige Funktionsfähigkeit ist. In einer früheren Veröffentlichung (Basch 1988) habe ich die Bedeutung und die Vorteile des sogenannten Funktionsmodells mentaler Kompetenz erörtert. Es ist in der von mir so bezeichneten *Entwicklungsspirale* zusammengefasst (siehe Abbildung 1.2). Das Streben nach Kompetenz – das heißt, die Herbeiführung einer Situation, in der man einigermaßen gut an die Umgebung angepasst ist und gleichzeitig seine eigenen Bedürfnisse befriedigen kann – ist universell und ohne Ausnahme grundlegend für alles Verhalten.

Im Idealfall erfolgt eine stetige Progression, beginnend vom Treffen einer Entscheidung über ihre Umsetzung in Verhalten, mit dem Ergebnis, dass man sich selbst als kompetent empfindet und dadurch die eigene Selbstachtung zunimmt, was zur Befriedigung über die eigene Funktionsfähigkeit führt. Die Entwicklungsspirale dient uns als Leitfaden sowohl zur Beurteilung der Situationen eines bestimmten Patienten als auch für die Wahl unserer Interven-

Abb. 1.2: Die Entwicklungsspirale

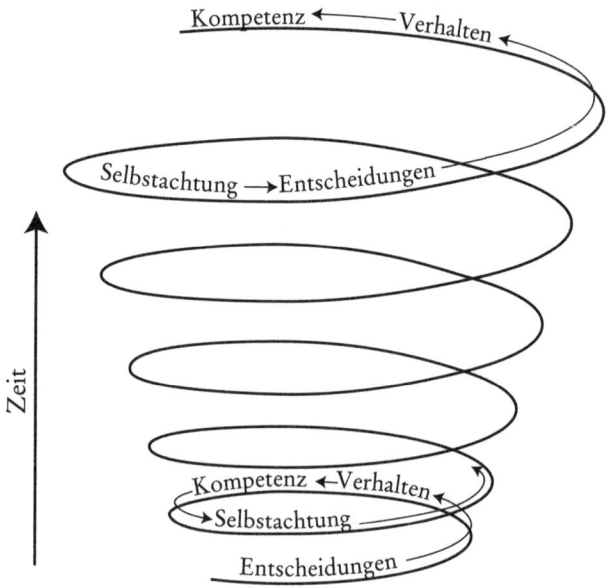

Nachdruck mit Genehmigung von Michael Franz Basch,
Understanding Psychotherapy (Basic Books, 1988), S. 29

tion. Wenn wir herauszufinden versuchen, was bei einem Patienten schief läuft, identifizieren wir jenen Bereich seiner Inkompetenz, der zu einem verringerten Selbstwertgefühl führte; daran schließt sich die Frage an, wie wir die Stärken des Patienten nutzen können, um zu erreichen, dass sich die Entwicklungsspirale in die richtige Richtung dreht bzw. ihren Kurs hält. Wir müssen entscheiden, an welchem Punkt der Entwicklungsspirale, soweit sie für den jeweiligen Lernprozess relevant ist, wir am günstigsten ansetzen können, um dem Betreffenden zu helfen, erneut als ein Zentrum der Initiative funktionsfähig zu werden (Kohut 1971).
Ich erklärte meinen StudentInnen, dass wir uns im Falle von Ms. Taft an einem Scheideweg befänden und dass die Antwort auf die Frage, warum sie aus dem Arbeitsleben ausgeschieden war, die

Richtung bestimmen werde, die wir mit ihr einschlagen würden, um ihr erneut ein Gefühl von Kompetenz zu verschaffen und das kohärente Selbst wiederherzustellen. Wir mussten ihre Stärken neu bewerten. Wenn ich danach frage, was an einem Patienten »gesund« ist, dann will ich damit herausfinden, wo ich ansetzen, womit ich arbeiten kann. Aus Frau Tafts Klagen ging hervor, dass sie ihre Defizite im Bindungssektor hatte; sie merkte, dass ihr Gefühl des Wohlbefindens vom Verhalten ihres früheren Freundes abhing. Aber wir stellten fest, dass sie auf dem Sektor der Autonomie durch ihre berufliche Etablierung einiges zustande gebracht hatte, was sie als befriedigend empfand. Die Zuverlässigkeit ihrer Fähigkeiten auf diesem Gebiet zeigte sich an der Flexibilität, mit der sie den Verlust ihrer Lebensgrundlage wegsteckte und sich ein ganz neues Berufsfeld erschloss. War auf dem Gebiet der Autonomie etwas geschehen, was sie auch hier inkompetent machte und ihre Selbstachtung so untergrub, dass wir bei unseren Überlegungen, wo und wie wir intervenieren sollten, nicht auf diesen Entwicklungssektor als therapeutischen Hebel zählen konnten? Oder gab es einen belanglosen Grund für ihr Ausscheiden, so dass ihr Selbstwertgefühl in Bezug auf Autonomie intakt geblieben war? Ich musste einfach wissen, warum sie sich aus der Arbeitswelt zurückgezogen und auf die daraus resultierende Selbstachtung verzichtet hatte, um entscheiden zu können, wodurch ihre Selbstheilungskräfte mobilisiert werden könnten.

Ich brauchte auf die Antwort nicht lange zu warten; die Angelegenheit fand eine noch schnellere Lösung, als ich es mir vorgestellt hatte. Der Therapeut hatte für meine Einwände ein offenes Ohr gehabt und sie kreativ genutzt. Bei der nächsten Zusammenkunft unseres Seminars einen Monat später berichtete er über die folgende Sitzung mit der Patientin. Ms. Taft hatte erneut Klagen über ihren früheren Freund vorgebracht. Diesmal erklärte ihr der Therapeut das menschliche Streben nach einem Gefühl eigenen Wertes und setzte es mit ihrem Bedürfnis, umworben zu werden, in Bezug. Ihre Trennung von Jason und sein erneutes Werben um sie hätten diesen Zweck erfüllt. Als Jason diesen Kreislauf durchbrach und zu einer anderen Frau zog, habe ihre Selbstachtung verständlicherweise gelitten. Die Patientin bestätigte diese Hypothese, indem sie sich spontan an eine Reihe von Vorfällen erinnerte, bei denen ein nagendes Gefühl der Unzufriedenheit augenblicklich gewichen war, wenn sie als Einzige gelobt oder anderen vorgezogen worden war.

Der Therapeut sprach dann mit ihr über andere Möglichkeiten, ihre Selbstachtung aufzubauen, und erwähnte, um wieviel glücklicher sie gewesen zu sein schien, als sie noch berufstätig war. Er wollte von ihr wissen, warum sie vor zwei Jahren mit dem Kellnern aufgehört hatte. Frau Taft erklärte ihm, dass die Freundin ihres Sohnes damals ein Kind von ihm bekommen habe und dass sie als Großmutter bereit gewesen sei, zu Hause zu bleiben und sich um den Säugling zu kümmern, bis die zwei verheiratet waren und ihren eigenen Haushalt gegründet hatten. Das war ein Jahr später der Fall, aber sie kehrte einfach nicht wieder zu ihrer Arbeit zurück. »Glauben Sie, dass es sich lohnen könnte, jetzt einen neuerlichen Versuch zu starten?«, fragte sie der Therapeut. Frau Taft antwortete ihm nicht, und er war nicht sicher, ob sie ihn gehört hatte. Als sie ihren nächsten Termin versäumte, rief er sie wieder an. Sie erzählte ihm, dass sie seit ihrer letzten Therapiestunde bei ihrem früheren Arbeitgeber erneut eine Stelle gefunden habe und dass er hocherfreut sei, sie wieder zu beschäftigen. Sie arbeitete als Kellnerin, fühlte sich gut und glaubte keine weitere Behandlung zu benötigen. Sie habe vorgehabt, sich bei ihm zu melden, sagte sie, aber sie sei so beschäftigt gewesen, dass sie es immer wieder aufgeschoben habe.

Bei der letzten Sitzung, die die Patientin bei dem Therapeuten hatte, waren bei Mrs. Taft bemerkenswerte Stärken zu Tage getreten, aus denen in der Therapie großer Nutzen gezogen werden konnte. Tatsächlich hatte sie auch im Bereich der Bindung Kraft gezeigt, nämlich mit ihrer Bereitschaft, die Fürsorge für ihren Enkel zu übernehmen, bis sich die Eltern einen eigenen Hausstand geschaffen hatten. (Dies ist eine hübsche Illustration dafür, wie wir bei unserer Arbeit mit einem Patienten den eingeschlagenen Kurs anhand der verschiedenen Komponenten des Entwicklungsmodells ständig korrigieren und aktualisieren.)

Auf die Entwicklungsspirale bezogen, intervenierte der Therapeut bei der Patientin auf der Ebene der Entscheidungsfindung, indem er sie auf eine Alternative hinwies, über die es sich lohnen könnte, nachzudenken. Frau Taft vollendete dann von sich aus die Entwicklungsspirale, indem sie ihre Entscheidung in entsprechendes Verhalten umsetzte und ihre Kompetenz wiedergewann, indem sie als sich selbst aktivierendes Individuum die Initiative ergriff. Ihr Selbstwertgefühl wurde nicht nur dadurch wiederhergestellt, dass sie in die ihr vertraute Arbeitswelt zurückkehrte, sondern auch durch die Bestätigung, die ihr zuteil wurde, als ihr Chef sie als geschätztes Mitglied des Teams willkommen hieß. Danach war sie imstande, alles Erforderliche zu tun, um diesen integrierten Zustand aufrechtzuerhalten.

Es bleibt anzumerken, dass die depressive Symptomatik der Patientin, soweit der Therapeut nach ihrem Bericht und ihrer Stimme am Telefon urteilen konnte, verschwunden war. Depressionen und andere Formen der Psychopathologie sind Anzeichen dafür, dass Menschen vergeblich versuchen, mit irgendeiner Schwierigkeit in ihrer Entwicklung fertig zu werden (Basch 1988). Die Symptome bilden sich zurück, sobald die Patienten ihr Leben wieder in die eigene Hand nehmen, wie es Ms. Taft tat. Dasselbe gilt übrigens auch für die psychopharmakologische Therapie. Es ist falsch zu sagen, Depressionen, die auf Medikamente ansprechen, seien durch die Arzneimittel geheilt worden. Psychopharmaka heilen Patienten ebensowenig, wie wir Psychotherapeuten das vermögen. Im Falle des Erfolgs beseitigen Psychotherapeuten und Psychopharmaka, für sich oder in Verbindung miteinander, bloß die Barrieren, die einen Menschen daran hindern, sein Leben in eigener Kompetenz zu meistern, und darin liegt die Heilung.

Nach der Präsentation des Falles und seines Ausgangs brachten die TeilnehmerInnen des Seminars einige Fragen vor. Einige meinten, Ms. Taft hätte vielleicht zu einer Fortsetzung ihrer Therapie ermutigt werden sollen. Vielleicht habe sie die Bemerkung des Therapeuten, dass sie sich während ihrer Berufstätigkeit besser gefühlt habe, als Ablehnung empfunden. War sie möglicherweise deshalb nicht mehr gekommen, weil sie seine Worte in dem Sinne verstand: »Reißen Sie sich zusammen; erwarten Sie nicht von mir, dass ich die Aufgabe für Sie löse.« Ich denke jedoch, wenn sie gekränkt gewesen wäre, dann hätte sie nicht so aufgekratzt und zufrieden mit sich geklungen. Höchstwahrscheinlich hätte sie wieder den üblichen Weg eingeschlagen und um einen weiteren Termin gebeten, sobald der Therapeut ihr den »Versöhnungskuss« gegeben und durch seinen Anruf erneut um sie »geworben« hatte. Stattdessen kam sie, wie die Entwicklungsspirale das voraussagt, zu dem völlig richtigen Schluss, dass sie keine Behandlung mehr benötigte, sobald sie ihre Handlungskompetenz zurückgewonnen und ihr Selbstwertgefühl wiederhergestellt hatte. Ihr Abgang erfolgte vielleicht nicht auf die höflichste Art, aber darauf kommt es ja hier nicht an.

Die StudentInnen äußerten auch Besorgnis, weil das Problem von Ms. Tafts Männerbeziehungen nicht gelöst worden war. Meine Reaktion darauf: Unterschätzt nicht den Schwung, der entsteht, wenn man Patienten hilft, Wachstumshindernisse zu beseitigen. Ms. Taft war jetzt ein anderer Mensch als die Patientin, die in Therapie gekommen war. Es bestand berechtigte Hoffnung, dass sie nach Wiederherstellung ihrer Selbstachtung das trügerische Gefühl von Kompetenz, das sie aus dem Interesse unzuverlässiger Männer bezogen hatte, nicht länger benötigte. Falls sie jedoch erneut in dieselbe Falle geraten sollte, konnte sie ihre Behandlung ja jederzeit fortsetzen. Was in der Kurztherapie zur Wiederherstellung ihrer Handlungskompetenz in den Bereichen, die ihr dafür offenstanden, geleistet worden war, würde ihr in diesem Fall zugute kommen.

Die StudentInnen konnten sich über Ms. Tafts rasche Reaktion auf die Intervention des Therapeuten nicht genug wundern. Was wäre geschehen, fragten sie sich, wenn diese nicht funktioniert hätte? Ich wies darauf hin, dass die Patientin so schnell darauf ansprach, weil ihr Therapeut sich dem hinter ihrer unmittelbaren Klage stehenden Grundproblem ihrer Verstimmung zugewandt hatte – nämlich, dass sie nicht als ein Zentrum der Initiative handelte – und ihr zeigte, dass es in ihrer Macht lag, daran etwas zu ändern. Den Patienten umzuorientieren, indem man das Problem in einen neuen Bezugsrahmen stellt, reicht oft aus, um eine Wende herbeizuführen. Wenn ein Therapeut jedoch davon ausgeht, wie es so oft geschieht, dass eine gute Behandlung immer beim Nullpunkt beginnen muss und nicht bei dem, was bereits vorhanden ist, dann geschehen freilich keine Taft-Wunder.

Im Prinzip gibt es fünf Schritte, wie jemand ein Problem löst und die Ordnung wiederherstellt, und diese verschaffen uns als TherapeutInnen die Optionen, die uns, einzeln oder kombiniert, zur

Abb. 1.3: Ein Schlüssel zur problemlösenden Intervention

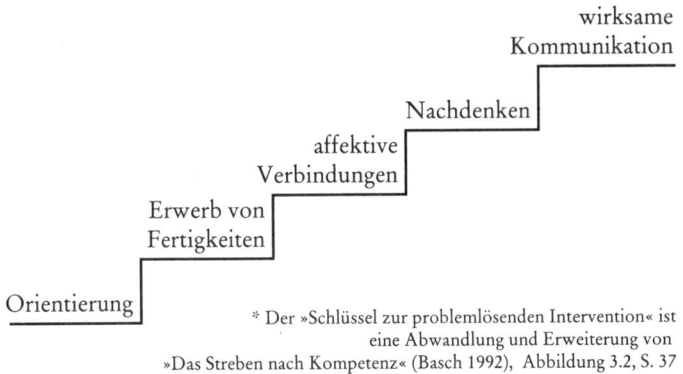

wirksame
Kommunikation

Nachdenken

affektive
Verbindungen

Erwerb von
Fertigkeiten

Orientierung

* Der »Schlüssel zur problemlösenden Intervention« ist
eine Abwandlung und Erweiterung von
»Das Streben nach Kompetenz« (Basch 1992), Abbildung 3.2, S. 37

Verfügung stehen, um unseren PatientInnen zur Wiederherstellung ihrer Handlungskompetenz und damit ihres Gefühls von Selbstachtung zu verhelfen: (1) den Patienten neu orientieren, indem man das Problem in entwicklungsbezogenen Begriffen definiert; (2) den Patienten dabei unterstützen, sich die nötigen Fertigkeiten anzueignen, um das Problem angehen zu können; (3) Defizite oder Konflikte beseitigen, die den Patienten daran hindern, sich bei anderen emotionale Unterstützung und Verständnis zu holen; (4) Denkstörungen beseitigen, so dass der Patient in die Lage versetzt wird, klar über Probleme nachzudenken; und (5) dem Patienten helfen, seine erzählerische Gabe zu entwickeln, die Fähigkeit der wirksamen Kommunikation mit denjenigen, um deren Verständnis und Rat er sich bemüht. Zusammengenommen bilden diese Maßnahmen das, was ich als Schlüssel zur problemlösenden Intervention (siehe Abbildung 1.3) bezeichne*.

Da ich wollte, dass Ms. Tafts Therapeut ihr Problem aus einer neuen Perspektive angeht und ihr hilft zu erkennen, dass es in ihrem Interesse liegt, auf ihre Stärken im Bereich der Autonomie zu bauen, statt sich auf ihre Bindungsproblematik zu fixieren, ein Bereich, in dem sie schwach war, erschien es mir sinnvoll, dass er sie auf dieses Konzept hin orientierte und abwartete, was geschehen würde. Falls dies jedoch nicht funktioniert hätte oder falls die

Umstände andere gewesen wären, dann hätte man ohne weiteres auf einer anderen Ebene intervenieren können. Wenn Ms. Taft ihrem Therapeuten zum Beispiel gesagt hätte, dass sie ihre Stelle aufgegeben habe, weil sie das Gefühl hatte, ungerecht behandelt zu werden und weil sich ihr Chef über ihre Beschwerden hinwegsetzte, dann hätte ich ihm vorgeschlagen, sich mit ihr darüber zu unterhalten, wie sie ihre Beschwerden vorbringt und warum diese auf taube Ohren stoßen – das heißt, auf ihre narrativen Fähigkeiten einzugehen. Wenn sie gesagt hätte, dass sie ihre Tätigkeit aufgegeben habe, weil ihr die Arbeit zu schwierig wurde, dann hätte ich dem Therapeuten empfohlen, sich von Ms. Taft über die Anforderungen ihrer Position aufklären zu lassen, und falls ihr tatsächlich die Qualifikation für diese Stelle fehle, herauszufinden, was sie tun könnte, um ihre Kompetenz zu erhöhen, bzw. welche anderen Arbeitsmöglichkeiten im Bereich ihrer Fähigkeiten liegen. In jedem Fall wäre es darum gegangen, ihr Bedürfnis nach Handlungsfähigkeit zu befriedigen, indem man sich ihre Stärken zunutze macht und auf diese Weise ihr Selbstwertgefühl wiederherstellt.

Der Unterschied zwischen Kurztherapie und Psychoanalyse

Vom Ziel der Psychotherapie her besteht kein grundlegender Unterschied zwischen der Kurzpsychotherapie und der Psychoanalyse, aber in der verwendeten Technik, mit der dieses Resultat erzielt wird, bestehen starke Differenzen. Wenn wir PsychoanalytikerInnen unsere AnalysandInnen warnen, dass sie eine große Strecke vor sich haben, dann gehen wir von der Prämisse aus, dass nach unserem Urteil ihre seelischen Stärken, worin diese laut ihrer Vorgeschichte auch bestehen mögen, angesichts ihrer Schwierigkeiten nicht ausreichen, um das Blatt zu wenden. Deshalb müssen wir sie auffordern, die Zeit und Mühe aufzuwenden, mit uns zu arbeiten, um ihre Entwicklung zurückzuverfolgen, die Webfehler darin zu finden und den Schaden zu reparieren. Nach unserer fachkundigen Überzeugung werden sie erst dann über die Voraussetzungen verfügen, um die Kontrolle über ihr Leben in der berechtigten

Hoffnung zu übernehmen, dass es ihnen gelingen wird, das Beste aus ihren Fähigkeiten und Chancen zu machen. Es ist jedoch keine unbezweifelbare Tatsache, dass der beste Weg zur Heilung bei jedem Patienten ein Umweg sein muss; ganz im Gegenteil. Ich erfuhr nichts aus der Präsentation von Ms. Tafts Klage und Vorgeschichte, was mich überzeugt hätte, dass die Lösung ihrer gegenwärtigen Schwierigkeiten eine Untersuchung und Zergliederung der verborgenen Aspekte ihrer Kindheit erforderte.

Wenn ich aufgrund meiner Überzeugung, dass es keinen anderen Weg gibt, um der Problematik eines bestimmten Menschen auf den Grund zu gehen, eine Psychoanalyse mache, dann verwende ich eine ganz spezielle Technik, um mit dem Patienten zu rekonstruieren, was »Kompetenz« und »Selbstachtung« zu verschiedenen Zeiten ihres Lebens für sie bedeutet haben mögen, welche Entscheidungen sie getroffen und welche Verhaltensweisen sie eingesetzt haben, um ihre Ziele zu erreichen, und weshalb es ihnen nicht gelungen war, das gewünschte Resultat zu erzielen. Aber all dies geschieht, um den Patienten in die Lage zu versetzen, das Problem, das ihn ursprünglich in die Analyse brachte, in der Weise anzupacken, die ihm gegenwärtig möglich ist, so dass sich seine Persönlichkeit – das heißt, seine Ziele und seine Maßnahmen, um sie zu erreichen – durch die analytische Erfahrung in signifikanter Weise verändert. Obwohl das Zeitelement in der Psychoanalyse eine ganz andere Rolle spielt, unterscheidet sich dies in anderer Hinsicht nicht so stark davon, was wir in der Kurztherapie oder anderen Psychotherapieformen zu erreichen hoffen.

Wenn sich die aktive, zielstrebige Haltung, für die ich eintrete und die ich zu umreißen begonnen habe, nicht als wirksam erweist, dann könnte ihr Versagen darauf hindeuten, dass mehr Zeit erforderlich ist, um die unbewussten Abwehrmechanismen in der Übertragung auf den Therapeuten durchzuarbeiten. Dies ist die Arbeit, auf die wir durch unsere Ausbildung in Psychoanalyse und dynamischer Psychotherapie vorbereitet wurden. Ich denke, dass es uns nicht schwerfallen wird, diejenigen Patienten zu identifizieren, die entweder einer längeren stützenden Therapie bedürfen oder eine Gelegenheit benötigen, die Defizite in ihrer seelischen Entwicklung durchzuarbeiten und zu beheben, oder deren Widerstände so groß sind, dass man nur mit einer analytischen Vorgehensweise hoffen kann, sie zu überwinden. Auf solche Situationen werde ich im siebten Kapitel ausführlicher eingehen. Unser Problem als Berufsgruppe war, dass wir dynamische mit *regressiver* Therapie gleichgesetzt haben, ohne uns klarzumachen, dass positive Veränderungen in der Entwicklung bei vielen, ja wahrscheinlich den meisten PatientInnen mittels einer *progressiven* Technik herbeigeführt werden können. Am besten ist es, jeden Patienten als potentiellen kurzfristigen Patienten zu betrachten. Man wird keinen Schaden anrichten oder den Weg zu einer unbefristeten Therapie bzw. Psychoanalyse verbauen, wenn der Versuch mit einer Kurztherapie erweist, dass der oder die Betreffende eine andere Vorgehensweise erfordert.

Bisher habe ich drei Aspekte des entwicklungsbezogenen Modells vorgestellt: die Sektoren der Entwicklung (Abbildung 1.1), die Entwicklungsspirale (Abbildung 1.2) und den Schlüssel zur problemlösenden Intervention (Abbildung 1.3). Diese und die übrigen Komponenten des Modells, das ich vertrete, gestatten es dem Therapeuten, die phänomenologische Beschreibung des Patienten in eine entwicklungsbezogene Diagnose umzusetzen. Ich denke, es ist bereits klar geworden, dass uns dies über die üblicherweise benutzten, auf Symptombündeln beruhenden diagnostischen Kriterien hinausführt, die uns nicht sagen, was bei einem Patienten zu tun ist, der mit einem bestimmten nosologischen Etikett versehen wurde. Das entwicklungsbezogene Modell identifiziert den Sitz und die Beschaffenheit der speziellen persönlichen Schwächen hinter den Problemen, die dem Patienten Schwierigkeiten machen, und zeigt dem Therapeuten gleichzeitig auf, welche Optionen ihm offen stehen. So kristallisiert sich ein Entscheidungsbaum heraus, eine Wenn-dann-Schrittfolge, die den Therapeuten bei seinem weiteren Vorgehen leitet.

2. Die Kompetenz wiederherstellen: Ralph Jerome

Es ist wichtig herauszufinden, welche Affekte bei einem Patienten jeweils im Spiel sind, denn letztendlich sind es die mit einer bestimmten Entscheidung einhergehenden Affekte, die Verhalten in Gang setzen und darüber entscheiden, mit welchem Nachdruck es verfolgt wird. Schauen wir deshalb, wie die Affekte in das Entwicklungsmodell integriert sind.

Basierend auf dem Werk von Silvan Tomkins, dargelegt von Nathanson (1994 a), habe ich die elementaren Affekte in drei Gruppen unterteilt (Abbildung 2.1). (Langeweile und Traurigkeit, die ich zuvor als eigenständige Affekte angesehen hatte, lassen sich sinnvoller als Formen von Distress [die seelisch belastenden Formen von Stress, im Gegensatz zu Eustress, den als angenehm empfundenen – A. d. Ü.] [Nathanson 1994b].) Diese grundlegenden Affekte beginnen bei oder kurz nach der Geburt aufzutreten, und obwohl die Sprache der Emotionen mit zunehmender Reife immer komplexer wird, können wir uns stets psychotherapeutisch orientieren, wenn wir feststellen, wo sich der Patient auf dieser Skala gerade befindet. Die Therapie von Ms. Taft kann uns als Beispiel dafür dienen.

Bei Ms. Taft herrschte, wie das bei allen Patienten mit Depressionen der Fall ist, Distress vor. Als ihr Therapeut sie an die Selbstachtung und das damit einhergehende Wohlgefühl erinnerte, die sie aus ihrer Arbeit in dem Restaurant bezogen hatte, erlebte sie offenbar entweder unmittelbar während oder nach der Sitzung ein Erwachen ihres Interesses – einen Umschwung von negativem zu positivem Affekt, der stark genug war, um sie zu veranlassen, sich wieder um ihre ehemalige Stelle zu bemühen. Dass ihre Therapie bedenkenlos abgebrochen werden konnte, ging aus ihrem offenkundig freudigen Tonfall hervor, als sie dem Therapeuten erzählte, wie sie sich in ihrer neuen Situation fühle. Ihr Affekt zeigte uns, dass sich ihre Entwicklungsspirale wieder in die richtige Richtung drehte.

Abbildung 2.1: Spektrum elementarer Affekte

Positive Affekte:
        Interesse – freudige Erregung
        Vergnügen – Freude

Neutrale Affekte:
        Überraschung – Erstaunen

Negative Affekte:
        Distress – Qual
        Ärger – Wut
        Furcht – panische Angst
        Scham – Demütigung
        Verachtung
        Ekel

Nach D. L. Nathanson, Hrsg.,
»Shame, Compassion and the ›Borderline Personality‹«
Psychiatric Clinics of North America 17 (1994, 791)

Im folgenden Fall ermöglichte das Verständnis der Bedeutung, die der heftige negative Affekt des Patienten für seine Entwicklung hatte, durch Kurztherapie eine Krise zu bewältigen, die sowohl für den Patienten als auch für seine Familie ernste Konsequenzen hätte haben können.

RALPH JEROME

Auch der Fall von Ralph Jerome wurde wie der von Ms. Taft in einem Psychotherapie-Seminar vorgestellt. Er ist eine weitere Illustration des Grundsatzes, dass Therapeuten, wenn es neben der langfristigen Psychotherapie noch andere Behandlungsformen geben soll, lernen müssen, an jenen Problemen anzusetzen, die die Handlungsfähigkeit eines Patienten im Hier und Jetzt beeinträchtigen; erst wenn es auf diese Weise nicht gelingt, die Handlungskompetenz des Patienten wiederherzustellen, sollte sich der Therapeut auf eine langwierigere Exploration einlassen.

Der Patient, Mr. Jerome, war ein 38jähriger Mann, der sich wegen starken Bluthochdrucks und eines möglichen Schlaganfalls zur Untersuchung ins Krankenhaus begeben hatte. Obwohl sich herausstellte, dass er keinen Hirnschlag erlitten hatte und sein Blutdruck gut unter Kontrolle zu bringen war, wurde er zunehmend von Angst geplagt und äußerte die abergläubische Überzeugung, in diesem Jahr sterben zu müssen; deshalb überwies man ihn schließlich zum Psychiater. Sobald feststand, dass der Patient nicht suizidgefährdet war, wurde er mit entsprechenden Medikamenten für seinen Blutdruck entlassen und anschließend in einer psychiatrischen Ambulanz wegen seiner Angst und Depression weiterbehandelt.

Soweit der Patient wusste, war er vor der Krise, die ihn ins Krankenhaus geführt hatte, nie besonders ängstlich oder depressiv gewesen. Er hatte als Wachmann gearbeitet, als plötzlich starke Kopfschmerzen und Schwindel auftraten. Er ignorierte diese Symptome und blieb auf seinem Posten, aber mehrere Stunden später brach er zusammen und wurde in die nächste Notaufnahme gebracht; anschließend kam er zur Durchuntersuchung ins Krankenhaus.

Der Patient äußerte gegenüber dem Krankenhauspsychiater die Überzeugung, dass er sterben werde, weil sein Vater ebenfalls einen hohen Blutdruck gehabt habe und im Alter von 39 an einem Gehirnschlag gestorben sei, in genau dem Alter, dem er, der Patient, sich jetzt nähere. Er war neunzehn gewesen, als sein Vater starb, er selbst hatte einen verheirateten Sohn, der jetzt neunzehn Jahre alt war, und seine Schwiegertochter hatte kürzlich einen Sohn geboren.

Die Parallelität der Familiengeschichten überzeugte Mr. Jerome, dass das Schicksal sein unmittelbar bevorstehendes Ende über ihn verhängt habe. Obwohl er jetzt zu Hause lebte und man ihm gesagt hatte, dass er seinen normalen Lebensstil wieder aufnehmen könne, solange er seine Medizin nehme und regelmäßig zur Nachuntersuchung komme, war er nicht zu seiner Arbeit zurückgekehrt, aus Furcht, jede Anstrengung oder Aufregung könnte den gefürchteten Gehirnschlag herbeiführen, an dem er sterben werde.

Zu Hause machten ihn die Kinder aus seiner zweiten Ehe (zwei Töchter im Alter von zwölf und acht Jahren) sehr nervös, denn er fürchtete, ihr lärmendes Spiel und ihre gelegentlichen Streitigkeiten könnten ihn zu sehr aufregen und sein Ende beschleunigen. Mit anderen Worten, er wurde mehr und mehr zu einem schwer hypochondrischen Invaliden.

Der Praktikant schilderte das soziale Umfeld und die Vorgeschichte des Patienten. Mr. Jerome war das einzige Kind eines geschiedenen Paares. Seine Mutter hatte die Familie verlassen, als er zwölf Jahre alt war. Sie war Alkoholikerin und brannte mit dem Bruder ihres Mannes durch, mit dem sie anschließend unverheiratet zusammenlebte. Als Ralph sechzehn Jahre alt war, heiratete sein Vater erneut. Ralph »hasste« seine Stiefmutter, die offenbar ihre häufigen – wodurch auch immer verursachten – Wutanfälle an ihm ausließ. Als er neunzehn Jahre alt war, starb sein Vater, wie bereits erwähnt, an einem durch starken Bluthochdruck bedingten Schlaganfall. Der Vater war jedoch außerdem ein Diabetiker und Alkoholiker gewesen, der seine Krankheit ignorierte, weiterhin hemmungslos trank und sich nie an ärztliche Ratschläge hielt. Sowohl der Internist als auch der hinzugezogene Psychiater hatten sich große Mühe gegeben, dem Patienten klarzumachen, dass zwischen seiner Situation und der seines Vaters große Unterschiede bestanden. Mr. Jerome war weder Alkoholiker noch Diabetiker, und sein Blutdruck ließ sich gut unter Kontrolle halten. Man versicherte ihm immer wieder, es bestehe aller Grund zu der Annahme, dass er mit einer normalen Lebensdauer rechnen könne, aber er ließ sich nicht beschwichtigen. Die angstlösenden und antidepressiven Medikamente, die man ihm verschrieb, schienen wenig oder gar keine Wirkung auf seine psychischen Symptome zu haben.

Ich fragte, ob sonst noch etwas über die Lebensgeschichte des Patienten bekannt sei. Wir erfuhren darauf, dass Mr. Jerome nach dem Tod seines Vaters entschieden hatte, er könne mit seiner verhassten Stiefmutter nicht weiter zusammenleben und wolle sich allein durchbringen. Seine Freundin war im fünften Monat schwanger, als sein Vater starb, und die beiden beschlossen zu heiraten. Nachdem er vorzeitig von der Schule abgegangen war, kehrte er nun dahin zurück, um seinen Abschluss an der Highschool zu machen. Während dieser Zeit verdiente er den Unterhalt für sich und seine junge Frau mit Teilzeit-Jobs. Nach dem Schulabschluss nahm er eine Stelle als Lagerarbeiter an und besuchte abends ein kostenloses College.

Sobald er merkte, dass ihm die Stelle als Lagerarbeiter keine Aufstiegschancen bot, bewarb sich Mr. Jerome auf eine Anzeige für Wachleute und wechselte den Beruf. Er wählte die Nachtschicht, was ihm ermöglichte, auf ein vierjähriges College überzuwechseln und untertags auf einen Hochschulabschluss hinzuarbeiten. (Obwohl er inzwischen ein Diplom in Buchhaltung hatte, besaß er nie genügend Vertrauen zu seinem Können, um ganztags in diesem Beruf zu arbeiten. Manchmal, wenn die Steuererklärungen fällig waren, war er freiberuflich tätig, und gelegentlich machte er die Buchhaltung für Bekannte.) Die Stelle bei der Wach- und Schließfirma, die günstige Sozialleistungen bot, machte ihm Freude, und im Laufe der Jahre arbeitete er sich in eine verantwortungsvolle Position hoch, in der er die Aufsicht über die Nachtschicht in mehreren Bürogebäuden innehatte.

Mr. Jeromes erste Ehe ging nicht gut. Er ließ sich scheiden, nachdem seine Frau in Wiederholung des Verhaltensmusters seiner Mutter mit einem entfernten Cousin von ihm weggegangen war. Einige Jahre später heiratete er, ebenso wie es sein Vater getan hatte, ein zweites Mal; bis dahin zog er seinen Sohn allein auf. Die zweite Ehe des Patienten schien tragfähig und sowohl für ihn als auch für seine Frau befriedigend zu sein – das heißt, sie war so lange zufriedenstellend, bis seine ständige ängstliche Fixierung auf Krankheit und Tod eine unangenehm gespannte Situation zu Hause erzeugte. Seine Frau und seine zwei Töchter begannen zunehmend unter dem Druck zu leiden, den ihnen der Zustand des Patienten auferlegte.

Ich ersuchte die SeminarteilnehmerInnen, ihre Sicht des Falles darzulegen und das weitere Vorgehen zu planen. Sie waren sich in ihrer Beurteilung und ihren Empfehlungen ziemlich einig. Alle waren beeindruckt von dem fatalistischen Glauben des Patienten an die Prädestination; sie spekulierten, dass Mr. Jerome, getrieben vom Wiederholungszwang, möglicherweise unbewusst dazu beigetragen haben könnte, dass seine erste Frau im Grunde das Verhaltensmuster seiner Mutter wiederholte, die seinen Vater verlassen hatte. Die PraktikantInnen fühlten sich außerstande, dem Patienten das Gefühl von Sicherheit zu geben, das er sich wünschte. Wie jeder Mensch konnte tatsächlich auch er unerwartet sterben, deshalb könne niemand – am allerwenigsten ein Arzt – ihm guten Gewissens die uneingeschränkte Zusicherung geben, dass das von ihm Befürchtete nicht eintreten werde. Die Empfehlung der StudentInnen lautete, der Therapeut solle die Beziehung des Patienten zu seinem Vater, seiner Mutter und Stiefmutter noch genauer erforschen. »Warum?«, wollte ich wissen. Ihre Antwort lautete, dass seine Angst, obwohl sie durch seine körperlichen Probleme verschärft werde, wahrscheinlich mit tieferen seelischen Ursachen zusammenhänge, die sich opportunistisch an seine somatischen Schwierigkeiten hefteten. Ohnmachten, Zusammenbrüche, die Erkenntnis, dass einen unbegreifliche und gefährliche Prozesse im eigenen Körper für das Bewusstsein unzugänglich existentiell bedrohen, dies sind Geschehnisse, die sich gut als Repräsentanzen einer tieferliegenden Problematik eignen. Genauer gesagt, mehrere Studenten hielten es für wahrscheinlich, dass sich hinter Mr. Jeromes Furcht vor dem Tod ein ungelöstes ödipales Problem verberge, dass es ein Anzeichen der Ambivalenz des Patienten gegenüber seinem verstorbenen Vater sei. Ebenso wie im Fall von Ms. Taft votierten die StudentInnen, geleitet von der Vorstellung, dass »dynamisch« auf »regressiv« hindeute, für eine unbefristete Erforschung von Mr. Jeromes Leben, in der Annahme, seine Heilung hänge davon ab, dass seine gegenwärtigen Symptome erklärt und mit den Traumen seiner Kindheit verknüpft wurden.

Obwohl ich zu diesem Zeitpunkt die Notwendigkeit eines solchen Vorgehens nicht ausschließen konnte, war ich nicht so schnell bereit, mich dafür zu entscheiden. Es gibt zwei Grundeinstellungen, wie man sich die Lebensgeschichte von Mr. Jerome anhören kann. Wenn man PatientInnen als Opfer ansieht, die uns benötigen, um ihre seelische Struktur von Grund auf neu zu gestalten, dann hört man, wie es bei meinen PraktikantInnen der Fall war, die traurige Geschichte eines Jungen, der seiner Mutter beraubt wurde, nicht durch den Tod, sondern, weil sie die Familie verließ. Verlassenwerden ist schlimmer als der Tod; aus der Sicht des Kindes musste sie zwischen ihrem Sohn und ihrem Geliebten eine Wahl treffen, und was auch immer ihre Gefühle für Ralph sein mochten, sie reichten nicht aus, um sie bei ihm zu halten. Sein Vater übernahm zwar ihre Aufgaben, aber man fragt sich, wieweit sein Alkoholismus ihn an der Erfüllung seiner elterlichen Pflichten hinderte. Als dann eine Mutterfigur in Form einer Stiefmutter auftauchte, verschlimmerten sich die Dinge für Ralph offenbar, statt sich zu verbessern. Er heiratete, bevor er wirklich reif genug dafür war, nur um ein weiteres Mal verlassen zu werden. Wie es mit seiner Mutter und Stiefmutter geschehen war, wurde er zum dritten Mal von einer Frau abgelehnt, der er vertraute oder gern vertraut hätte. Er überwand alle Schwierigkeiten und schaffte nicht nur den Schulabschluss, sondern finanzierte sich sein Studium selbst und machte ein Diplom in Buchhaltung, war aber dann nicht imstande, seine Ausbildung beruflich umzusetzen. Die Erkenntnis, dass er Bluthochdruck hatte und beinahe einen Gehirnschlag erlitten hätte, war der letzte Schlag in einer ununterbrochenen Reihe seelischer Verletzungen. Hilflos und hoffnungslos kam er zu uns und erwartete von uns Verständnis und Mitgefühl für alles, was er erlitten hatte. Wir konnten ihm helfen, indem wir ihm Gelegenheit gaben, sich seinen Schmerz und seine Enttäuschung bewusst zu machen, seine Vergangenheit in der therapeutischen Situation erneut zu durchleben und dadurch zu beginnen, sich ein stärkeres Ich und ein gesünderes Selbstgefühl aufzubauen.

Beurteilt man den Patienten jedoch anhand meines Entwicklungsmodells, so wirft dies ein entschieden anderes Licht auf die Situation. Hier war ein Mann, der eine ungückliche Kindheit, eine gescheiterte erste Ehe und vielleicht auch eine berufliche Enttäuschung hinter sich hatte. Dennoch schien Mr. Jerome sein Leben insofern einigermaßen erfolgreich gemeistert zu haben, als er gut an sein soziales Umfeld angepasst war und daraus bezog, was er benötigte; das heißt, er war glücklich mit seiner Familie, mochte seinen Beruf und schien sich der Achtung seiner Vorgesetzten und Kollegen zu erfreuen. Dass er eine belastende Kindheit nicht nur überlebt, sondern all dies erreicht hatte, zeugte von seiner seelischen Kraft und ließ erkennen, dass da eine Menge war, womit wir arbeiten konnten, um ihm bei seiner Genesung zu helfen. Aus meiner Sicht gab es noch keine Anzeichen dafür, dass ich als sein Therapeut die Gegenwart hätte mit der Vergangenheit in Beziehung setzen müssen, um die von ihm demonstrierten psychischen Kräfte zu mobilisieren.

In Begriffen des Entwicklungsmodells ausgedrückt, schien sich Mr. Jerome in den Bereichen Autonomie und Bindung durchaus bewährt zu haben. Sein Problemlösungsvermögen war ausgezeichnet, und die Art und Weise, wie er seine Geschichte erzählte, war immer noch kohärent und schlüssig. Selbst seine fast wahnhafte Erklärung für seine überwältigende Angst war nachvollziehbar. Auf der Entwicklungsspirale war der Kontrast zwischen Gegenwart und Vergangenheit natürlich dramatisch; während er früher angesichts schwieriger Hindernisse überaus kompetent gehandelt hatte, war er jetzt hilflos. Was hielt ihn davon ab, seine beträchtlichen Ressourcen einzusetzen, um mit seiner gegenwärtigen Lage fertig zu werden? Die Antwort lag in der Tatsache, dass er sich emotional am oberen Ende des Bereichs Furcht/panische Angst verheddert hatte. An und für sich kann sich Furcht insofern günstig auswirken, als sie die eigenen Ressourcen mobilisiert, um eine wahrgenommene Gefahr zu bewältigen. Wenn Furcht jedoch zu einer desorganisierenden statt einer organisierenden Kraft wird, dann zerstört sie die Fähigkeit, sinnvolle Entscheidungen zu treffen. Wie zu erwarten, leidet das Verhalten, die eigene Inkompetenz untergräbt das Selbstvertrauen und eine abwärts führende Entwicklungsspirale kommt in Gang. Schließlich empfinden sich die Patienten als hilflos und außerstande, ihr seelisches Gleichgewicht wiederzuerlangen. Mir erschien Mr. Jeromes abergläubische Überzeugung, dass er dazu verdammt sei, im gleichen Alter wie sein Vater zu sterben, als eine Rationalisierung, ein verzweifelter Selbstheilungsversuch, der, so schmerzhaft er war, dennoch einen Kern bildete, um den herum sein Selbstkonzept organisiert werden konnte. Mir war klar, dass er seine Selbsttäuschung – sein Schutz gegen totale Desorganisation, Anomie und den Zerfall dessen, was Heinz Kohut (1971) als kohärentes Selbst bezeichnet – so lange nicht aufgeben würde, wie seine Furcht bestand.

Mein Eindruck von Mr. Jeromes Situation war, dass ich, wäre ich sein Therapeut, meine psychoanalytische Erfahrung sicherlich nicht unter die Couch schieben und vergessen würde, aber ebensowenig würde ich an diesem Punkt seiner Krankheit eine Psychoanalyse oder einen sonstigen unbefristeten regressiven Ansatz für nötig oder nützlich halten. Selbst wenn meine StudentInnen mit ihren Vermutungen richtig lagen und sein drohender Schlaganfall eine solche Wirkung hatte, weil er auf der unbewussten Ebene eine Strafe für ein ödipales Vergehen darstellte – wäre eine Exploration dieser Möglichkeit überhaupt durchführbar? Nein, ganz im Gegenteil: jeder Versuch einer psychoanalytisch orientierten Therapie, die sich auf die Fähigkeit der Patienten stützt, die bewusste Kontrolle über ihre Denkvorgänge aufzugeben und gleichzeitig über diese Erfahrung zu reflektieren, würde Mr. Jeromes Panik nur verstärken.

Entwicklungsbezogen gesprochen, gibt es nur zwei Mittel, um Furcht zu bewältigen, die allein oder kombiniert angewandt werden können. Man kann damit fertig werden, indem man sich auf den Sektor der Autonomie stützt und frühere Erfahrungen nutzt bzw. neue Fertigkeiten entwickelt, um dem Drohenden zu begegnen, oder man kann den Bereich der Bindung heranziehen und andere zu Hilfe rufen. Mr. Jerome war offensichtlich zu beidem unfähig; diese Unfähigkeit war ja der Grund seiner Panik. Da ich aufgrund der Vorgeschichte des Patienten wusste, dass er aller Wahrscheinlichkeit nach die nötigen seelischen Kräfte besaß, um mit seiner körperlichen Krankheit fertig zu werden, lag es jetzt am Therapeuten, die Technik zu bestimmen, die eine Mitarbeit des Patienten und die Mobilisierung seiner Kräfte ermöglichen würde. Aufgrund der Versuche seiner Ärzte, Mr. Jerome durch Argumente zu überzeugen, wussten wir bereits, dass sich eine Intervention auf der Reflexionsebene (siehe Abbildung 1.3) als nicht gangbar erwiesen hatte. Er war besessen von seiner zwanghaften, zahlenfixierten Furcht vor dem Tod. Diese Furcht war so stark, dass ihm nicht einmal das Mitgefühl seiner Familie und seiner Ärzte half, sein Gleichgewicht wiederzufinden.

Wenn Angst bis zu dem Punkt ansteigt, wo Menschen weder sich selbst noch anderen trauen, sollten optimalerweise zwei Dinge geschehen. Erstens sollte sich die legitime Autorität durchsetzen: »Hier gibt's nur eins: Augen zu und durch«, »Es ist nichts zu fürchten, außer der Furcht selbst«, »Papa ist bei dir, und dir kann nichts geschehen.« Zweitens sollte dem in Panik Geratenen gezeigt werden, dass es unter diesem schützenden Schirm möglich ist zu lernen, seine Kontrolle zu gewinnen oder wiederzugewinnen und nächstes Mal besser darauf vorbereitet zu sein, mit diesen und anderen belastenden Situationen umzugehen.

Ich schilderte meinen StudentInnen in unserem Seminar, wie ich mir eine Sitzung mit Herrn Jerome vorstellte:

Patient: Alle sagen, dass ich keinen Grund hätte, mir Sorgen zu machen, aber ich weiß, dass dem nicht so ist.

Therapeut: Natürlich haben Sie Grund zur Sorge. Erhöhter Blutdruck – oder Hypertonie, wie wir Ärzte es nennen – ist nichts, was man leicht nehmen sollte, und deshalb bin ich froh, dass Sie Ihre Medikamente nehmen und auf Ihre Ernährung achten. Ich habe heute früh Ihren Internisten angerufen, und er hat mir gesagt, dass Sie letzte Woche sehr gute Befunde hatten. Das ist toll. Haben Sie mit dem Fitness-Training begonnen, das Ihnen empfohlen wurde?

Patient: Ich habe Angst davor, Herr Doktor. Was ist, wenn mir das zuviel wird?

Therapeut: Das wird nicht geschehen; man wird Ihnen nichts zumuten, was zu anstrengend für Sie ist. *(Man beachte, dass Mr. Jerome hier eine nicht unberechtigte Sorge äußert, auf die ich ihm eine beruhigende Antwort gebe.)*

Patient: Ich weiß einfach, dass ich sterben werde wie mein Vater. Ich werde meinen vierzigsten Geburtstag nicht erleben. *(Wie zu erwarten, kehrt er zu seiner pathologischen Fixierung zurück. Dass er jedoch wenigstens einen Moment lang realistisch mit seiner Krankheit umgehen konnte, ist ein ermutigendes Zeichen und veranlasst mich, den eingeschlagenen Kurs weiterzuverfolgen.)*

Therapeut: Ich weiß, dass Sie *glauben*, innerhalb eines Jahres zu sterben, aber das wird nicht geschehen.

Patient: Woher wissen Sie das?

Therapeut: Es gibt großartige Medikamente für Ihre Störung, und außerdem sind Sie ein guter Patient, der sich an die Anweisungen hält. Sie werden nicht sterben.

Patient: Ich bin aber davon überzeugt.

Therapeut: Was Sie *nicht wissen*, ist, wie Ihr Organismus funktioniert. *Ich weiß*, dass Sie *nicht* sterben werden, weil ich Arzt bin und wir all dies in unserem Medizinstudium lernen. *Sie spüren nur*, dass etwas Bedrohliches in Ihnen vorgeht, worüber Sie keine

Kontrolle haben, und das macht Ihnen unheimlich Angst. Das kann ich Ihnen nachfühlen. Aber ich werde Sie über diese Vorgänge aufklären, damit auch Sie wissen, was geschieht und warum Sie nicht sterben werden.

(Hier warf ein Student ein: »Was ist, wenn er tatsächlich vor seinem vierzigsten Geburtstag stirbt?«

Meine Antwort lautete: »Wer soll das bezeugen? Wenn Mr. Jerome das unwahrscheinliche Pech hat, dass sich seine Prophezeiung erfüllt, dann ist es natürlich möglich, dass ich irgendwann in – wie ich hoffe ferner – Zukunft, wenn wir uns in einer anderen Welt wiederbegegnen sollten, für meine falsche Prognose zur Rechenschaft gezogen werde.«)

Patient: Aber ich …

Therapeut: *(Nimmt ohne auf die Einwände des Patienten zu achten, Bleistift und Papier zur Hand und fertigt eine Skizze an.)* Schauen Sie, das ist Ihr Herz. Es ist einfach eine große Pumpe. Sie hat die Aufgabe, Ihr Blut durch diese Röhren zu pumpen – wir nennen sie Arterien –, und in Ihrem Fall hat sich an den Wänden dieses Cholesterinzeug abgelagert. Deshalb wurden die Röhren immer steifer und enger, und das Herz musste immer kräftiger pumpen, um den übrigen Körper mit der richtigen Menge an Blut zu versorgen. Das Blut floß also unter immer höherem Druck hindurch – das ist Ihr Bluthochdruck –, deshalb die Sorge, dass der Druck zu hoch für eine Röhre werden wird und sie bersten könnte.

Patient: Wie wenn im Winter die Wasserrohre einfrieren. *(Dies ist der Wendepunkt; die Furcht hat sich in Interesse verwandelt. Der Patient orientiert sich auf die Realität seiner Situation um, indem er meinen Vergleich aufgreift und ihn weiterführt. Sobald eine positive Emotion mobilisiert ist, können seine Bewältigungskompetenz und Kreativität erneut ins Spiel kommen.)*

Therapeut: Genau. Wenn eine Röhre platzt, dann sprechen wir von einem Schlaganfall. Zum Glück hatten Sie Warnsignale, dass Ihre Gefäße belastet waren, bevor dies geschah. Die Medizin, die Sie jetzt nehmen, entspannt die Arterien – die Röhren –, so dass das Herz nicht mehr so hart arbeiten muss, um das Blut hindurchzupumpen. Zeichnen wir die Arterien also viel breiter; schon geht der hohe Blutdruck auf einen Normalwert zurück. Gleichzeitig verhindert die Diät, die Sie jetzt einhalten, nicht nur neue Cholesterin-Ablagerungen; sie wirkt wie ein Entkalker und löst die bereits vorhandenen Ablagerungen auf. Ich werde also hier jetzt etwas wegradieren. Das Fitness-Programm, mit dem Sie beginnen werden, hilft ebenfalls dabei und strafft gleichzeitig alle Ihre Muskeln. Sobald Ihre Muskeln straffer sind, bewirken sie, dass das Blut besser zirkuliert, und das erspart dem Herz noch mehr Arbeit. Sie haben also jetzt wieder die Kontrolle über Ihren Körper, und es wird Ihnen nichts Schlimmes zustoßen. Ja, Sie werden wahrscheinlich länger leben als Menschen, denen kein solcher Schrecken eingejagt wurde wie Ihnen und die deshalb nicht gesund leben – die nicht auf ihre Ernährung achten, sich nicht genügend bewegen, aber dafür zuviel rauchen und trinken.

Patient: Aber woher kann ich wissen, dass alles wieder in Ordnung ist? Ich gehe jetzt nur alle sechs Wochen zur Nachuntersuchung. Vielleicht bekommt der Arzt kein vollständiges Bild. *(Es ist eine weiteres Zeichen der Besserung, wenn sich Angst an berechtigte statt an unrealistische Befürchtungen bindet. Der Patient hat seine sichere Orientierung jetzt wiedergefunden, was zeigt, dass seine wahnhafte Fixierung kein Anzeichen eines bisher unvermuteten psychotischen Prozesses war. Er bittet den Therapeuten jetzt, mit ihm an der Entwicklung von Bewältigungstechniken zu arbeiten, die es ihm ermöglichen, handlungsfähig zu bleiben.)*

Therapeut: Ein berechtigter Einwand. Ich möchte, dass Sie sich ein Blutdruckmessgerät besorgen, das Sie selbst handhaben können, und dass Sie täglich verfolgen, was da drinnen vorgeht. Messen Sie morgens nach dem Aufstehen und vor dem Schlafengehen, aber – zumindest eine Zeit lang – auch vor und nach Ihrem Training, nach sexueller Aktivität und wenn Sie sich durch irgendetwas gestresst fühlen – seien es die Kinder oder das Leben allgemein. Ich weiß, dass Sie befürchten, Anstrengung und Aufregungen könnten Ihren Blutdruck in die Höhe treiben; schauen wir einmal, was tatsächlich passiert.

Patient: Aber was ist, wenn der Blutdruck zu hoch wird und ich erst in ein paar Wochen einen Termin bei meinem Arzt – meinem anderen Arzt – habe?

Therapeut: Ich möchte, dass Sie in telefonischem Kontakt mit mir bleiben und mich informieren, was geschieht. Ich werde Ihnen eine Nummer geben und eine bestimmte Zeit, zu der Sie mich nachmittags anrufen können. Nach ein paar Tagen werden wir wissen, was nötig ist, und ich werde Ihnen helfen, zusammen mit Ihrem Internisten die erforderlichen Maßnahmen zu treffen. *(Obwohl der Patient ängstlich ist, sind seine Befürchtungen realistisch, und mit seiner Angst kann jetzt in einer offenen, unterstützenden Weise umgegangen werden. Sobald er dem Therapeuten vertraut, braucht der Patient keine phantastischen Erklärungen für seine Angst mehr zu fabrizieren.)*

Ich erklärte den Seminarteilnehmern, dass ich, falls Mr. Jeromes Therapeut mit meinen Vorschlägen einverstanden sei und sein weiteres Vorgehen daran orientiere, erwarten würde, dass die Angst des Patienten rasch einem Gefühl von Kontrolle über seine Krankheit weichen werde. Ich würde damit rechnen, dass Mr. Jerome in wenigen Wochen wieder zur Arbeit gehe und dem Therapeuten nach fünf oder sechs Besuchen sagen werde, er glaube, keine weiteren Stunden zu benötigen. Falls das eintrete, würde ich dem Therapeuten wahrscheinlich empfehlen, dem zuzustimmen, aber einen weiteren Termin in zwei Wochen, dann einen Monat später und anschließend im Bedarfsfall vorzuschlagen. Die folgenden Therapiestunden könnten dazu dienen, die erfolgreiche Wiedergewinnung der Kontrolle des Patienten zu festigen und ihn für seine eigenen Anstrengungen zu loben. Natürlich wird man, falls bei den späteren Besuchen neue Probleme auftauchen, die dem Patienten Sorgen machen, wie bei jeder anderen Psychotherapie darauf eingehen und entsprechende Empfehlungen aussprechen, falls eine weitere Therapie angezeigt wäre.

Bei der nächsten Zusammenkunft unseres Seminars berichtete der Therapeut, dass er meinen Ansatz ausprobiert habe und dass der Patient darauf anzusprechen schien. Als die Frage der eigenen Blutdruckmessung angeschnitten wurde, habe Mr. Jerome ihn eifrig unterbrochen und gesagt, er wisse, wo man eines dieser Geräte ausleihen könne. Nach zwei weiteren Besuchen war von seiner Todesangst gar nicht mehr die Rede, und der Patient äußerte die Absicht, seine Arbeit wieder aufzunehmen. Vorher wollte er jedoch mit seiner Frau Urlaub machen; ihre Eltern hatten ihnen angeboten, sich um die Kinder zu kümmern. Als er drei Wochen später wieder bei dem Therapeuten erschien, berichtete er von sei-

nem Entschluss, nicht zu seiner Stelle als Wachmann zurückzu-
kehren; vielmehr wolle er nach gründlicher Rücksprache mit seiner Frau sein Glück versuchen und seine freiberufliche Tätigkeit
als Buchhalter und Steuerberater ausbauen. Wie sich herausstellte,
hatte er, seit er sich nicht mehr vor einem baldigen Tod fürchtete,
begonnen, diese Möglichkeit zu sondieren, und sich durch die Reaktion, die er von potentiellen Klienten bekam, ermutigt gefühlt.
Er sagte dem Therapeuten, der Schrecken, der ihm eingejagt worden war, habe ihn zu der Erkenntnis gebracht, dass er sich darüber
klar werden sollte, was er wirklich tun wolle, und dass er es jetzt
tun müsse, statt davon auszugehen, dass das Leben ewig währt
und er alles auf morgen verschieben könne. Der Therapeut bestärkte den Patienten in seinem Entschluss, und auf Wunsch des
Patienten wurde die Therapie beendet.
Dieses Ergebnis stellt ein gelungenes Beispiel für den rapiden Aufstieg eines Patienten auf der Problemlösungstreppe (siehe Abbildung 1.3) dar. Sobald er seine Orientierung wiedergewonnen und
mit Hilfe des Therapeuten die Kenntnisse und Fertigkeiten erworben hatte, die er benötigte, um mit der Angst hinsichtlich seines
körperlichen Zustands fertig zu werden, dachte er über die weiteren Konsequenzen seiner Erfahrung nach und wandte sich mit seinen Schlussfolgerungen dann sowohl an seine Frau als auch an den
Therapeuten, um deren Stellungnahme dazu zu hören.
Meine Vorschläge in Bezug auf Mr. Jeromes Therapie stützten
sich teilweise auf mein Verständnis der Rolle, die der Affekt in der
laufenden Entwicklung eines Menschen spielt, aber ein anderer
Parameter des Entwicklungsmodells bestimmte das Vorgehen, das
ich zur Behandlung und Überwindung der lähmenden Angst des
Patienten nahelegte. Im Fall von Ms. Taft sahen wir, dass die Stellungnahme des Therapeuten sie veranlasste, ihre Fähigkeiten einzusetzen und damit ihre Autonomie und Kompetenz wiederzugewinnen. Das bedeutete, dass sie imstande war, den Therapeuten als
zusätzliche Quelle seelischer Stärke zu nutzen. Dies ist ein Aspekt
von Bindung, der gewöhnlich unausgesprochen bleibt und auf den
man nur dann aufmerksam wird, wenn er fehlt. In der Psychoanalyse und der dynamischen Psychotherapie wird er unter Bezeichnungen zusammengefasst wie *nichterotische positive Übertragung*
(Freud 1912 a, 1912 b), *Urvertrauen* (Erikson 1950), *Arbeitsbünd-*

nis oder *therapeutisches Bündnis* (Greenson 1967) und *Selbstob-jektübertragung* (Basch 1991, 1994; Kohut 1977, 1984). Die positive Übertragung ist, wie Freud herausgearbeitet hat, der Verbündete des Therapeuten. Die Fähigkeit, sich der Führung des Therapeuten anzuvertrauen, und die Unterstützung, die der therapeutische Prozess als solcher bietet, sind wesentlich für jedwede psychotherapeutische Arbeit. Das Entstehen einer positiven Übertragung deutet darauf hin, dass der Therapeut unbewusst mit den liebevollen und hilfreichen Eltern gleichgesetzt wird, die der Patient hatte oder sich ersehnte, und sobald diese Übertragung erfolgt ist, besitzen die Worte des Therapeuten die gesamte Autorität, den Einfluss und die Macht solcher Eltern. Unter dem Einfluss der positiven Übertragung wird das Gefühl von Isolierung, Einsamkeit und Hilflosigkeit eines Patienten hinreichend gelindert, um seine Angst zu verringern und zu ermöglichen, dass die Interventionen des Therapeuten eine entsprechende Wirkung erzielen. Umgekehrt werden dessen Maßnahmen – so richtig sie im Prinzip sein mögen – ihre Wirkung verfehlen, solange keine tragfähige Verbindung zwischen Patient und Therapeut hergestellt ist.

Da die Interventionen des Therapeuten ohne positive Übertragung für den Patienten fruchtlos sind, ist es wesentlich, die Art und Weise, wie der Patient mit dem Therapeuten in Beziehung tritt, zu nutzen, um Probleme in diesem Bereich zu identifizieren. Ob eine Kurztherapie möglich ist oder nicht, hängt tatsächlich oft davon ab, ob eine positive Übertragung vorhanden ist bzw. rasch mobilisiert werden kann oder nicht. Wenn sich herausstellt, dass der Therapeut, damit eine positive Übertragung entstehen kann, dem Patienten erst helfen muss, ein aus dem Säuglingsalter oder der frühen Kindheit stammendes gravierendes Entwicklungsdefizit zu bearbeiten, dann ist oft eine längere, unbefristete Therapie angezeigt. (Wie der Fall von Mr. Dale im vierten Kapitel zeigen wird, bedeutet »oft« jedoch nicht »immer«.)

Heinz Kohut unterschied bei der positiven Übertragung drei Komponenten, die er die *Zwillings-* oder *Alter-ego-Übertragung,* die *idealisierende Übertragung* und die *Spiegelübertragung* (Basch 1986; Kohut 1984) nannte. Wenn wir das, was wir durch unmittelbare Beobachtung (Karen 1994) und Experimente (Meltzoff 1985, 1990; Stern 1985) über Bindung im Säuglingsalter und der Kindheit wissen, mit dem verknüpfen, was Kohut zu unseren Erkenntnissen über Bindungsdefizite bei erwachsenen Patienten beigetragen hat, können wir drei wechselseitig voneinander abhängige menschliche Grundbedürfnisse identifizieren, die von der positiven Übertragung abgedeckt werden: die unausgesprochene Annahme, dass man genügend willkommen und geschätzt sein wird, um eine sinnvolle Bindung zu ermöglichen, was ich *die Fähigkeit zu verwandtschaftlicher Zugehörigkeit* nenne; die Freiheit, die Führung eines anderen zu nutzen und sich durch ihn beschützt zu fühlen, was ich die *Fähigkeit, sich anzuvertrauen,* nenne; und die Bereitschaft, sich durch das Verständnis eines anderen beruhigt, bereichert und ermutigt zu fühlen, was ich als *Fähigkeit, sich bestätigen zu lassen,* bezeichne. Sowohl die Kleinkindforschung (Meltzoff 1985, 1990) als auch die klinische Erfahrung zeigen, dass verwandtschaftliche Zusammengehörigkeit (*kinship*), Vertrauen (*reliance*) und Bestätigung (*validation*) eine Entwicklungshierarchie bilden (siehe Abbildung 2.2), die Konsequenzen für die Technik hat (Basch 1992).

Nichts, was man als therapeutisch bezeichnen könnte, wird geschehen, wenn kein Gefühl von innerer Verwandtschaft vorhanden ist – das heißt, wenn der Patient keinen ausreichenden Kontakt mit dem Therapeuten herstellen kann, um von der Möglichkeit überzeugt zu sein, dass er von ihm verstanden werden kann, dass zwischen ihnen, was auch immer ihre individuellen Unterschiede sein mögen, eine gemeinsame Grundlage besteht. Wenn keine innere Verwandtschaft evident ist, dann muss der Therapeut zuerst an dieser Frage arbeiten, um herauszufinden, ob eine tragfähige Bindung hergestellt werden kann. (Mehrere Fälle, die dieses Problem und die Techniken illustrieren, die geeignet sind, um damit umzugehen, werden im letzten Teil dieses Buches erörtert.) Die verwandtschaftliche Zusammengehörigkeit bildet den Boden, auf dem die Bereitschaft, sich anzuvertrauen, wachsen kann, aber sie gewährleistet dieses Wachstum nicht, und wenn sich diese Bereitschaft nicht entwickelt, dann muss der Therapeut daran arbeiten, sie zu ermöglichen. Sobald sich der Patient dem Therapeuten anvertrauen kann, fördert die angemessene Bestätigung der Anstrengung und Leistung des Patienten seinen Fortschritt auf der Entwicklungsspirale.

Abb. 2.2: Die positive Übertragung

Bereitschaft,
sich bestätigen zu lassen

Bereitschaft,
sich anzuvertrauen

Bereitschaft,
verwandtschaftliche Zugehörigkeit zu empfinden

In Ms. Tafts Fall ging aus dem Bericht des Therapeuten für mich klar hervor, dass die erforderliche positive Übertragung vorhanden war. Sie zeigte keinerlei Misstrauen, das mich veranlasst hätte, an ihrer Bindungsfähigkeit zu zweifeln. Sie war imstande, sich dem Therapeuten anzuvertrauen, sobald er ihre Befürchtungen zerstreut hatte, als unzulänglich empfunden zu werden, indem er ihr mit seinen Anrufen »nachlief« und damit implizit sein Interesse an ihrer Situation und seinen Wunsch, ihr zu helfen, ausdrückte. Diese Bereitschaft, sich anzuvertrauen, bildete die Grundlage für den nächsten Schritt, mit dem der Therapeut der Patientin half, ihre Schwierigkeit aus einer neuen Perspektive anzugehen, und sie in die Lage versetzte, wieder zu einem Zentrum der Initiative zu werden.

Bei Mr. Jerome hatten wir es mit einer ganz anderen Geschichte zu tun. Solipsistisch auf einen bizarren Aberglauben fixiert, signalisierte Mr. Jerome nicht nur, dass er das Vertrauen verloren hatte, angemessen beschützt und geleitet zu werden, sondern dass er die lebenswichtige Verbindung verwandtschaftlicher Zugehörigkeit verloren hatte; er erlebte sich als isoliert und seinem Schicksal ausgeliefert. Nur, wenn man eine affektive Bindung zu ihm herstellen konnte, würde er imstande sein, Nutzen aus kompetenter Begleitung und Unterstützung ziehen zu können. Dies ist der Grund, weshalb ich, als ich meinen Studenten vorspielte, wie ich Mr. Jerome behandeln würde, ihn so entschieden konfrontierte und auf meiner Erklärung im Gegensatz zu der seinen in einer Weise beharrte, die ihm zeigen sollte, dass er mir wichtig war und dass ich unbedingt wollte, dass er mich anhörte. Sein Internist hatte ihm im Wesentlichen dasselbe gesagt wie ich – »Mr. Jerome, die Krise ist vorüber, ihr Organismus ist wieder voll funktionsfähig« –, aber obwohl er die richtigen Worte fand, hatte er die falsche Musik. Er sprach in dem gelassenen, aufrichtigen Ton, der tatsächlich beruhigend wirkt, wenn der Patient den Arzt als eine Quelle der Kraft und Orientierung ansieht. Dies war jedoch bei Mr. Jerome nicht der Fall, deshalb fielen diese beschwichtigenden Worte auf taube – oder vielmehr übererregte – Ohren. Da ich den Eindruck hatte, dass er keinerlei »Verwandtschaft« mit mir empfand, redete ich im Gegensatz dazu mit ihm nicht wie ein Erwachsener mit einem anderen, sondern eher wie ein Vater, der einem Kind, das nicht zuhören will, etwas sehr Wichtiges klarmachen möchte. Diese Spannung teilt sich dem anderen mit und vermittelt ihm den Eindruck von Besorgnis und Anteilnahme, der sehr wirkungsvoll sein kann. Aus meinem Skript für seine Therapie ging hervor, dass meine Bemühungen, Mr. Jerome auf meinen Kurs zu bringen, gefruchtet hatten, als er meine Erklärungen als hilfreich für seine eigene Orientierung akzeptieren konnte. Dass er seinen Vergleich mit dem »eingefrorenen Rohr« beitrug, zeigte, dass er imstande war, meine Worte als unterstützend zu empfinden und dass Interesse an die Stelle von Furcht und Leidensdruck getreten war. Es ist immer ein hoffnungsvolles Zeichen, wenn negative Gefühle positiven Platz machen oder von diesen aufgewogen werden. Nun wertete ich es als Zeichen von Mr. Jeromes »Zusammengehörigkeitsgefühl«, dass seine Fixierung auf Katastrophen und Wiederholungen familiärer Muster berechtigten Fragen gewichen war, wie er sichergehen könne, dass seine körperliche Genesung tatsächlich stattfand.

Um zu zeigen, dass Mr. Jeromes Misstrauen der Bereitschaft Platz gemacht hatte, sich auf die Ärzte zu verlassen, ließ ich ihn seinen Internisten zunächst als »mein Arzt« bezeichnen und schließlich als »mein anderer Arzt«, was mich sozusagen mit ihm auf eine Stufe stellte. Zu diesem Zeitpunkt konnte man anfangen, auf sein Bedürfnis nach Bestätigung einzugehen, indem man die Berechtigung seiner Frage einräumte und ihm Anregungen gab, wie er mit diesen Fragen umgehen könnte. Ich schlug Mr. Jeromes Therapeut vor, er solle, sobald der Patient wieder voll handlungsfähig sei, fortfahren, ihn zu bestätigen, indem er die Leistungen des Patienten anerkannte und ihn unterstützte und lobte. (Obwohl das Szenarium von Mr. Jeromes Therapie eine Trockenübung zu Lehrzwecken war, hatte ich es mir nicht einfach so aus den Fingern gesogen. Die geschilderte Art von Gespräch ist mir von Patienten her vertraut, die ich wegen posttraumatischer Belastungsstörungen behandelt habe. Diese Erfahrungen lassen mich mit einiger Sicherheit vorhersehen, was mit Mr. Jerome geschehen wird, wenn man seinen Fall richtig anpackt, und wie wir gesehen haben, hat sich seine Therapie im Wesentlichen so entwickelt wie vorausgesagt.

Die Integration des Entwicklungsmodells

In den letzten zwei Kapiteln habe ich die fünf Grundkomponenten des entwicklungsbezogenen Modells vorgestellt: die Aufteilung der Entwicklung in Sektoren, die Entwicklungsspirale, die Affekttheorie, die hierarchische Auffassung der positiven Übertragung und die Schritte des Problemlösens. Es ist jedoch die Integration dieser Komponenten, was dem Modell solche Tragfähigkeit und Flexibilität verleiht. Sehen wir uns deshalb an, wie diese verschiedenen Facetten der Entwicklung herangezogen werden, um das Material eines Patienten zu organisieren.

Wenn ich einen neuen Patienten kennenlerne, höre ich mir seine Darstellung des Hauptproblems an. In der Mehrzahl der Fälle ist nicht das, was der Patient als Problem präsentiert, der Grund seiner Schwierigkeit; denken wir zum Beispiel an Frau Tafts »ich bin wegen Jason hier« – das heißt, »jemand anderer als ich ist verantwortlich« – oder Mr. Jeromes Überzeugung, er empfinde panische Angst, weil er dazu verurteilt sei, innerhalb eines Jahres zu sterben. Statt die wie auch immer formulierte Sicht des Patienten zu akzeptieren, dass er ein Opfer sei, betrachte ich seine Hauptklage als einen verwirrten Bericht darüber, wie dieser Mensch seine Handlungsfähigkeit und sein Selbstwertgefühl einbüßte. Dann identifiziere ich den Entwicklungssektor (siehe Abbildung 1.1), wo dieser Verlust offenbar stattgefunden hat. Sobald der Patient spontan oder als Reaktion auf meine Fragen den angegebenen Grund seines Besuches bei mir hinter sich lässt, erhalte ich ein umfassenderes Bild seiner Stärken und Schwächen; auch diese ordne ich dem Sektor – Diagramm zu. Ich habe jetzt ein ungefähres Bild davon, ob (1) das Problem des Patienten chronisch oder neueren Ursprungs ist, (2) erhebliche Schwierigkeiten vorhanden sind, die der Patient nicht erwähnt bzw. erkennt, und (3) welche Stärken der Patient mitbringt.

Während dies geschieht, achte ich auf den affektiven Ton des Patienten und identifiziere den negativen Affekt, der die Schwierigkeit verursacht und aufrechterhält (siehe Abbildung 2.1). Ich horche auch auf jede affektive Veränderung, während der Patient mir seine Geschichte erzählt, und beachte, welcher Inhalt mit diesem Wechsel einhergeht. Aus der Art und Weise, wie sich die Stimme des Therapeuten von Frau Taft veränderte, als er von der Befriedigung sprach, die die Patientin aus ihrer Arbeit bezog, schließe ich zum Beispiel, dass Frau Tafts Stimme von einem Ton der Klage in einen des Interesses und der freudigen Vitalität umschlug. Ein solcher Umschwung von negativen zu positiven Gefühlen ist eine weitere Bestätigung der verborgenen Kräfte des Patienten, aus denen, wenn man sie mobilisieren kann, beträchtlicher therapeutischer Nutzen zu ziehen ist.

Während ich Inhalt und Affekte registriere, achte ich gleichzeitig darauf, wie der Patient mit mir in Beziehung tritt. Ist da ein spürbares Vertrauen vorhanden, dass wir miteinander auskommen und etwas zu bereden haben werden? Behandelt mich der Patient als eine hilfreiche Autorität? Eine gefürchtete? Einen Gegner? Einen Schwindler? Einen Freund? Diese Fragen vermitteln mir ein Bild von der Ebene der positiven Übertragung bzw. den Schwierigkeiten damit (siehe Abbildung 2.2). In Frau Tafts Fall schien es keine Hindernisse auf diesem Gebiet zu geben, aber Herrn Jeromes Bindungsschwäche machte es ihm unmöglich, sich dem Therapeuten anzuvertrauen, und da es ohne diese Bereitschaft keine Therapie geben kann, bestimmte diese Unfähigkeit, worauf sich die Bemühungen des Therapeuten konzentrieren mussten.

An diesem Punkt kann ich anfangen, einen Therapieplan aufzustellen. Ich habe mich von der vorgebrachten Klage des Patienten gewissermaßen unabhängig gemacht. Ich brauche mir nicht Frau

Tafts Überzeugung zu eigen zu machen, dass ihr ehemaliger Freund die Quelle ihrer Schwierigkeiten sei, und ihr bei ihren Überlegungen zu helfen, was sie gegen Jasons mangelndes Interesse an ihr tun könnte. Ebensowenig muss ich Mr. Jeromes Überzeugung für bare Münze nehmen, dass es ihm vorbestimmt sei, bald zu sterben. Die Frage, die ich mir vielmehr stelle, ist: Wie kann ich diesem Menschen angesichts dessen, was ich über ihn weiß, helfen, seine Handlungskompetenz wiederherzustellen und seine Selbstachtung wiederzugewinnen? Ich vergleiche den Patienten mit der Entwicklungsspirale (siehe Abbildung 1.2) und überlege mir, wo ich angesichts des Problems aus meiner Sicht am besten intervenieren könnte. Im Fall von Frau Taft erscheint mir die Entscheidungsebene am erfolgversprechendsten; das heißt, ich denke, ihre Genesungschance ist am größten, wenn sie zu der Erkenntnis kommt, dass ihre Depression nicht auf Jasons Verlust des Interesses an ihr zurückzuführen ist, sondern darauf, dass sie alles auf eine falsche Karte gesetzt hat. Ihr Fehler besteht darin zu glauben, dass jemand anderer über ihr Selbstwertgefühl bestimmen kann, während ihre Vorgeschichte doch zeigt, dass sie mehr als fähig ist, selbst die Initiative zu ergreifen und kompetent zu handeln. Sobald ich mir im Klaren darüber bin, dass ich auf der Ebene der Entscheidungsfindung intervenieren möchte, schaue ich mir den Schlüssel zur Intervention (siehe Abbildung 1.3) an, um zu entscheiden, wo ich ansetzen muss und in welcher Form ich intervenieren will. Aufgrund ihrer Vorgeschichte ist nichts weiter nötig, als sie auf den Gedanken hin zu orientieren, dass sie die Erleichterung, die sie sich auf dem Bindungssektor erhofft, im Bereich der Autonomie finden kann. Und tatsächlich hat sich das als ein fruchtbarer Ansatz erwiesen. Dasselbe galt für Mr. Jerome; das heißt, auch er musste reorientiert werden, damit er aufhörte, sich als ein Opfer des Schicksals zu betrachten, und seine Krankheit in realistischer Weise zu akzeptieren lernte. In seinem Fall war der Patient jedoch von einer Angst gelähmt, die eine positive Übertragung ausschloss, deshalb musste zunächst mit dieser Situation umgegangen werden, bevor man entscheiden konnte, was sich zur Wiederherstellung seiner Selbstachtung tun ließ. Während ich damit beschäftigt war, eine Bindung zwischen uns aufzubauen, erkannte ich die Chance, auf der Verhaltensebene der Entwicklungsspirale zu intervenieren; das heißt, ich konnte ihm Vorschläge in Bezug auf sein Fitness-Training und die Überwachung seines Blutdrucks machen. Die Erkenntnis des Patienten, dass er eine weitgehende Kontrolle über sein Schicksal wiedergewinnen konnte, genügte nicht nur, um seine früher bewiesenen Kräfte zu mobilisieren, sondern förderte auch seine Entwicklung. Er dachte kurz darauf über seine Ziele nach und traf eine Entscheidung bezüglich seiner Arbeit, die von seinem gesteigerten Selbstvertrauen zeugte.

In den folgenden klinischen Illustrationen vermittle ich ein noch genaueres Bild der Anwendung der fünf Grundelemente des Entwicklungsmodells auf die Praxis der Kurzpsychotherapie. Diese Fälle werden dem Leser Gelegenheit geben, meine Überlegungen nachzuvollziehen und mit den Leitlinien des Modells vertrauter zu werden. Je öfter man sie anwendet, desto eher werden sie assimiliert und zur zweiten Natur werden.

Teil II

Kurztherapie und das Ziel der Charakterveränderung

3. Der Patient als Akteur der Veränderung: Bea Willingham

Den nächsten Fall stelle ich zur Gänze ohne Kommentar vor. Dies wird dem Leser Gelegenheit geben, anhand des Entwicklungsmodells darüber nachzudenken, warum ich bei dieser Patientin in der geschilderten Weise intervenierte. In der anschließenden Erörterung werde ich diese Schritte nachvollziehen.

BEA WILLINGHAM

Als mich Mrs. Willingham zum ersten Mal anrief, stellte sie sich mit den Worten vor, sie habe einen Psychoanalytiker gesucht und sei im Telefonbuch auf meinen Namen gestoßen. Ich schlug ihr vor, zu einer Beratung zu kommen.

Der Aufzug, in dem Mrs. Willingham zu ihrem Termin erschien, lässt sich am besten als »schmuddelig« und »schlampig« beschreiben. Die Haare hingen ihr schlaff ums Gesicht; ihre Kleider sahen aus, als seien sie wahllos aus einem dunklen Schrank gefischt und übergeworfen worden. Ich bemerkte, dass ihre Hände unsauber waren und ihre Fingernägel schwarze Ränder aufwiesen. All dies stand in auffallendem Widerspruch zu dem vornehmen britischen Akzent, den ich am Telefon vernommen hatte, und zu der offenkundigen Intelligenz, die sie beim Sprechen verriet. Ich war überrascht zu hören, dass sie erst 38 Jahre alt sei; hätte sie mir gesagt, sie habe die fünfzig überschritten, dann hätte ich es ihr ohne weiteres geglaubt.

Auf meine Frage, was sie veranlasst habe, mich anzurufen, erzählte mir Mrs. Willingham, dass sie ihrem Mann kürzlich aus England in die Vereinigten Staaten gefolgt sei. Sie waren seit zwölf Jahren verheiratet und beide als College-Professoren tätig. Er hatte eine gute Position im Raum von Chicago angeboten bekommen und war allein in die Vereinigten Staaten vorausgefahren, während sie das Schuljahr in England abgeschlossen hatte. Als sie hier ankam, empfing ihr Mann sie am Flughafen mit der Nachricht, dass er sich mit einer anderen Frau eingelassen habe – einer 21jährigen Studentin von ihm – und sie bitte, in die Scheidung einzuwilligen. Mit derselben Rücksichtslosigkeit hatte er ihr klargemacht, dass sie in seiner Wohnung nicht willkommen sei, dass sie sich selbst eine Unterkunft suchen und nach einem Job umsehen müsse, um sich durchzubringen. Sie hatte der Scheidung nicht zugestimmt, lebte aber jetzt schon seit einigen Monaten allein, und da ein Lehrauftrag, den sie in Aussicht hatte, erst im Herbst beginnen würde, arbeitete sie inzwischen im Treibhaus eines Grossisten für Pflanzen und Blumen (sie war Botanikerin von Beruf).

Therapeut: Wie könnte ich Ihnen Ihrer Meinung nach helfen, Mrs. Willingham?

Mrs. Willingham: Ich bin durcheinander, völlig durcheinander.

Therapeut: Wer wäre das an Ihrer Stelle nicht?

Mrs. Willingham: Es wird nicht besser. Ich bin die halbe Nacht auf, habe keinen Appetit – ich muss mich zum Essen zwingen. Ich habe niemanden, mit dem ich reden könnte. Ich kenne wirklich niemanden hier, und meine Freunde sind in England; transatlantische Ferngespräche kann ich mir nicht leisten.

Therapeut: Das ist eine harte Zeit für Sie. Ist es so schlimm, dass Sie manchmal den Wunsch haben, ein Ende zu machen? Haben Sie schon einmal Gedanken in dieser Richtung gehegt?

Mrs. Willingham: Warum sollte ich das tun? Das wäre ja lächerlich, oder? Ich will doch bloß, dass er zur Vernunft kommt. *(Verstummt.)*

Therapeut: Wo komme ich ins Spiel? Wie kann ich Ihnen helfen?

Mrs. Willingham: *(Ein Ausdruck des Erstaunens tritt einen Moment lang in ihr Gesicht.)* Vor meiner Heirat, als junge Studentin, hatte ich gewisse Probleme und ging zu einem Psychoanalytiker. Er hat mir sehr geholfen. Wahrscheinlich wende ich mich einfach in diese Richtung, wenn ich es benötige.

Therapeut: Sicherlich. Sehr verständlich. Und jetzt sind Sie hier.

Mrs. Willingham: Ich verstehe, was Sie meinen. Was will ich eigentlich von *Ihnen*? Sie können mir nicht sagen, was ich tun soll, oder?

Therapeut: Das stimmt, aber vielleicht können wir doch einige Dinge klären. Es klingt vielleicht wie eine dumme Frage, aber warum wollen Sie Ihren Mann eigentlich zurückhaben? Er hat Sie nicht besonders gut behandelt, um es milde auszudrücken.

Mrs. Willingham: Ich kenne ihn. Er hat schon einmal einen Seitensprung gemacht. Er ist nicht besonders stark; ganz allein in einem fremden Land, braucht er seine Mama. Natürlich glaubt er, in die erste Frau verliebt zu sein, die bereit ist, ihm Geborgenheit zu geben. Meiner Ansicht nach macht er gerade seine *Midlife-crisis* durch.

Therapeut: Aber im Grund war es eine gute Ehe – oder nicht?

Mrs. Willingham: Ja. Wir hatten vieles, was uns verband; es gab eine Menge guter Dinge. Selbst in den schlimmsten Zeiten konnten wir miteinander reden.

Therapeut: Und jetzt möchte er nicht reden?

Mrs. Willingham: Er ruft mich gelegentlich an. Aber er klingt so kalt am Telefon, so geschäftlich.

Therapeut: Sie rufen ihn nicht an?

Mrs. Willingham: Ich weiß nicht. Ich fürchte mich davor. Ich denke mir, wenn ich ihn anrufe, wie kann ich mit irgendeinem Mädchen mit frischem Gesicht und einem straffen Körper konkurrieren, die bewirkt, dass er sich wie Superman fühlt?

Therapeut: Klingt, als ob Ihr Mann nicht der Einzige wäre, der eine *Midlife-crisis* hat.

Mrs. Willingham: Hm, ich ... ich meine bloß ...

Therapeut: Sie möchten, dass er wieder zur Vernunft kommt. Aber Sie scheinen sich zu benehmen, als hätten Sie zu all dem nichts zu sagen, als ob alles, was Sie sich über die Jahre zusammen aufgebaut haben, nicht zählte, als ob die zwischen Ihnen bestehende Bindung kein Gewicht darstellte, das Sie in die Waagschale werfen könnten.

Mrs. Willingham: Das Gefühl habe ich.

Therapeut: Deshalb wollen Sie nicht kämpfen?

Mrs. Willingham: Männer sind so dumm. Sie ist so jung ... *(schaut an sich hinab)* Ich sehe furchtbar aus, nicht?

Therapeut: *(Schweigt erwartungsvoll.)*

Mrs. Willingham: Ich sollte mir Kleider kaufen ... zum Friseur gehen ... meine Nägel pflegen. Im Herbst, wenn ich zu unterrichten beginne, werde ich Geld haben. Im Moment bin ich etwas knapp. Ich habe nicht viel gespart. In England verdient man nicht so viel wie hier. Er hat mein Flugticket bezahlt, aber ansonsten bin ich auf mich gestellt.

Bald danach endete die Therapiestunde. Sie sagte, sie werde mich anrufen, um einen weiteren Termin zu vereinbaren. Einige Tage später meldete sie sich tatsächlich telefonisch und sagte entschuldigend, in ihrer gegenwärtigen finanziellen Situation könne sie sich nicht beides leisten, eine Therapie und den Friseur, und angesichts ihrer Umstände habe sie sich für letzteren entschieden.

»Sie stürzen sich also ins Getümmel? Ist Kampf angesagt?«, fragte ich sie.

»Ich glaube, es wäre besser, statt einfach aufzugeben.«

»Bravo!« antwortete ich.

Danach meldete sie sich nicht mehr.

Einige Jahre später, auf einer großen Cocktail-Party, erkannte ich die gutgelaunte, attraktive Dame nicht gleich wieder, die sich mir erneut vorstellte. Sie machte mich mit ihrem Mann bekannt – der Charakter unserer ersten Begegnung wurde nicht erwähnt – und wir unterhielten uns eine Weile unverbindlich. Seit damals habe ich nichts mehr von ihr gehört.

Sehen wir uns den Fall jetzt näher an. Als mir Frau Willingham ihre Geschichte erzählt, kann ich zunächst nicht voraussehen, ob dies eine kurz- oder langfristige Psychotherapie werden wird bzw. ob eine Psychoanalyse erforderlich ist. Während ich mir die Geschichte ihrer Schwierigkeiten anhöre, bin ich von den Stärken beeindruckt, die sie indirekt im Autonomie-Sektor der Entwicklung erkennen lässt, und richte mein spezielles Augenmerk darauf.

Sie ist Hochschul-Professorin, was mir eine Menge über ihre Fähigkeit sagt, langfristige Pläne zu machen und sie erfolgreich zu verwirklichen. Obwohl sie ungepflegt und desorganisiert wirkt, imponiert es mir, dass sie es geschafft hat, einen Job zu finden, obwohl sie allein in einem fremden Land ist, und dass sie unter sehr schwierigen emotionalen Umständen selbständig zu handeln vermag.

Was ich bis jetzt erfahren habe, spricht für ihre Kraft und ihre Kompetenz. Mrs. Willinghams Bereitschaft, mir rückhaltlos ihre Geschichte zu erzählen, zeugt von ihrer Fähigkeit, sich anzuvertrauen. Ihr dominierender Affekt ist Schmerz und nicht die Wut, die man unter solchen Umständen erwarten könnte. Die Patientin hat ihren Affekt gut unter Kontrolle. Aber wo liegen ihre Schwächen? Was untergräbt ihre Selbstachtung? Ihre äußere Erscheinung, die eher einer schweren Depression entspricht, steht im Gegensatz zu ihrem schlüssigen Bericht und ihrer allgemeinen Haltung; diese Inkongruenz muss sich irgendwie erklären lassen. Bevor ich über ihre Situation nachdenken und meine Kenntnisse einsetzen kann, um ihr zu helfen, muss ich mich auf ihre Schwierigkeiten konzentrieren. Deshalb bitte ich sie um Klarstellung.

Therapeut: Wie könnte ich Ihnen Ihrer Meinung nach helfen, Mrs. Willingham?

Indem ich die Patientin nicht nur auffordere, mir von ihrem Problem zu erzählen, sondern die Erwartungen anspreche, die sie mit ihrem Besuch bei mir verknüpft, gebe ich ihr indirekt zu verstehen, dass sich erst zeigen muss, was wir miteinander tun könnten. Außerdem gibt mir eine ausweichende Frage wie diese Gelegenheit zu beobachten, in welcher Weise sich Mrs. Willingham dieser mäßigen Herausforderung stellt, wie sie sich zu orientieren und psychische Ordnung herzustellen versucht. Ein solches Manöver wäre bei Mr. Jerome nicht angezeigt gewesen, der bereits von Angst überwältigt war und der Versicherung bedurfte, dass der Therapeut ihm helfen könne, seine Fassung wiederzugewinnen. In Ms. Tafts Fall, so wie er präsentiert wurde, war nicht genügend über die Stärken der Patientin bekannt, um ihre Organisationsfähigkeit zu testen; dass diese beträchtlich war, stellte sich erst später auf empirischem Wege heraus.

Mrs. Willinghams Erzählung veranlasst mich jedoch zu der Annahme, dass sie über die nötige Kraft verfügt, die Herausforderung ihrer momentanen Situation in produktiver Weise zu bewältigen. Hätte sie eine deutliche Zunahme an Desorganisation erkennen lassen – indem sie zum Beispiel zusammenbrach und hemmungslos schluchzte, einen Wutausbruch gegen mich bekam, weil ich nicht mitfühlend und verständnisvoll sei, oder den Sinn ihres Besuchs bei mir überhaupt in Frage stellte –, dann hätte ich leicht einlenken können, indem ich zugab, dass meine Frage belastend sei; ich hätte entgegenkommender auftreten und ihr genauer sagen können, was wir zusammen tun könnten. Eine derartige Reaktion hätte mir gesagt, dass, wie im Fall von Mr. Jerome, die Wiederherstellung ihrer Fähigkeit, Ordnung zu schaffen, den unmittelbaren Fokus der Behandlung bilden müsse.

Mrs. Willingham: Ich bin durcheinander, völlig durcheinander.

Therapeut: Wer wäre das an Ihrer Stelle nicht?

Mrs. Willingham: Es wird nicht besser. Ich bin die halbe Nacht auf, habe keinen Appetit – ich muss mich zum Essen zwingen. Ich habe niemanden, mit dem ich reden könnte. Ich kenne wirklich niemanden hier, und meine Freunde sind in England; transatlantische Ferngespräche kann ich mir nicht leisten.

Therapeut: Das ist eine harte Zeit für Sie. Ist es so schlimm, dass Sie manchmal den Wunsch haben, ein Ende zu machen? Haben Sie schon einmal Gedanken in dieser Richtung gehegt?

Mrs. Willingham: Warum sollte ich das tun? Das wäre ja lächerlich, nicht wahr? Ich will doch bloß, dass er zur Vernunft kommt. (*Verstummt.*)

Als sie meine Frage, wie ich ihr helfen könnte, nicht beantwortet, sondern erwidert, »ich bin durcheinander, völlig durcheinander«, bemerke ich, dass dies zu erwarten sei – womit ich die zwischen uns entstehende Verbindung bekräftige und sie bestätige –, aber ich überlasse ihr nach wie vor die Aufgabe zu klären, in welcher Absicht sie zu mir gekommen ist. Sie beantwortet immer noch nicht meine ursprüngliche Frage, was ich ihrer Ansicht nach für sie tun könnte. Stattdessen zählt sie eine Reihe von Beschwerden auf, die Anzeichen einer Depression sind – Appetitlosigkeit, Schlafstörungen und so weiter. Ich versuche es daher auf andere Weise und übernehme Verantwortung für das Schaffen von Ordnung, indem ich sie nach Suizidplänen oder entsprechenden Neigungen frage. Würde sie in einer Weise antworten, die mir den Eindruck macht, dass ihre Depression tatsächlich lebensbedrohlich ist, dann würde ich diese Besorgnis zum Fokus meines Behandlungsplans machen und alles in meiner Macht Stehende tun, um die Sicherheit dieser Patientin zu gewährleisten, die, falls sie suizidgefährdet ist, diesen quälenden Gedanken ganz allein ausgeliefert wäre. Angesichts ihrer Situation würde ich sogar auf stationärer Behandlung bestehen. Die glaubwürdige Art, wie sie diese Befürchtungen zerstreut, veranlasst mich jedoch zur weiteren Sondierung ihrer Fähigkeit, Ordnung zu schaffen, um herauszufinden, was dieser Patientin helfen könnte und welche Rolle ich in diesem Prozess spielen kann.

Ich stelle auch im Entwicklungssektor der Bindung psychische Stärken fest, nämlich die Tatsache, dass sie gute Freunde zu haben scheint, Menschen, an die sie sich, wenn sie in der Nähe wären, in ihrer gegenwärtigen Situation wenden und auf die sie sich stützen könnte. Insgeheim frage ich mich, ob sie sich das im Grunde auch von mir wünscht – jemand, mit dem sie offen reden kann und der ihr hilft, sich über mögliche Wege zur Lösung ihrer Schwierigkeiten klar zu werden. Mir schwant, dass ihre Therapie wahrscheinlich nicht so lang dauern wird, wie das der Fall wäre, wenn sie hinsichtlich der emotionalen Unterstützung mehr oder weniger ausschließlich von dem Mann abhängig wäre, der sie so rücksichtslos behandelt. Dass ich sie mit meiner Aufforderung, darüber nachzudenken, was sie sich von der Therapie erhofft, so nachhaltig unter Druck setze, hat noch ein anderes Motiv. Die Mitteilungsfähigkeit der Patientin ist sehr hilfreich für das Zustandekommen einer schlüssigen Geschichte, die sowohl das auslösende Moment ihrer Schwierigkeit erhellt als auch die Stärken zu Tage treten lässt, die sie für die therapeutische Aufgabe mitbringt. Artikulationsfähige Patienten neigen jedoch zu dem Glauben, sobald sie ihre Geschichte erzählt haben, hätten sie ihre Pflicht getan, und alles Übrige sei Sache des Therapeuten. TherapeutInnen kooperieren häufig mit dieser irrigen Auffassung und fühlen sich gefordert, eine Lösung zu finden, sobald das Problem klar umrissen zu sein scheint. Ich habe mich selbst oft genug in die Bredouille gebracht, um zu wissen, dass ich gegen eine solche Erwartung vorbauen muss. Wie aus dem Schlüssel zur Intervention (siehe Abbildung 1.3) hervorgeht, ist wirksame Kommunikation – eine kohärente und vollständige Narration – nur eine Facette der Problemlösung, und sie ist der letzte Schritt. An diesem Punkt sollte Mrs. Willinghams Erzählung, obwohl sie von ihrer Fähigkeit zeugt, Erfahrung auf dieser Ebene zu organisieren, nicht als der Hintergrund akzeptiert werden, vor dem die Therapie zu gestalten ist. Von grundlegender Bedeutung beim Problemlösen ist die Orientierung, und damit meine ich, die bestehende Schwierigkeit dergestalt zu umreißen, dass der Patient der zentrale Akteur bei der Suche nach einer Lösung ist. Bisher stellt sich Mrs. Willingham als ein Opfer dar, das der Rettung bedarf. Es kann nicht zu oft betont werden, dass dies nicht die Aufgabe des Therapeuten ist. Dabei ist es nicht so, dass ich kein Mitgefühl dafür hätte, was sie erlitten hat – tatsächlich erkenne ich es ja schnell an und bin innerlich empört über die Behandlung, die ihr durch ihren Mann zuteil wurde –, aber Mitgefühl als solches hilft nicht und kann sogar schädlich sein, falls sich unser Beitrag darauf beschränkt. Tatsache ist, dass ich zu diesem Zeitpunkt noch nicht weiß, wie ich ihr helfen soll. Sie scheint einen Rat von mir zu wollen. Wie Mr. Jeromes Fall zeigt, habe ich nichts dagegen, einem Patienten einen Rat zu geben, aber wenn ich das tue, muss es auf einem Verständnis seines Problems und der Gründe, warum er es nicht lösen kann, basieren. Im Fall von Mrs. Willingham verfüge ich noch nicht über diese Erkenntnisse. Meine Gedanken darüber, wie ich mich unter ähnlichen Umständen verhalten würde, wären völlig irrelevant. Würde ich darauf zu sprechen kommen, dann wäre dies eine illegitime Störung des therapeutischen Prozesses.

Mein unmittelbares Ziel ist es vielmehr, Mrs. Willingham zu helfen, für uns beide zu klären, womit sie sich konfrontiert sieht, damit ich das Ziel erkennen kann, das implizit aus ihrer Orientierung hervorgeht. Wie definiert sie, in Kategorien der Entwicklungsspirale, in dieser Situation Kompetenz, und welche Entscheidungen ergeben sich daraus? Dann muss sich noch herausstellen, ob sie über die Mittel – die Bewältigungsmechanismen – verfügt, um ihre Entscheidungen in Verhalten umzusetzen, das eine Chance hat, diese Kompetenz aufzubauen und ihr inneren Halt zu geben.

Mrs. Willingham gibt uns einen Fingerzeig, als sie nach ihrer Leugnung von Suizidgedanken sagt: »Ich will doch bloß, dass er zur Vernunft kommt.« Hier definiert sie indirekt ein Ziel, das ihr vorschwebt, und berührt nebenbei ein weiteres sehr häufiges Problem, das man in jeder Therapie so früh wie möglich angehen muss. Es steht nicht in meiner Macht, ihren Mann zur Vernunft zu bringen. Mrs. Willinghams implizite Hoffnung, dass ich imstande sein werde, ihr zu den Worten oder Techniken zu verhelfen, um dies zu erreichen, erinnert stark an die Erwartung vieler Menschen, die mit der Klage zum Therapeuten kommen, sie seien nicht imstande, Beziehungen zu knüpfen oder aufrechtzuerhalten. Die unausgesprochene Erwartung ist, dass der Therapeut irgendetwas dagegen tun solle. In einem solchen Fall muss man das Pro-

blem vom Sektor der Bindung auf den Sektor der Autonomie ver-
lagern; das heißt, die Frage lautet: »Was könnten *Sie, der Patient,*
tun, um Ihre Schwierigkeit zu beheben? Falls es Ihnen schwer
fällt, Beziehungen einzugehen, Menschen anzuziehen, für die Sie
gern anziehend wären – was tun Sie, um dieses Ziel unerreichbar
zu machen, und was könnten Sie tun, um auf diesem Gebiet kompetenter zu werden?«

Aus diesem Grund setze ich mein Gespräch mit Frau Willingham
in der gleichen Tonart fort, in der ich begonnen habe. Ich richte
mein Augenmerk auf das, was *sie* sich erhofft, statt Vorschläge zu
machen, was sie tun könnte, oder, alternativ dazu, ihre Klage mit
der Bemerkung beiseite zu wischen, dass dies nur die Spitze eines
Eisbergs sei, und sie dann nach ihrer übrigen Lebensgeschichte,
ihrer Kindheitsentwicklung usw. zu befragen. Dem letztgenannten
Manöver liegt die Annahme zugrunde, dass die Behandlung nicht
nur ein langwieriger Prozess sein wird, sondern dass der Therapeut die Verantwortung dafür übernimmt, den »eigentlichen«
oder tieferen Ursachen des Problems auf den Grund zu gehen.

Therapeut: Wo komme ich ins Spiel? Wie kann ich Ihnen helfen?

Mrs. Willingham: *(Ein Ausdruck des Erstaunens tritt einen Moment lang in ihr Gesicht.)* Vor meiner Heirat, als junge Studentin,
hatte ich gewisse Probleme und ging zu einem Psychoanalytiker.
Er hat mir sehr geholfen. Wahrscheinlich wende ich mich einfach
in diese Richtung, wenn ich es benötige.

Therapeut: Sicherlich. Sehr verständlich. Und jetzt sind Sie hier.

In dem obigen Wortwechsel fahre ich fort, die Patientin unter
Druck zu setzen, um zu einer genaueren Definition meiner Rolle
in ihrer Therapie zu gelangen. Gleichzeitig unterstütze ich weiterhin ihr Bedürfnis nach Hilfe und ihre Bitte danach, indem ich diesen Aspekt ihrer an mich gerichteten Bitte spiegele bzw. bestätige.
Ich nehme zur Kenntnis, dass mir das Vertrauen zugute kommt,
das sie ihrem früheren Therapeuten entgegenbrachte.

Zu Tränen neigende Kinder laufen zu ihren Eltern und erwarten,
dass dieser Kontakt per se jedes Problem irgendwie lösen wird.
Erwachsene wenden sich oft mit derselben Hoffnung an TherapeutInnen. Wir können diesen Wunsch zur Kenntnis nehmen,
aber wir sollten uns die Bürde seiner Erfüllung nicht aufladen.
Wenn ich in freundlichem und nicht herausforderndem Ton sage:

»Sicherlich. Sehr verständlich«, dann setze ich sie weiterhin unter Druck, um zu sehen, ob wir gemeinsam zu einem wechselseitig befriedigenden Vorgehen bei der Annäherung an das von ihr geäußerte Ziel gelangen können, ihren Mann zur Einsicht zu bringen, dass die Scheidung nicht in seinem wohlverstandenen Interesse liege.

Mrs. Willingham: Ich verstehe, was Sie meinen. Was will ich eigentlich von *Ihnen*? Sie können mir nicht sagen, was ich tun soll, oder?

Würde Mrs. Willingham auf mein Beharren, sich mit den Hoffnungen und Wünschen auseinanderzusetzen, mit denen sie die Therapie befrachtet, erregt reagieren, die Fassung verlieren oder in anderer Weise zunehmend hilflos wirken, dann würde ich ein Bild der Inkompetenz erhalten, das mich einen anderen Kurs einschlagen ließe. Es zeigt sich jedoch erneut, dass sie unter Druck stärker wird und Einsicht erlangt. Ihr Leiden wird von Interesse abgelöst, während sie ihre Erwartungen an unsere Beziehung verändert. Ihre Erkenntnis, dass ich ihr nicht sagen kann, was sie tun soll, dass sie sich klar darüber werden muss, was sie von mir will, wenn ich ihr helfen soll, stellt eine bedeutsame Wendung in Richtung Autonomie dar. Sobald sie sich als Zentrum des Handelns erkennt, hat sie sich reorientiert.

Therapeut: Das stimmt, aber vielleicht können wir doch einige Dinge klären. Es klingt vielleicht wie eine dumme Frage, aber warum wollen Sie Ihren Mann eigentlich zurückhaben? Er hat Sie nicht besonders gut behandelt, um es milde auszudrücken.

Mrs. Willingham: Ich kenne ihn. Er hat schon einmal einen Seitensprung gemacht. Er ist nicht besonders stark; ganz allein in einem fremden Land, braucht er seine Mama. Natürlich glaubt er, in die erste Frau verliebt zu sein, die bereit ist, ihm Geborgenheit zu geben. Meiner Ansicht nach macht er gerade seine *Midlife-crisis* durch.

Therapeut: Aber im Grund war es eine gute Ehe – oder nicht?

Mrs. Willingham: Ja. Uns hat vieles miteinander verbunden; es gab eine Menge guter Dinge. Selbst in den schlimmsten Zeiten konnten wir miteinander reden.

Therapeut: Und jetzt möchte er nicht reden?

Mrs. Willingham: Er ruft mich gelegentlich an. Aber er klingt so kalt und geschäftlich.

Sobald Mrs. Willingham erkennt, dass ich ihren Wunsch, ihr zu sagen, was sie tun solle, nicht erfüllen kann, macht sie einen sehr wichtigen Schritt, den früher oder später alle Patienten machen müssen – und je früher, desto besser. Denn sobald das Ziel hinreichend klar umrissen ist, ist es letztlich der Patient, der entweder imstande sein wird oder nicht, das Nötige zu tun, um dieses erklärte Ziel zu erreichen. Sobald Mrs. Willingham ihre Verantwortung erkannte und schulterte, fand ich es richtig, mich einzuschalten und einen konkreten Vorschlag zu machen: Ich würde versuchen, ihr bei der Klärung der Fragen zu helfen, vor die sie sich gestellt sah. Ich begann damit, rhetorisch in Frage zu stellen, was sie denn durch die Wiederherstellung ihrer Ehe zu gewinnen habe.

In Kohutschen Begriffen (Basch 1991, 1994) ist die Patientin mit der Erwartung in die Therapie gekommen, dass ich eine archaische Selbstobjektfunktion erfüllen werde, das heißt, dass ich wie der Elter eines verstörten Kleinkindes die Führung übernehmen und – wie es im Fall von Mr. Jerome anfangs nötig war – alles liefern werde, was nötig ist, um Ordnung zu schaffen und das Selbst wiederherzustellen. Jetzt ist sie in einer Position, wo ich ihr Hilfe auf einer altersgemäßen Ebene anbieten kann – das heißt, eine reife Selbstobjektfunktion erfülle –, indem ich ihr helfe, ihre gegenwärtige Situation und die ihr offenstehenden Möglichkeiten zu klären. Dies ist die Ebene, auf der sich die kurze Psychotherapie in der Regel abspielt.

Es wird bald klar, warum sich Mrs. Willingham in der geschilderten Weise fühlt. Welche Probleme es in der Ehe auch gegeben haben mag, deren Vorzüge wiegen schwerer. Ihr Ziel erscheint mir demnach vernünftig.

Angesichts der Erkenntnis der Patientin, dass die dynamische Psychotherapie auf Zusammenarbeit beruht, muss ich mich jetzt entscheiden, wie ich den Prozess in eine günstige Richtung steuern kann. Obwohl ich mir an diesem Punkt noch nicht sicher bin, dass auf einer kurzfristigen Basis etwas getan werden kann, habe ich doch Indizien gesammelt, die darauf hindeuten, dass dem nichts im Wege steht. Sobald Mrs. Willingham ihre Situation versteht, läuft sie sozusagen mit dem Ball, und das ist ein sehr ermutigendes

Zeichen für das Ergebnis der Therapie, wie sich deren Verlauf im Einzelnen auch entwickeln mag.

Auf die Entwicklungsspirale bezogen, scheint mir der sinnvollste Ort des Eingreifens die Ebene des Entscheidens zu sein. Soweit ich sehen kann, hat Mrs. Willingham den unbewussten Entschluss gefasst, sich als ein hilfloses, hoffnungsloses Geschöpf zu präsentieren, als ob dies, in ihren Worten, ihren Mann zur Vernunft bringen könnte. Mir erscheint ihr Verhalten angesichts ihres Zieles als kontraproduktiv, und ich vermute, dass ihn ihre Reaktionsweise, falls er sie überhaupt wahrnimmt, nur in seiner Überzeugung bestätigen wird, mit jemand anderem besser dran zu sein. Um mein therapeutisches Ziel zu fördern, stimme ich ihr deshalb zu, dass ich ihr nicht sagen könne, was sie tun solle, biete ihr aber an, ihr die Dinge klären zu helfen. Damit spreche ich die Entscheidungsebene der Entwicklungsspirale an.

Um diese Analyse etwas mehr in Begriffen der Selbstentwicklung zu differenzieren: ich habe den Eindruck, dass die erste Phase der Orientierung erfolgreich abgeschlossen ist, und schlage jetzt vor, in das nächste Stadium des Problemlösens, des Sondierens und vielleicht der Entwicklung neuer Bewältigungsmechanismen einzutreten. Aber zunächst muss ich mich vergewissern, ob ihr Ziel, ihren Mann zurückzugewinnen, aus ihrer Sicht wirklich sinnvoll ist, oder ob sie nur deshalb darauf beharrt, weil ihr kein anderer Weg zum Wohlbefinden eingefallen ist. Deshalb spiele ich den Advocatus Diaboli und weise sie darauf hin, dass ihr Mann angesichts dessen, was sie mir über ihn erzählt hat, möglicherweise kein besonders lohnender Lebenspartner ist.

Die Patientin schwingt sich zu einer leidenschaftlichen Verteidigung ihres Mannes auf und zeigt mir, dass sie sich im Bindungsbereich auf einer sehr hohen Ebene bewegt. Sie ist sich über die Schwächen ihres Mannes völlig im Klaren, aber diese Probleme schmälern angesichts ihrer früheren Erfahrungen mit ihm nicht den Wert der Beziehung. An dieser Stelle komme ich zu dem Schluss, dass dieser Patientin durchaus in einer Kurztherapie geholfen werden könnte. Trotz ihrer Depression ist sie imstande, klar zu denken, und das ihr vorschwebende Ziel einer Aussöhnung mit ihrem Mann dünkt mich vernünftig; das Problem scheint darin zu bestehen, dass sie trotz ihrer vielen Vorzüge eine Aussöhnung mit ihm auf konterproduktive Weise herbeizuführen versucht. Ich habe den Eindruck, dass sie im Bereich des Entscheidens keiner weiteren Hilfe bedarf, deshalb könnte es sinnvoll sein, konkrete Verhaltensweisen zu untersuchen, da sie sich bei ihrem Streben nach Kompetenz von mir unterstützen lassen möchte.

Therapeut: Sie rufen ihn nicht an?

Ich formuliere diesen Kommentar lieber in Form einer Frage als einer Anweisung wie: »Warum rufen *Sie* denn nicht *ihn* an?« oder: »Könnte es nicht ratsam sein, dass Sie *ihn* anrufen?«. Der Grund ist, dass ich, obwohl ich nichts dagegen habe, eine beratende Meinung zu äußern, wenn ich es für angebracht halte, in diesem Moment noch vor einem Rätsel stehe. Hier ist eine sehr kompetente Frau, die nicht zum Telefon greift. Ich möchte mehr über dieses Verhalten erfahren, das mir gar nicht zu ihr zu passen scheint. Dies ist eine Situation, die sich zu einer Verallgemeinerung in Bezug auf Technik eignet: Sooft ein Verhalten nicht mit dem Anpassungsmodus eines Patienten übereinzustimmen scheint, sollte der Therapeut herausfinden, wie es zu dieser Inkongruenz kommt.

Mrs. Willingham: Ich weiß nicht. Ich fürchte mich davor. Ich denke mir, wenn ich ihn anrufe, wie kann ich mit irgendeinem Mädchen mit frischem Gesicht und einem straffen Körper konkurrieren, die bewirkt, dass er sich wie Superman fühlt?

Therapeut: Klingt, als ob Ihr Mann nicht der Einzige wäre, der eine *Midlife-crisis* hat.

Mrs. Willingham: Hm, ich … ich meine bloß …

Therapeut: Sie möchten, dass er wieder zur Vernunft kommt. Aber Sie scheinen sich zu benehmen, als hätten Sie zu all dem nichts zu sagen, als ob alles, was Sie sich über die Jahre zusammen aufgebaut haben, nicht zählte, als ob die zwischen Ihnen bestehende Bindung kein Gewicht darstellte, das Sie in die Waagschale werfen könnten.

Mrs. Willingham: Das Gefühl habe ich.

Die Frage, die ich ihr stelle, hat das gewünschte Resultat. Ich erfahre jetzt etwas über den schweren Verlust an Selbstachtung, den Mrs. Willingham erlitten hat, als die Entscheidung ihres Mannes für eine viel jüngere Frau mit ihrer Angst vor dem Älterwerden zusammentraf. Hinter dem Schmerz, den sie in Bezug auf ihre Situation äußert, verbirgt sich eine Furcht, mit der sie sich bisher noch nicht konfrontiert hat. Ihre vorige Bemerkung über ihre frühere Erfahrung mit Therapie und ihre Bereitschaft, die Hilfe eines Psychoanalytikers anzunehmen, hat mir gezeigt, dass sie die Fähigkeit hat, sich anzuvertrauen – Kohuts idealisierende Übertragung –, und dass sie bereit ist, von mir Verständnis, Hilfe und Unterstützung anzunehmen. Das versetzt mich in die Lage, den nächsten Schritt zu tun und ihr indirekt zu versichern, dass das Äußere sozusagen nicht alles ist. Aber meine implizite Versicherung – Bestätigung –, dass sich ihr Mann sehr glücklich schätzen könne, sie wiederzubekommen, ist kein Trost für sie; sie gesteht mir, dass sie sich gegenüber ihrer jungen Rivalin tatsächlich schwer im Hintertreffen fühle.

Hier betone ich erneut die Notwendigkeit, Entscheidungen zu fällen, und die Wichtigkeit einer autonomen Position. Statt zu sagen, »Sie Arme!«, oder, »Was können wir tun, um Ihr Selbstbild zu verbessern?«, frage ich sie ganz sachlich, ob sie beschlossen habe, keinen aktiven Versuch zu unternehmen, ihren Mann zurückzugewinnen. Dadurch veranlasse ich sie erneut, ihr Problem aus einer anderen Perspektive zu betrachten. Ich bestreite keineswegs, dass ihr einige sehr schlimme Dinge widerfahren sind, aber indem ich die Frage in den Vordergrund stelle, »Was tun Sie dagegen?«, statt, »Ich möchte wissen, warum Ihnen das zugestoßen ist«, halte ich an der Möglichkeit fest, dass die Kurztherapie eine Chance hat, hier zu wirken.

Inzwischen ist der Weg genügend freigeschaufelt, so dass wir das Hindernis untersuchen können, das der Erreichung des erklärten Ziels eines Patienten regelmäßig im Wege steht: die tatsächliche oder potentielle affektive Überforderung, die ihn daran hindert, das logisch Notwendige zu tun, um mit dem unmittelbaren Problem fertig zu werden. In diesem Fall ließ sich Mrs. Willingham von ihrer bis dahin unartikulierten Furcht blockieren, nicht mit einer Frau konkurrieren zu können, die alle körperlichen Vorzüge der Jugend auf ihrer Seite hat. Ihr Aussehen nahm nunmehr eine zusätzliche Bedeutung für mich an. Ich dachte, sie signalisiere mir und der übrigen Welt – natürlich unbewusst –, wie sie sich im Vergleich zu der Freundin ihres Mannes fühle, für wie wenig physisch begehrenswert sie sich halte.

Ich ersuche sie, das zu klären. Bedeutet Jugend wirklich so viel? Zählt die offenbar befriedigende Bindung, die sie zwischen ihnen geschaffen haben, gar nicht? Dieses Gefühl habe sie tatsächlich, antwortet sie.

Therapeut: Deshalb wollen Sie nicht kämpfen?

Hier komme ich zu dem Schluss, dass der Augenblick gekommen sei, um eine Drehung zu versuchen, wie es die Geburtshelfer nennen, das heißt, das Problem so zu wenden, dass es sich anders darstellt. Mrs. Willingham betrachtete sich zunächst als Opfer der Pathologie ihres Mannes – seiner vermuteten *Midlife-crisis* und Untreue – und auch ihres eigenen Körpers, der mit dem seiner Freundin nicht konkurrieren konnte. So verständlich ihre Reaktionen sind, ist die Rolle des Opfers aus anderer Sicht nicht unumgänglich; sie hat sie akzeptiert und sich darauf eingerichtet. Sie hat eine implizite Entscheidung getroffen, für das, was sie will, nicht zu kämpfen – und das mache ich ihr klar.

Mrs. Willingham: Männer sind so dumm. Sie ist so jung ... *(schaut an sich hinab)* ich sehe furchtbar aus, nicht?

Therapeut: *(Schweigt erwartungsvoll)*

Mrs. Willingham: Ich sollte mir Kleider kaufen ... zum Friseur gehen ... meine Nägel pflegen. Im Herbst, wenn ich zu unterrichten beginne, werde ich Geld haben. Im Moment bin ich etwas knapp. Ich habe nicht viel gespart. In England verdient man nicht so viel wie hier. Er hat mein Flugticket bezahlt, aber ansonsten bin ich auf mich gestellt.

Als unmittelbare Reaktion auf meine Andeutung, dass sie sich entschieden habe, passiv zu bleiben, während sie doch aktiv auf ihr Ziel hinarbeiten könnte, bekräftigt Mrs. Willingham ihre Hilflosigkeit. Aber dann hat sie eine Erleuchtung. Sie betrachtet sich mit anderen Augen. Ihr Äußeres entspricht perfekt der Rolle des Opfers, aber falls sie es sich selbst schuldet, die Situation zu verändern, dann muss sie noch einmal darüber nachdenken, was sie da eigentlich tut.

Aufgrund ihrer veränderten Orientierung beginnt sie zu planen – das heißt, Entscheidungen zu treffen –, ihr Verhalten zu ändern. Ich denke, dass mein implizites anhaltendes Vertrauen zu ihren Fähigkeiten angesichts ihrer Bereitschaft, sich von mir leiten zu lassen, ihr Selbstgefühl genügend gestärkt hat, um ihr zu ermöglichen, einen Schritt zurückzutreten und ihre Situation aus einem anderen Blickwinkel zu betrachten.

Bald danach endete die Therapiestunde. Sie sagte, sie werde mich anrufen, um einen weiteren Termin zu vereinbaren. Einige Tage später meldete sie sich tatsächlich telefonisch und sagte entschuldigend, in ihrer gegenwärtigen finanziellen Situation könne sie sich nicht beides leisten, eine Therapie und den Friseur, und angesichts ihrer Umstände habe sie sich für letzteren entschieden.

»Sie stürzen sich also ins Getümmel? Ist Kampf angesagt?«, fragte ich sie.

»Ich glaube, es wäre besser, statt einfach aufzugeben.« – »Bravo!«, antwortete ich.

Danach meldete sie sich nicht mehr.

Sobald sich ihre Selbstwahrnehmung verändert, kommt es zur Remobilisierung ihrer Ressourcen, und mein Eingreifen wird nicht länger benötigt. Ich ergreife jedoch die Gelegenheit, ihre Entscheidung zu bestätigen, indem ich meine bewundernde Zustimmung äußere.

Ich habe im Laufe der Jahre gelernt, dass, sobald ein im Grunde kompetent handelnder Mensch ein Problem aus einer anderen Perspektive angehen kann – das heißt, eine neue Einstellung zu der Situation gewinnt –, die Entwicklungsspirale in diesem Bereich aktiviert wird und ihren Verlauf nimmt, ohne dass eine weitere Intervention seitens des Therapeuten erforderlich ist. So zeigte sich Mrs. Willingham, nachdem sie ihre Aufgabe in ihrer gegenwärtigen Situation dahingehend definiert hatte, ihre Rivalin um die Zuneigung ihres Mannes aus dem Feld zu schlagen, in eindrucksvoller Weise, aber nicht unerwartet, durchaus fähig, produktiv über ihr Problem nachzudenken, zu einer Entscheidung zu kommen und sie auszuführen.

Einige Jahre später, auf einer großen Cocktail-Party, erkannte ich die gutgelaunte, attraktive Dame nicht gleich wieder, die sich mir erneut vorstellte. Sie machte mich dann mit ihrem Mann bekannt – der Charakter unserer ersten Begegnung wurde nicht erwähnt –, und wir unterhielten uns eine Weile unverbindlich. Seit damals habe ich nichts mehr von ihr gehört.

Eine Anmerkung über das Setzen von Therapiezielen sollte ich noch hinzufügen. Als Mrs. Willingham die Therapie verließ, hatte sie ihr vordergründiges Ziel, ihren Mann »zur Vernunft zu bringen«, noch nicht erreicht. Vom entwicklungsbezogenen Standpunkt aus war ihre Behandlung jedoch erfolgreich. Das letztendliche Ziel des Therapeuten ist immer, dem Patienten zu helfen, Kompetenz zu entwickeln und Selbstachtung wiederherzustellen. Als Mrs. Willingham die Initiative ergriff und einen Aktionsplan für sich aufstellte, errang sie einen echten Sieg über sich selbst als hilfloses, bedauernswertes Opfer. Dass sie später ihren Mann wieder zurückgewann, war ein Nebenprodukt dieser Leistung. Solange sie die Verantwortung für ihr Leben übernahm, hätten die Dinge für sie, gleichgültig, wie sich die Beziehung zu ihrem Mann entwickelte, auf jeden Fall eine günstige Wendung genommen.

Mrs. Willinghams Fall ist ein ausgezeichnetes Beispiel dafür, wie wichtig es für den Therapeuten ist, ein Ziel für die Therapie zu setzen, statt die Dinge treiben zu lassen und den Ausgang von den Assoziationen des Patienten und anderen Umständen abhängig zu machen. Damit meine ich jedoch nicht, dass wir zu einem verfrühten Abschluss kommen sollten, weder aufgrund therapeutischer Vorlieben noch vorschneller Urteile, basierend auf ersten Eindrücken. So hätte ein Analytiker, nachdem er Mrs. Willinghams Klage hörte, durchaus zu dem Schluss kommen können, dass eine gründliche Exploration der Beziehungen dieser Patientin angezeigt sei und dass ihre Beschwerde über ihren Mann die Spitze eines Eisbergs sei, der umfassender erforscht werden müsse. Ein in psychopharmakologischer Behandlung erfahrener Psychiater hätte sich vielleicht auf ihre offenkundigen vegetativen Anzeichen von Depression konzentriert und ihr Medikamente für eine Symptomlinderung verschrieben. Im Rahmen einer befristeten Behandlung, bei der der Patient nur Anspruch auf einige wenige Therapiestunden hat, hätte der Therapeut möglicherweise beschlossen, Medikamente mit einer Verhaltensänderung zu kombinieren, und der Patientin Ratschläge gegeben, um ihr zu helfen, sich mit ihrer neuen Rolle als verlassene Ehefrau abzufinden.

Alle diese Vorgehensweisen wären falsch gewesen. Erst als die Klage der Patientin im Kontext der Vorzüge bewertet wurde, die sie in die Therapie mitbrachte, war es möglich, zu einer Entscheidung zu gelangen, die für diese bestimmte Person sinnvoll war. Als ich die aus ihrer Entwicklung hervorgehenden Stärken der Patientin ihren Schwierigkeiten gegenüberstellte, wurde mir klar, dass eine Diskrepanz zwischen ihren Fähigkeiten und ihrem Verhalten bestand. Deshalb zögerte ich nicht, weiterhin in Frage zu stellen, wozu sie eigentlich hergekommen sei, bis das verborgen gebliebene Stück des Puzzles ans Licht kam, nämlich ihr Verlust an Selbstachtung, wenn sie sich körperlich mit ihrer jüngeren Rivalin verglich. Es stellte sich heraus, dass ihr alle weiteren Schritte klar wurden, sobald ich ihr Augenmerk auf dieses Problem gelenkt hatte. Sie selbst wählte die Bewältigungsmechanismen, die sie anwenden würde, um mit der Situation fertig zu werden, dachte über ihren Entschluss nach und berichtete mir davon. Sie bedurfte meiner Zustimmung zu ihrem Plan nicht – ihr Entschluss war gefasst –, aber sie erhielt meine Bestätigung dennoch; ich war mir sicher, dass es nicht schaden könne, mein *Amen* hinzuzufügen. Hätte sie mir bei unserem Gespräch gezeigt, dass ihre gegenwärtige Situation nur ein Beispiel eines Entwicklungsdefizits war, das tragfähige Beziehungen ausschloss, oder dass ein tiefersitzender Konflikt bestand, der sie davon abhielt, aus ihren Vorzügen den größtmöglichen Nutzen zu ziehen, dann hätte ich einen anderen Zugang wählen müssen, und die Kurztherapie hätte sich wahrscheinlich nicht als wirksam erwiesen.

Wie der Fall von Mrs. Willingham zeigt, wirkt der Prozess des Ermittelns, was der Patient durch die Therapie zu erreichen hofft, als solcher therapeutisch. Tatsächlich stellte er sich in ihrem Fall als heilend heraus, aber das war ein Zufall; ich hatte nicht gehofft, und noch viel weniger beabsichtigt, dass ihre Therapie so rasch zu einer Lösung führen würde.

Ich sollte auch hervorheben, dass die Zielsetzung mit, durch oder für den Patienten nicht einfach auf dessen Wünschen oder der intuitiven Einsicht des Therapeuten bezüglich seiner Schwierigkeit basiert. In dem fruchtbaren Dialog zwischen Patient und Therapeut, in dessen Verlauf sie die therapeutische Situation klären, basiert nichts auf Routine. Was der Patient sagt, kann uns mit mehreren Möglichkeiten konfrontieren, und wir entscheiden ständig, was wir als Figur und was wir als Hintergrund betrachten wollen

– das heißt, was wir aufgreifen und was wir, zumindest für den Augenblick, kommentarlos passieren lassen wollen.

So musste ich, nachdem Mrs. Willingham ihr Problem umrissen und ihr Ziel dahingehend zusammengefasst hatte, sie wünsche sich, ihr Mann möge zur Vernunft kommen, eine Entscheidung treffen, ob ich (1) schweigend darauf warten sollte, dass sie fortfuhr; (2) sie ersuchen sollte, ihre Äußerungen genauer auszuführen und vielleicht noch mehr über die eheliche Beziehung zu erzählen; oder (3) ihre zielorientierte Aussage akzeptieren und klären sollte, wie ihr unsere Beziehung helfen könnte, es zu verwirklichen. Ich entschied mich für das letztgenannte Vorgehen. Als sie über meine Worte nachdachte, assoziierte die Patientin ihren Besuch bei mir mit dem Nutzen, den sie bei früherer Gelegenheit aus einer Therapie gezogen hatte. Warum habe ich sie in diesem Augenblick nicht ermutigt, weiterzusprechen, sowohl über die Probleme, die sie überwunden hatte, als auch über das, was sie in ihrer früheren Behandlung erlebte und lernte? Ich entschied mich dagegen, sondern äußerte stattdessen einfach anerkennend, dass sie jetzt Hilfe in einer Therapie suche, und richtete ihr Augenmerk erneut darauf, in welcher Weise die Therapie und ich als ihr Therapeut ihr zum gegenwärtigen Zeitpunkt von Nutzen sein könnten. Wieder musste ich mich entscheiden, welchen Weg ich einschlagen sollte, als sie, nachdem sie mir nur gesagt hatte, dass es ihr richtig erscheine, ihre Ehe trotz des gegenwärtigen Verhaltens ihres Mannes fortzusetzen, über seine offenkundige Gleichgültigkeit ihr gegenüber klagte, die sich in seinen seltenen und dann nur kalten, geschäftsmäßigen Anrufen äußerte. Sicherlich dachte ich daran, dass ich ihr Fragen stellen könnte, die sie veranlassen würden, ihre Reaktion auf seine lieblose Abwendung näher zu erforschen. Gab es Ähnlichkeiten zwischen dem, was ihr jetzt zustieß, und dem Problem, das sie veranlasst hatte, sich in Behandlung zu begeben, als sie im College war? Was für eine Kindheit hatte sie gehabt? War sie schon früher einmal verlassen worden, und wenn ja, wie war sie damit umgegangen? All dies waren potentiell lohnende Zugänge, auf die ich die Assoziationen der Patientin hätte lenken können. Stattdessen reagierte ich auf Mrs. Willinghams Klage über die seltenen Anrufe ihres Mannes mit der Gegenfrage: »Sie rufen ihn nicht an?«

Warum traf ich diese Entscheidung? Mrs. Willingham präsentierte sich als regrediert und hilflos, und statt sie zu einem weiteren Rückzug in Grübeleien zu veranlassen, wollte ich sehen, ob sie, wenn man sie herausforderte, die Kontrolle über ihr Leben wiedergewinnen und damit Resignation durch Hoffnung ersetzen konnte.

Hätte ich eine andere Taktik verfolgt und wäre unser Gespräch anders verlaufen, wenn sie erklärt hätte, dass sie mit ihrem Mann, nach allem, was er ihr angetan habe, nichts mehr zu tun haben wolle, aber an ihrer Fähigkeit zweifle, es allein zu schaffen? Oder hätte es meine Interventionen beeinflusst, wenn sie geäußert hätte, das Verhalten ihres Mannes zeuge doch nur von der widerwärtigen Oberflächlichkeit der Männer, und sie sei nicht bereit, sich selbst zu degradieren, indem sie im Bereich der äußeren Erscheinung und der Kleidung um die Zuneigung eines Mannes konkurriere? Natürlich. Jede Abweichung, in allem, was Mrs. Willingham mir sagte, hätte sich auf meine Transaktion mit ihr ausgewirkt. Aber gleichgültig, was sie gesagt und welche Wendung unser Gespräch genommen hätte, ich hätte das Entwicklungsmodell ständig im Hinterkopf behalten und mich auf ihre Unfähigkeit konzentriert, ihr Leben in die Hand zu nehmen und selbst zu steuern, und mich gefragt, was ich tun könnte, um ihr bei diesem Problem zu helfen.

4. Korrektur eines Entwicklungsdefizits: Warren Dale, Jr.

Die psychodynamische Therapie versucht zu erklären, wie und warum Menschen die Entscheidungen treffen, die zu Verhalten führen. Jede Entscheidung wird durch Affekte mobilisiert und trägt ein affektives Etikett. Aus dieser Perspektive wird die Psychotherapie als eine Methode betrachtet, um PatientInnen dabei zu unterstützen, entsprechende Kontrolle über ihr Gefühlsleben zu gewinnen oder wiederzugewinnen (Basch 1988).

Die Gelassenheit, die Mrs. Willingham gegenüber ihrem Mann und ihrer Ehe an den Tag legte, lässt mich denken, dass sie eine breitgefächerte, nuancenreiche Gefühlsskala entwickelt hat. Das ist der Grund, weshalb es ihr, obwohl sie durch die Rücksichtslosigkeit ihres Mannes verständlicherweise verletzt war, gelingen konnte, ihre Fassung und Zielstrebigkeit mit einem Minimum an psychotherapeutischer Hilfe wiederzugewinnen. In der Mehrzahl der Fälle darf man nicht davon ausgehen, dass die Menschen, die zu uns kommen, diesen Grad an Reife besitzen. Ihre affektive Entwicklung ist in den ersten Lebensjahren erheblich gestört oder blockiert worden, und ihre Leiden können nur dann behoben werden, wenn die Defizite und Störungen dieser Entwicklung soweit wie möglich beseitigt und korrigiert werden.

Bei der Behandlung von Denise Taft, Ralph Jerome und Bea Willingham ging es darum, diesen PatientInnen zu helfen, ihre Affektkontrolle wiederzugewinnen. Ich habe angemerkt, dass ich bei meinen diagnostischen Gesprächen mit einem Ohr auf die Probleme der Patienten höre und mit dem anderen ihre Stärken zu erfassen suche. Besonders achte ich auf ihre Fähigkeit, mit ihren Gefühlen und Emotionen erfolgreich umzugehen. Beim Anhören der Geschichten unserer ersten drei PatientInnen beeindruckte mich, wie gut es ihnen trotz der Schwierigkeiten in ihrem Leben gelungen war, das Beste aus ihren Situationen zu machen und sich in jenen Entwicklungssektoren, die von ihren Schwierigkeiten nicht unmittelbar berührt waren, eine affektive Flexibilität zu erhalten.

Diese Flexibilität ist der Verbündete eines Therapeuten und ermöglicht es häufig, innerhalb eines kurzen Zeitraums eine signifikante Veränderung zu erzielen.

Es gibt jedoch viele Patienten, bei denen klar wird, dass, welche Umstände auch den Fokus ihrer Hauptschwierigkeit bilden mögen, das grundlegendere Problem ihre Unfähigkeit ist, ihre affektiven Reaktionen angemessen zu dosieren. Wenn es um Gefühle geht, dann sind sie entweder zu labil oder zu gehemmt. Es fällt ihnen deshalb schwer, sich auf eine bestimmte Situation einzustellen, geeignete Bewältigungsstrategien im Umgang mit ihr zu entwickeln, sich bestätigende Reaktionen von anderen zu holen, erfolgreich über ihre Pläne und ihr Verhalten nachzudenken und/oder sich hilfreiche Rückmeldungen von anderen zu verschaffen, indem sie ihr Dilemma in einer informativen und emotional nicht bedrohlichen Weise schildern. Mit anderen Worten, Problemlösung hängt von unserer Fähigkeit ab, sich nicht affektiv überwältigen zu lassen, während wir nach einem Weg suchen.

Die klassischen Fälle, deren Symptomatik eine Abwehr gegen affektive Desorganisation darstellen, sind Bindungsstörungen (von denen die sogenannte narzisstische Persönlichkeitsstörung eine Untergruppe darstellt [Basch 1988]). Seit Heinz Kohut die Selbstobjektübertragungen entdeckte – oder, vielleicht richtiger gesagt, aufdeckte – und benannte, ist es TherapeutInnen in erstaunlichem Maße gelungen, diesen PatientInnen pschoanalytisch oder durch langfristige dynamische Psychotherapie zu helfen. Wie der folgende Fall zeigt, wäre es jedoch falsch, anzunehmen, dass tiefsitzende affektive Schwierigkeiten zwangsläufig eine langwierige Therapie erfordern und dass eine Kurztherapie hier nicht erfolgreich sein kann.

WARREN DALE, JR.

Erste Sitzung

Therapeut: Guten Tag, Mr. Junior.
Patient: Mein Namen ist Warren Dale. »Junior« ist ein Adjektiv, um mich von meinem Vater zu unterscheiden.

Therapeut: Oh, entschuldigen Sie.

Mr. Dale: Ich bin es gewöhnt – passiert mir ständig.

Im ersten Moment schämte ich mich für meinen Fehler, aber dann verspürte ich einen gewissen Ärger. Am Telefon hatte ich deutlich gehört, dass er »Warrendale Junior« sagte, als ob seine beiden Vornamen zusammengehörten und »Junior« sein Nachname sei. In der Regel geben Leute, an deren Namen ein Sr., Jr., III. usw. angehängt ist, diese Tatsache nicht bekannt, wenn sie sich mündlich vorstellen; diese Zusätze erfährt man durch eine Geschäftskarte, einen Briefkopf oder einen Scheck. Meine momentane Verstimmung ebbte zwar gleich wieder ab, aber ich behielt dieses Verhaltensschnipsel von Mr. Dale im Hinterkopf.

Ein Irrtum, den man auf dem Gebiet der Therapie heute oft hört, ist die Ansicht, dass jede affektive Reaktion des Therapeuten auf Material des Patienten eine Gegenübertragung und als solche unerwünscht sei. Freud ließ keinen Zweifel daran, dass Gegenübertragung ein Aspekt der unanalysierten Konflikte des Therapeuten ist, die durch die Übertragung des Patienten wachgerufen werden. *Unbewusst* bedeutet tatsächlich unbewusst: außerhalb der Bewusstheit und dieser nicht zugänglich. Wir als TherapeutInnen können über unsere eigenen Gegenübertragungsreaktionen nichts direkt wissen. Wenn wir uns – positiver oder negativer – emotionaler Reaktionen auf unsere Patienten bewusst werden, dann sind diese Reaktionen, eben weil sie bewusst sind, keine Gegenübertragung und sollten weder für pathologisch noch zwangsläufig für problematisch gehalten werden. Unsere jeweiligen affektiven Reaktionen auf den Patienten können uns etwas über unsere eigenen Empfindlichkeiten und über die bewussten und unbewussten Motive des Patienten bei seinen Versuchen, bestimmte Reaktionen in uns auszulösen, sagen; beide Arten von Information sind für die Gestaltung einer Therapie wichtig. Wichtig ist, dass sich die TherapeutInnen ihrer emotionalen Reaktionen so bewusst wie möglich sind und sie im Interesse ihrer PatientInnen einsetzen, statt zu reagieren, wie man dies z. B. in einer sozialen Situation würde. Ich registrierte und archivierte deshalb Mr. Dales Eindruck auf mich und fragte mich, ob ich es hier mit jemandem zu tun habe, der sich nach dem Motto »Angriff ist die beste Verteidigung« schützt und auf diese Weise mit einem chronischen Gefühl der Beschämung umgeht (Nathanson 1992).

Mr. Dale erzählte mir, dass er im Alter von 38 Jahren nach einem meteorhaften Aufstieg in seinem Unternehmen stellvertretender Direktor der europäischen Niederlassungen seiner Firma geworden sei. Doch er spüre, dass es ihm an Selbstvertrauen mangele, und er sei in allen anderen außer den technischen Fragen unsicher geworden. Im persönlichen Kontakt erlebe er sich als ungeschickt. Bei geselligen Zusammenkünften fehle ihm, wie er sagte, die Fähigkeit zum Smalltalk. Selbst bei der Arbeit habe er Probleme, außer im Umgang mit Einzelpersonen; Gruppen aller Art machten ihn nervös. Er verabscheue Konflikte bzw. die Möglichkeit eines Konflikts und könne daher nicht ruhig über strittige Punkte diskutieren. Öffentliches Sprechen bereite ihm große Schwierigkeiten; tatsächlich war er an mich überwiesen worden, weil ihm die Medikamente gegen seine Auftrittsangst nicht geholfen hatten.

Ich ersuchte ihn, wie ich es immer tue, mir Näheres über seine Arbeit zu berichten und mir Beispiele zu geben, die seine Schwierigkeiten veranschaulichten. Es stellte sich bald heraus, dass er alles, was er angeblich nicht konnte, höchst kompetent, ja ausgezeichnet bewältigte. In den Beispielen, die er mir gab, beschrieb er Geschäftsreisen in ganz Europa, auf denen er an jedem Firmensitz ein paar Tage verbrachte, ständig an Verhandlungen teilnahm, den Kompromiss fand und erreichte, dass bis dahin miteinander in Streit liegende Gruppen zum Wohle des Unternehmens kooperierten. Er befand sich oft in der Position des Vermittlers, der die Zweigstellen von neuen Strategien und Plänen des Stammhauses überzeugte. Diese Rolle erforderte öffentliche Auftritte, bei denen er sich jeweils an Dutzende – manchmal Hunderte – von Menschen wenden musste, aber auch bei Arbeitsessen und auf Partys geschäftliche Kontakte zu pflegen hatte. Hier lag eine Diskrepanz vor, die der Erklärung bedurfte; die Klagen des Patienten zerbröckelten, wenn man sie bei Licht betrachtete. Mr. Dales Bericht zeigt übrigens, wie wichtig es ist, die abstrakten und allgemeinen Aussagen von Patienten über ihre Schwierigkeiten nicht unbesehen als zutreffende Zusammenfassung ihrer Situation zu werten. Wir gewinnen einen viel besseren Einblick, wenn wir um spezifische, detaillierte Beispiele bitten, die veranschaulichen, was dem Patienten angeblich zu schaffen macht.

Während ich ihm zuhörte, ordnete ich Mr. Dales Ausführungen auch provisorisch nach dem Modell der Entwicklungsspirale (Abbildung 1.2) ein. Die Situation, wie sie sich bisher darstellte, sah ganz anders aus als die von Mrs. Willingham. In ihrem Fall war es nur zu offenkundig, dass sie sich nicht in einer Weise verhielt, die Kompetenz begünstigte und ihre Selbstachtung stärkte, so dass ihr Leidensdruck sehr verständlich war. Mr. Dale befand sich dagegen in einer Lage, die nach meiner Erfahrung bei hochqualifizierten Fachleuten und Führungskräften nicht selten ist. Dass sie schwierigen Aufgaben gewachsen sind, zeugt von ihrer Entscheidungs- und Verhaltenskompetenz; dennoch schaffen sie es nicht, aus ihren Leistungen eine stabile Selbstachtung abzuleiten. Ihr Erfolg beschert ihnen kein Gefühl der Erfüllung.

Diese Diskrepanz zwischen Mr. Dales vordergründiger Klage und seinen realen Leistungen ließ die Frage offen, aus welchem Grund er sich um Hilfe bemühte und welches provisorische Ziel ich für die Therapie setzen sollte. Erfahrungen dieser Art unterstreichen die Tatsache, dass die Schritte, die man beim Problemlösen macht, für den Therapeuten nicht anders aussehen als für den Patienten; Orientierung, was behandelt werden sollte, ist für beide essentiell (Abbildung 1.3).

Ich gab Mr. Dale zu verstehen, dass ich verwundert sei; er scheine sich doch in Bereichen zu bewähren, wo er sich als unzulänglich empfinde. Ich hätte eher den Eindruck, das Problem sei seine mangelnde Fähigkeit, seinen Erfolg zu genießen. Mr. Dale widersprach mir. Er meinte, solange er in Europa arbeiten konnte, seien die Dinge vielleicht besser für ihn gelaufen. Wenn er eine Fremdsprache benutze, fühle er sich effektiv wohler. Er denke dann nicht über sich nach; es sei, als ob jemand anderer in seiner Haut stecke. Er erzählte mir von seiner Affinität für Sprachen. Neben Englisch beherrsche er sechs Sprachen fließend. Auf einer mehrtägigen Bahnfahrt habe er einmal die Bekanntschaft eines Mitreisenden gemacht, der nur Spanisch sprach. Am Ende der Reise konnte sich Dale passabel in diesem Idiom unterhalten, und mit Hilfe eines Buches ergänzte er seine Kenntnisse in dieser Sprache. Er wäre glücklicher gewesen, im Ausland bleiben zu können, aber er war in die Staaten zurückbeordert worden, um noch größere Aufgaben zu übernehmen, und er meinte, die Beförderung nicht ablehnen zu können. Hier, zu Hause, fühle er sich unbehaglich. Auf weiteres Nachfragen hörte ich nichts bezüglich der Art und Weise, wie er seinen Pflichten nachkam, was mich nicht zweifeln ließ, dass er sich auch hier durch exzellente Leistungen auszeichnete. Er nahm an vielen Konferenzen teil, wo er ständig zwischen verschiedenen Interessen vermitteln und Konflikte ausräumen musste, so dass seine Klage für mich immer noch nicht nachvollziehbar war und ich, zumindest zu diesem Zeitpunkt, noch kein Therapieziel formulieren konnte.

Während ich herauszufinden versuchte, wo die eigentlichen Schwierigkeiten des Patienten lagen, sammelte ich natürlich auch eine Menge Informationen über seine Stärken. Offenkundig ein begabter, brillanter und überaus tüchtiger Mann. Mir imponierte auch die offene, freimütige Art, wie er über sich sprach, und ich verglich dieses Gefühl mit meinem ersten Eindruck, dass bei ihm ein chronisches Schamgefühl vorliegen könnte.

In Zusammenhang mit dem ständigen Zeitdruck, unter dem er, wie er sagte, arbeite, erwähnte er eher beiläufig, dass er in einem benachbarten Vorort ein Haus gekauft habe, in dem er aber nur die Wochenenden verbringe. Unter der Woche bleibe er in seiner Dienstwohnung in der Stadt, um sich das Pendeln zu ersparen und schon frühmorgens im Büro sein zu können – um fünf Uhr, wenn nicht noch früher. »Und wer ist in dem Haus?«, wollte ich wissen. Er schien aufrichtig überrascht, dass ich ihm eine solche Frage stellte. Was hatte dies schließlich mit dem Anliegen zu tun, das ihn zu mir geführt hatte? Dennoch antwortete er freundlich, seine Frau und sein Sohn lebten dort. Und da ich mich für solche Dinge zu interessieren schien, fügte er hinzu, er sei unschlüssig, ob er sich scheiden lassen solle, um seine gegenwärtige Freundin zu heiraten, eine Kollegin, die er im Ausland kennengelernt habe. Dies sagte er in einem so unbeteiligten und sachlichen Ton, als gehe es darum, seinen Friseur zu wechseln. Mir lief es kalt den Rücken hinab, aber im selben Moment wurde mir klar, dass mir Mr. Dale damit möglicherweise den Schlüssel zum Verständnis seiner scheinbar unbegründeten Klage ausgehändigt hatte.

In Kategorien der Entwicklungspsychologie ortete Mr. Dale seine Angst im Sektor der Autonomie (Abbildung 1.1), repräsentiert durch öffentliche Auftritte, bei denen er der Welt allein gegenüberstand oder bei Konflikten den Vermittler spielen und diese lösen musste. Ich konnte in diesem Zusammenhang kein Problem erkennen, interessierte mich jetzt aber um so mehr für sein affektives Defizit im Sektor der Bindung. Was ging da vor sich, dass er so unbeteiligt davon sprechen konnte, eine Ehefrau und ein Kind zu verlassen?

Therapeut: Ist dies Ihre erste Ehe?

Mr. Dale: Nein, meine zweite. Die erste zählt eigentlich gar nicht. Ich habe im College ein Mädchen geschwängert, und sie wollte nichts von einer Abtreibung wissen. Deshalb erklärte ich mich bereit, sie zu heiraten, um dem Kind einen Namen zu geben, aber wir vereinbarten, uns anschließend scheiden zu lassen. Wir wussten, dass wir nicht für ein Zusammenleben bestimmt waren; wir stritten uns zu viel. Das Kind war aber eine Totgeburt, und wir trennten uns. Wir sind jedoch immer noch befreundet. Sie ist mit einem Anwalt in New York verheiratet. Ich rufe sie gelegentlich an, und wenn ich dort bin, treffen wir uns manchmal zum Mittagessen. Ihr Mann weiß davon – keine krummen Touren.

Therapeut: Und Ihre jetzige Frau?

Mr. Dale: Ich habe sie vor zehn Jahren im Büro kennengelernt, und nach etwa einem halben Jahr haben wir geheiratet.

Therapeut: Hatten Sie auch andere Freundinnen?

Mr. Dale: Ja klar, ich hatte immer Freundinnen, aber das war nichts Ernstes. Ich habe mit keiner Frau zusammengelebt.

Therapeut: Was hat Sie an Ihrer Frau angezogen? Weshalb wurde es mit ihr etwas Ernstes?

Mr. Dale: Eigentlich fühlte Sie sich von mir angezogen. Sie hat die Initiative ergriffen. Ich hatte sie natürlich bemerkt; sie kleidete sich gut und hatte ein sympathisches Wesen. Sie war in der Werbeabteilung tätig und kam zu Vertriebskonferenzen und ähnlichen Dingen, mit denen wir beide zu tun hatten, in unsere Etage. Bei einer dieser Besprechungen saßen wir zufällig nebeneinander. Die nahmen mich wirklich in die Mangel. Ich beherrschte mich und hörte mir ihren Mist an, statt ihnen zu sagen, was ich wirklich dachte, aber es fiel mir schwer. Plötzlich spürte ich, dass Alice unter dem Tisch meine Hand nahm – niemand konnte es sehen –, und es war mir, als ob alle Spannung wie weggeblasen wäre. Natürlich sahen wir uns danach häufig, und ein paar Wochen später beschlossen wir zu heiraten.

Therapeut: Und wie ist es gelaufen?

Mr. Dale: Es ging gut. Bald nach unserer Hochzeit wurde ich in die Europa-Abteilung versetzt, und wir hatten die Chance, überall hinzureisen.

Therapeut: Aber?

Mr. Dale: Ich weiß nicht – die Dinge änderten sich nach der Geburt des Jungen. Wir haben uns einfach auseinanderentwickelt. Ich denke, sie hat das Interesse an mir verloren. Sie wollte Warren nicht in Paris lassen, als ich auf Dienstreisen gehen musste, obwohl wir eine wunderbare Kinderfrau für ihn hatten. Die Kluft wurde größer – verschiedene Prioritäten, vermutlich. Sie sagt, jetzt, wo wir wieder in den Staaten sind, möchte sie, dass ich am Wochenende zu Hause bin, um mich um die Reparaturen zu kümmern. Davon abgesehen scheint es ihr egal zu sein, was ich mit meiner Zeit anfange.

Therapeut: Wie alt ist Ihr Sohn?

Mr. Dale: Warren? Er ist etwa fünf.

Therapeut: Wie ist Ihre Beziehung zu ihm?

Mr. Dale: Nun, ich sehe ihn nicht viel. Er sitzt oft vor dem Fernseher. Wenn ich versuche, mit ihm zu spielen, hat er keine Geduld. Ich natürlich genauso wenig. Ich muss immer etwas unternehmen, etwas geschafft kriegen. Ich kann nicht stillsitzen und bloß lesen oder zum Fenster hinausschauen oder einen Spaziergang machen, wenn ich kein bestimmtes Ziel habe. Und im Haus sind Dinge zu tun, speziell im ersten Jahr, das weiß ja jeder. Warren ist noch zu klein; er ist mir nur im Weg, wenn ich etwas erledigen muss. Er fragt mich immer: »Magst du mich, Papa?« Ich versichere es ihm, aber er fragt mich immer wieder, und nach einer Weile geht es mir auf den Geist, und ich schicke ihn in sein Zimmer. Ich mag es nicht, wenn ich gegenüber dem Kind wütend werde, aber ich kann es nicht verhindern.

Hier musste ich die Versuchung niederringen, Mr. Dales Unfähigkeit, mit den Ängsten seines Sohnes umzugehen, zur Bearbeitung seiner Schwierigkeiten im Umgang mit Affekten heranzuziehen.

Dieser Schritt wäre verfrüht gewesen. Solange ich mir nicht sicher war, dass ich sowohl die Probleme des Patienten als auch seine Stärken genügend erfasst hatte, ließ sich die Frage, wo ich am günstigsten intervenieren konnte, nicht beantworten. Und so gern ich das Verhältnis zu seinem Sohn dazu benutzt hätte, um Mr. Dale zu einem besseren Verständnis seiner eigenen Problematik zu verhelfen, stand doch zu befürchten, dass er Kommentare in diese Richtung als Kritik auffassen würde. Solange ich keine Anzeichen dafür sehe, dass die positive Übertragung funktioniert und der Patient imstande ist, sich mir hinreichend anzuvertrauen, stößt der erzieherische Aspekt der Psychotherapie bestenfalls auf taube Ohren und ruft schlimmstenfalls Widerstand hervor. Obwohl ich also nicht vergaß, was Mr. Dale gesagt hatte, beschloss ich, mit einer allgemeineren Erforschung seiner früheren und gegenwärtigen Situation weiterzumachen.

Therapeut: Haben Sie die Möglichkeit einer Scheidung mit Ihrer Frau besprochen?

Mr. Dale: Nein, ich habe mich noch nicht endgültig entschlossen. Ich habe Grace gesagt, dass ich mit ihr eine Familie gründen möchte. Wir lieben einander, aber sie ist sich auch noch nicht hundertprozentig sicher, dass sie heiraten will.

Therapeut: Grace ist Ihre Freundin? Wie ist es zu Ihrer Beziehung gekommen?

Mr. Dale: Sie gehört – vielmehr gehörte – meinem europäischen Team an. Wir haben also in verschiedenen Hotels überall viel Zeit miteinander verbracht. Man lernt sich ziemlich gut kennen, wenn man oft genug zum Frühstück, Lunch und Abendessen zusammen ist.

Therapeut: Warum gerade Grace? Sie sind auf Ihren Reisen ja auch anderen Frauen begegnet …

Mr. Dale: Sicherlich. Das Komische ist, ich bin nie hinter Grace hergewesen, um sie ins Bett zu kriegen – solche Gedanken habe ich mir in Bezug auf sie nicht erlaubt. Ich habe andere Frauen kennengelernt, mit denen ich im Bett gelandet bin, aber ich wollte, dass mein Team rein auf der geschäftlichen Ebene bleibt. Als Leiter lag es an mir, ein Beispiel zu geben, und das habe ich getan.

Therapeut: Und, was ist geschehen?

Mr. Dale: Wir hatten seit etwa einem Jahr zusammengearbeitet, als mir Grace ziemlich deutlich zu verstehen gab, dass sie mich sehr bewundere und dass unsere Beziehung mehr sein könnte als bloß beruflich. Ich mochte sie auch sehr, aber ich legte die Karten auf den Tisch und sagte ihr, es sei keine gute Idee, in einer Gruppe wie der unsrigen, die eng zusammenarbeiten musste, ein Paar zu bilden. Außerdem wusste ich, und sie wusste, dass ich wusste, dass sie jemanden in Paris hatte, mit dem es ihr ziemlich ernst war. Aber danach sahen wir einander mit anderen Augen an und kamen uns viel näher, obwohl wir es unter Kontrolle hielten. Wenn wir nicht zusammen waren, schrieben wir einander täglich über e-mail; das tun wir immer noch. Sie findet mich interessant. Das erstaunt mich immer noch.

Als ich das Angebot für den neuen Job bekam und das Team aufgelöst wurde, machte Grace mit ihrem Freund Schluss, und wir wurden intim. Es ging wirklich gut, aber jetzt hat sie Zweifel, ob es richtig wäre, hierher zu kommen. In beruflicher Hinsicht wäre es vielleicht unklug; sie muss auch an ihre Karriere denken.

Was Mr. Dale über sein Privatleben erzählte, bestärkte mich in meiner Überzeugung, dass die Quelle seiner Schwierigkeiten im Bindungssektor und nicht im Bereich der Autonomie lag, wie er ursprünglich durch seine Klage inpliziert hatte. Und ich glaubte, in diesem Bereich ein Muster entdecken zu können: er fasste eine Zuneigung sowohl zu seiner Frau als auch zu seiner Freundin, sobald ihm diese deutlich demonstrierten, dass sie ihn schätzten. Es ging um Bestätigung, sein Bedürfnis, akzeptiert zu werden, und einen ernsthaften Zweifel, dass das geschehen würde. Seine Überraschung, dass Grace ihn interessant und attraktiv fand, bestätigte meine Hypothese, dass sein Selbstwertgefühl irgendwann erheblich gelitten hatte. Bedauerlicherweise – aber nicht unerwartet – schien sein Sohn mit seinem »Magst du mich, Papa?« ein ähnliches Problem zu haben. Aller Wahrscheinlichkeit nach litt der kleine Junge unter einer vergleichbaren Unsicherheit, ob er willkommen war und als Bereicherung der Familienkonstellation angesehen wurde. Angesichts dieses Musters vermutete ich auch, ich müsse Mr. Dale erst überzeugen, dass mir an ihm lag und ich ihn schätzte, bevor er mich als hilfreich erleben konnte – das heißt, bevor er bereit war, sich mir anzuvertrauen (Abbildung 2.2).

Bisher hatten Mr. Dale und ich uns noch nicht auf ein Therapieziel geeinigt. Nach seiner Erzählung zu urteilen, hielt ich seine anfängliche Klage für eine falsche Fährte, aber im Bereich seiner persönlichen Beziehungen, wo ich Schwierigkeiten merkte, ließ seine sachliche Haltung kein Bewusstsein von Konflikten oder auch nur besonderes Interesse erkennen. Es lag ein Mangel an entsprechendem Affekt vor, welcher der Klärung bedurfte.

An dieser Stelle erwähnte Mr. Dale beiläufig einen neuen Faktor. Er kehrte zu einer Frage zurück, die ich ihm früher gestellt hatte, nämlich ob er mit seiner Frau über Scheidung gesprochen habe, und sagte, er werde sich ziemlich bald entschließen müssen, etwas zu sagen, weil man ihm eröffnet habe, dass ihm in zwei Monaten ein neuer Umzug bevorstehe, diesmal an die Westküste; ihm winkte eine weitere Beförderung mit großzügiger Gehaltsregelung und Aktienbezugsrechten, die verhießen, ihn in relativ wenigen Jahren zum Multimillionär zu machen. Jetzt wäre der richtige Zeitpunkt, um den Bruch mit seiner Frau zu vollziehen. Statt sie und seinen Sohn mit übersiedeln zu lassen, konnten sie in dem Haus hier wohnen bleiben, während er sich an seinem neuen Wohnort ein Appartement nahm.

Diese neue Information verstärkte meine Überzeugung, dass das Gefühl des Patienten von Unzulänglichkeit im Autonomiesektor unberechtigt war und dass seine Angst wahrscheinlich von irgendeinem Aspekt der Bindungsebene herrührte. Ich beschloss, mich diesem Bereich aktiver zu widmen, um zu sehen, ob es in seinen früheren Erfahrungen irgendwelche Anhaltspunkte gab, die mir helfen würden, zu verstehen, was los war, und die mir eine Entscheidung ermöglichten, was ich in der relativ kurzen Zeit, die uns für die Therapie blieb, für und mit ihm tun könnte. Gab es etwas in seiner Vorgeschichte, was diese affektive Unterkühltheit erklärte? Ich bat ihn, mir etwas über seine ersten Lebensjahre zu erzählen.

Mr. Dale antwortete bereitwillig und ohne Zögern, er sei ein Einzelkind und er habe immer gewusst, dass er ungewollt war und sein Leben einem Versehen verdankte. Seine Eltern, die beide noch lebten, waren Rechtsanwälte. Sowohl die Mutter als auch der Vater waren Alkoholiker und stritten unablässig. Je mehr sie getrunken hatten, desto mehr zankten sie sich. Voneinander in Anspruch genommen, hatten sie wenig Zeit für ihn und überließen ihn gewöhnlich der Fürsorge der jeweiligen Kinderfrau oder Haushälterin, die gerade da war. Obwohl sie ihn emotional vernachlässigten, forderten seine Eltern Leistung von ihm und erwarteten, dass er in der Schule gut abschnitt. Er erbrachte tatsächlich hervorragende Leistungen, in der Hoffnung, dass ihm dies Anerkennung einbringen werde, aber das war nie der Fall. Erzielte er dagegen einmal nicht die Bestnote, dann trug ihm dies harsche Kritik und die Drohung mit der Verbannung in ein Internat ein, wo man es schon verstehen werde, ihm seine Faulheit auszutreiben.

Er erinnerte sich an einen Anlass – er war damals neun oder zehn Jahre alt –, bei dem er ein ausgezeichnetes Zeugnis bekommen hatte, in der Schule viel gelobt worden war und damit rechnete, dass seine Eltern diesmal sicher mit ihm zufrieden sein würden. Als er den Eltern beim Abendessen sein Zeugnis zeigte, verlor seine Mutter kein Wort darüber, und sein Vater vergewisserte sich lediglich, dass er sich in keinem Fach verschlechtert hatte. Der Patient erinnerte sich, dass er in einem Anfall von Schwindel und Übelkeit sein Essen auf das Tischtuch erbrach. Seine angewiderten Eltern säuberten ihn und steckten ihn ins Bett, wo er einschlief. Das Nächste, woran er sich erinnerte, war, dass er am oberen Ende der Treppe stand und wiederholt zu ihnen hinunterrief: »Seid ihr nicht froh, dass ihr mich habt?« Zu diesem Zeitpunkt hatten seine Eltern bereits einiges intus und trugen eine ihrer endlosen Streitigkeiten aus. Sie hörten ihn nicht, und er schlich sich schließlich ins Bett zurück.

Soweit er sich erinnern konnte, versuchte er immer wieder, sich in das Gezänk seiner Eltern einzumischen, und bat sie, damit aufzuhören. Aber das hatte nur zur Folge, dass beide ihre Wut gegen ihn richteten. Als er schließlich auf die höhere Schule ins Internat geschickt wurde, war er froh, von zu Hause wegzukommen.

Diese Geschichte bestätigte meine Vermutung, dass Mr. Dales unmittelbares Problem im Bindungssektor der Entwicklung lag. Seine Eltern schienen insofern emotional gestört zu sein, als sie beide kein anderes Gefühl ausdrücken konnten als Ärger; dies bedeutete für mich, dass sie beide mit einem chronischen Affektstau lebten, den sie nicht durch verbales oder anderes angemessenes Verhalten bewältigen konnten. Es war ein ermutigendes Zeichen, dass der Patient als kleiner Junge die Hoffnung nicht aufgegeben hatte und dass er sich an seine Versuche erinnerte, seine Eltern zu veranlassen, ihm wenigstens dann ihre Zuneigung zu zeigen, wenn er ihren Erwartungen entsprach. Aber das war keinerlei Garantie dafür, dass er jetzt mit entsprechenden Emotionen reagieren würde, wenn er in der Therapie eine solche Gelegenheit erhielt. Seine Gefühllosigkeit in der Beziehung zu seiner Frau und seine Unfähigkeit, die Bedürfnisse seines Sohnes zu verstehen, erschienen mir jedenfalls bedenklich. Angesichts der kurzen Zeit, die mir für seine Behandlung blieb, glaubte ich nicht, dass es mir gelingen könnte, auch nur eine Bresche in seine starke Abwehr gegen affektive Erlebnisse zu schlagen. Falls er sich jedoch immer noch gestatten konnte, das rezeptive Ambiente einer psychotherapeutischen Beziehung zu nutzen, um die Höhen und Tiefen seiner Sehnsucht erneut zu durchleben – nicht bloß, sich daran zu erinnern –, dann, glaubte ich, hatten wir eine Chance, etwas Lohnendes zu bewirken.

Der Dialog, der sich jetzt an die Erzählung über seine Kindheit anschloss, zeigte mir, dass etwas da war, womit man direkt und unmittelbar arbeiten konnte, und dass ich uns ein implizites Ziel setzen konnte – nämlich ihn mit seinen emotionalen Bedürfnissen in einer Weise bekannt zu machen, die ihm erlaubte, diese anzunehmen.

Mr. Dale: Ich weiß nicht ... etwas kommt in mir hoch ... wie eine Welle von Traurigkeit ... *(Er vergießt ein paar Tränen.)*

Therapeut: Sie sind traurig wegen des kleinen Jungen oben auf der Treppe.

Mr. Dale: *(Schluchzt offen)*

Therapeut: *(Nachdem sich der Patient die Augen getrocknet hat.)* Ich denke, ich verstehe jetzt besser, weshalb Sie hergekommen sind. Obwohl Sie oberflächlich betrachtet fabelhaft angepasst erscheinen und eine Menge erreicht haben, hat der Erfolg nichts an dem eigentlichen Problem geändert, das ihnen zu schaffen macht. Je erfolgreicher Sie sind, desto unglücklicher werden Sie paradoxerweise. Ihre Erfolge heilen diese Verletzung nicht, genau wie damals, als Sie so gute Noten bekamen und Ihre Eltern nicht mit Stolz reagierten.

Mr. Dale: Ich habe so lange nicht mehr an all das gedacht.

Therapeut: Es war zu schmerzhaft, deshalb haben Sie es aus Ihrem Bewusstsein verdrängt und sich das, was Sie belastete, auf andere Weise erklärt.

Mr. Dale: Wenn ich darüber nachdenke, haben Sie wahrscheinlich Recht. Bei der Arbeit komme ich mit den verschiedensten Konflikten ohne Schwierigkeiten zurecht, aber der Konflikt zwischen meinen Eltern, gegen den war ich machtlos. *(Mr. Dales Einsicht sagt mir, dass eine Orientierung erreicht wurde und dass, wie seine Bemerkung zeigt, sein Geist jetzt frei ist und sich an der Lösung seiner Schwierigkeit beteiligen kann. Der leere Raum, wo der Affekt sein sollte, wurde mit Anteilnahme erfüllt, und ich nehme an, dass er jetzt in der Lage ist, sich auf unserem weiteren Weg meiner Führung anzuvertrauen.)*

Therapeut: Ganz genau. Es geht also nicht darum, wie Sie heute mit Konflikten umgehen, sondern, woran sie Sie erinnern – das ist das Problem. *(Nachdem nun das Vertrauen da ist, stellt mein »Ganz genau« keine überflüssige Bemerkung dar, um dem Patienten ein gutes Gefühl sich selbst gegenüber zu geben; es ist eine Bestätigung, die die Bindung zwischen uns stärken soll.)*

Mr. Dale: Was fange ich jetzt mit dieser Erkenntnis an?

Therapeut: Oh, das wird sich schon von selbst ergeben. Denken Sie bloß an all die Dinge, die Sie in der Schule gelernt haben. Wer weiß schon, wozu die Multiplikationstabellen und Grammatikregeln schließlich führen werden, wenn wir sie lernen? Aber mit der Zeit gelingt es uns, sie anzuwenden, jeder von uns auf seine eigene Weise.

Mr. Dale: Sie glauben, das ist so grundlegend?

Therapeut: Mit Sicherheit. Worüber wir sprechen – Ihre Gefühlswelt –, ist fundamental.

Mr. Dale: Warum bin ich so müde?

Therapeut: Sie versuchen, sich in einem fremden Land zurechtzufinden, das ist immer ermüdend.

Mr. Dale: Wie der Beginn eines neuen Projekts mit Leuten, mit denen man noch nie zusammengearbeitet hat?

Therapeut: Ja, genau das meine ich.

Dieser letzte Teil der Stunde war sehr ermutigend für mich. Dass Mr. Dale schnell treffende Vergleiche ziehen und seine neuen Erfahrungen in der Therapie mit bekannten, bisher stets gemeisterten Situationen in Verbindung bringen konnte, war eine günstige Voraussetzung für die Behandlung.

Wir erreichten eine Menge in dieser ersten Stunde: Wir setzten uns ein Ziel und machten bereits Fortschritte auf dem Weg dorthin, nachdem sich der Patient seinen früheren und gegenwärtigen Gefühlen gestellt hatte und diese besser zulassen konnte. Ich lernte, dass sich sein affektives Defizit korrigieren ließ, sobald ein Gefühl der Verwandtheit hergestellt war; mit anderen Worten, die nötige affektive Entwicklung war vorhanden, und die Affekte wurden nur aufgrund der Furcht abgewehrt, missverstanden, um erneut enttäuscht zu werden. Diese Situation unterscheidet sich natürlich grundlegend von Fällen, in denen klar wird, dass es dem Patienten niemals gelungen ist, entsprechende Gefühle zu erleben (Basch 1988). Auf das Problemlösen bezogen, zeigte Mr. Dale, sobald er orientiert war, dass er die Fähigkeit hatte, mit seinen Gefühlen umzugehen, über sie nachzudenken und sie dann zutreffend und in fruchtbarer Weise zu kommunizieren.

Zu der Zeit, als Mr. Dale bei mir in Therapie war, hatte ich es mir zur Regel gemacht, mit jedem Patienten beim ersten Mal eine Doppelsitzung von eineinhalb Stunden abzuhalten. Um die Probleme eines Patienten gründlich erforschen und ein Ziel setzen zu können, empfehle ich diese Praxis selbst dann, wenn die Zahl der Therapiestunden von vornherein begrenzt ist. Man kann viel mehr erreichen, wenn der Prozess des Bekanntwerdens mit dem Patienten und dem Problem nicht vorzeitig unterbrochen werden muss. Da Mr. Dale in Kürze die Stadt verlassen würde, entschloss ich mich in seinem Fall, diesen Modus beizubehalten, um uns jede Gelegenheit zu geben, unsere Arbeit zu tun. Ich dachte auch daran, ihn mehr als einmal pro Woche kommen zu lassen und die Therapie auf diese Weise zu intensivieren, entschied mich aber schließlich dagegen. Ich hatte das Gefühl, dass der Patient mehr Zeit zwischen unseren Begegnungen benötigte, damit er die Erfahrungen in den Therapiestunden in sein Leben außerhalb integrieren konnte.

Zweite Sitzung

In der zweiten Sitzung sprach Mr. Dale spontan über weitere Kindheitserlebnisse. Was er sagte, bestätigte meinen ursprünglichen Eindruck, dass er in einem Elternhaus aufwuchs, in dem Zuneigung und Zärtlichkeit selten, falls überhaupt je, geäußert bzw. übermittelt wurden. Seine positive emotionale Reaktion auf meine Darlegungen in der ersten Sitzung und die von ihm gebrachten Vergleiche, um das, worüber wir sprachen, mit seinen übrigen Erfahrungen zu integrieren, sagten mir, dass er sich jetzt meiner Führung anvertrauen und mich in einer unterstützenden, anleitenden Rolle akzeptieren konnte.

Das ließ mich den nächsten Schritt tun, und als sich die Gelegenheit ergab, erklärte ich ihm die affektive Entwicklung. Ich beschrieb den elementaren Kommunikationsprozess, der es einem Kind von Geburt an ermöglicht, verstanden zu werden, und durch den das Kind seinerseits die Verfassung der Eltern verstehen kann, lange bevor seine Sprachfähigkeit entwickelt ist. Der Gedanke, dass Gefühle und Emotionen, positive wie negative, im Verlauf des Strebens nach altersgemäßer Kompetenz auftreten, leuchtete ihm sofort ein. Er verstand, dass das wiederholte Scheitern seiner Versuche, die Zuwendung seiner Eltern zu erlangen, ihn schließlich veranlasst hatte, jede Mobilisierung von Affekt zu vermeiden und sich in Schweigen und autonome Betätigung zurückzuziehen, da keine Hoffnung auf Angenommenwerden zu bestehen schien.

Ich glaubte, jetzt das Missverständnis in Bezug auf seinen Namen besser zu verstehen, das mich bei unserer ersten Begegnung in Verlegenheit gebracht hatte. Er betonte unbewusst das »Junior«, um zu signalisieren, dass er in wesentlichen Punkten noch ein kleiner Junge war, der verzweifelt nach der emotionalen Resonanz suchte, die ihm in seiner Kindheit gefehlt hatte. Diese mögliche Erklärung seines Verhaltens behielt ich für mich. (Ich war von meinem ursprünglichen Eindruck abgerückt, dass Mr. Dale, der mich in Verlegenheit gebracht hatte, als wir uns in meinem Wartezimmer begegneten, andere vielleicht gewohnheitsmäßig beschäme, bevor er selbst beschämt werden konnte. Ich hatte diese Deutung ohnehin bezweifelt, als ich von seinem Erfolg als Führungskraft hörte. Er klang nicht wie jemand, der führt, indem er seine

Untergebenen beschämt und ihnen Furcht einflößt; ganz im Gegenteil.) Was ich ihm wohl sagte, war, dass seine Reaktion auf Frauen, die ihm deutlich zeigten, dass sie ihn begehrten, möglicherweise mit seinem Bedürfnis zusammenhing, von anderen Sympathie und emotionale Reaktion signalisiert zu bekommen, um nicht erneut die wiederholte Enttäuschung erleben zu müssen, die er seitens seiner Eltern erlitten hatte.

Wir sprachen weiter von seiner verschobenen Furcht vor Konflikten und kamen zu dem Schluss, dass Konflikte jetzt wahrscheinlich auf irgendeiner Ebene die Furcht wiedererweckten, seine Eltern zu verlieren. Mr. Dale stimmte dem zu; die Drohung mit Scheidung war das immer wiederkehrende Thema der Streitereien seiner Eltern. Er unterstrich dies durch die Bemerkung, wovor er sich fürchte, wenn er heute mit Meinungsverschiedenheiten umgehen müsse, sei ein Gefühl von Anspannung in seiner Brust und seinem Bauch, das ihn bei seinen Führungsaufgaben begleite und ihm jegliches Vergnügen raube, das er dabei empfinden könnte. Ich gab ihm zu bedenken, dass das, was er erlebe, die unverarbeiteten Affekte seien, die Bausteine von Gefühlen und Emotionen (Basch 1988). Ich machte ihm klar, dass er nie gelernt hätte, sich in Englisch auszudrücken und zu denken, wenn niemand dagewesen wäre, der verbal auf ihn reagiert hätte; die Unfähigkeit seiner Eltern, mit ihm in der Sprache der Emotion zu sprechen, habe ihn eben in dieser Hinsicht blockiert. Das einzige, was sie in diesem Bereich für ihn übrig hatten, war Ärger, ein extrem eingeschränktes affektives Vokabular. Mr. Dales Reaktion auf meine Erklärung zeigte, dass er meine Worte sehr wohl verstand.

Am Ende dieser zweiten Sitzung sagte er: »Ich bin sehr zufrieden mit dem, was wir heute gemacht haben«, und streckte mir seine Hand hin, die ich fest drückte. Auf diese Weise bekräftigte er die Bindung, die zwischen uns entstanden war, und bezeugte, dass er sich wirklich willkommen, verstanden und geschätzt fühlte.

Ich sollte hinzufügen, dass Dales rasches Erfassen meiner Ausführungen nicht von seiner hohen Intelligenz abhing. Ich habe festgestellt, dass es PatientInnen in der Regel nicht schwerfällt, entwicklungsrelevante didaktische Erklärungen zu verstehen und zu nutzen.* *(Fußnote auf der nächten Seite.)* Solche Erklärungen verringern die Distanz zwischen Therapeut und Patient, der sich

in Gegenwart des Experten oft unnötigerweise inkompetent fühlt.
Zwar ist kein direkter Transfer von Kompetenz möglich – mein
Werdegang kann nicht der eines anderen werden –, aber indem ich
meine PatientInnen an meinem Denken Anteil nehmen lasse, zeige
ich ihnen, dass keine trennende Kluft zwischen uns vorhanden ist
und dass wir es nicht mit etwas Rätselhaftem zu tun haben, sondern mit menschlichen Erfahrungen, die in irgendeiner noch zu
klärenden Weise schief gelaufen sind. Dieses Vorgehen reduziert
nicht nur die Schamgefühle, die die Rolle des Patienten oft er-
zeugt, sondern lässt den Patienten hoffen, selbst die Kontrolle zu
erlangen, öffnet ihm die Tür zu Kompetenz und schafft eine Atmosphäre, die die zu leistende Arbeit begünstigt. Auch werden
durch Gespräche dieser Art wie im Fall Mr. Dales gewöhnlich bestätigende Erinnerungen geweckt, welche die skizzierten Prinzipi-
en mit individueller Bedeutung erfüllen.
Auf der Grundlage meines Entwicklungsmodells ist die erfolgreiche Orientierung keine Garantie für den nächsten Schritt in der
Problemlösung, nämlich der Erwerb geeigneter Bewältigungsmechanismen. Wenn die erforderlichen Fähigkeiten nicht entwickelt
wurden, ist es Aufgabe des Therapeuten, dem Patienten auf die
Sprünge zu helfen. Wie auch John Gedo (1979, 1988) hervorgehoben hat, reicht Einsicht in Entstehung und Beschaffenheit der
Schwierigkeiten eines Patienten als solche oft noch nicht aus; es
gibt Kompetenzen, die man dem Patienten erklären – gewissermaßen auch beibringen – muss. Zwar trifft zu, was Freud in seinen
Schriften über Technik hervorgehoben hat, dass intellektuelles
Verständnis kein Ersatz für emotional mitvollzogene Einsicht ist,
aber das bedeutet nicht, dass der Verstand während der Therapie
in den Hintergrund tritt. Diese zweite Sitzung mit Mr. Dale ist ein
gutes Beispiel für die Unfruchtbarkeit einer künstlichen Aufteilung von Therapie in affektive (dynamische) und kognitive
(pädagogische) Prozesse. Wenn ich Mr. Dale etwas über affektive
Entwicklung klarmache, fülle ich nicht einfach irgendwelche Wis-

---

* Ausnahmen bilden Patienten wie der im 9. Kapitel beschriebene Gerald Shellman, bei denen die Furcht vor bestimmten affektiven Erlebnissen so stark ist, dass
sie es sich nicht leisten können, an solche Dinge auch nur zu denken, da sie von
Angst überwältigt würden.

senslücken, sondern lasse ihn wie ein guter und zugewandter Elter mein Interesse und meine Anteilnahme an seinem Wohl und seiner fortgesetzten Reifung spüren. Auf eine kurze Formel gebracht: Die Beachtung der affektiven Bedürfnisse eines Patienten wird ohne die Substanz, die seine Autonomie fördert, ebenso ineffektiv bleiben wie Versuche, dem Patienten durch ein kognitives Vorgehen zu helfen, das dessen Beziehung zum Therapeuten und was diese über die affektive Entwicklung des Patienten aussagt, außer Acht lässt.

Dritte Sitzung

Mr. Dale eröffnete die Stunde mit der Erklärung, er sei nunmehr in Frieden mit sich. Am Wochenende hatte er mehr Zeit mit seinem Sohn verbracht und ihn wirklich angeschaut. Er war entsetzt, wie nervös und reizbar der kleine Warren – oder Butch, wie sie ihn nannten – wirkte. Nichts schien ihm Freude zu machen oder seine Aufmerksamkeit lang zu fesseln. Freitagnacht, als der Junge einen Alptraum hatte, ging er zu ihm hin und versuchte, ihn zu beruhigen. Aber Butch schrie, bis seine Mutter kam und ihn in die Arme nahm. In der folgenden Nacht erwachte Butch erneut aus einem Angsttraum. Mr. Dale ging wieder in das Schlafzimmer des Kindes, nahm ihn diesmal einfach auf den Schoß und sagte: »Papa hat dich lieb und ist so froh, dass du sein Junge bist.« Butch beruhigte sich sofort und schlief nach wenigen Minuten wieder ein. Am nächsten Tag fiel Mr. Dale auf, dass Butch viel umgänglicher war, und er nahm ihn allein auf einen Ausflug mit, der sehr erfreulich verlief. Er merkte auch, dass er selbst viel entspannter war und ruhig dasitzen konnte, ohne jede Minute etwas zu tun haben zu müssen. »Das klingt, als hätten Sie eine weitere Sprache gelernt«, sagte ich.
Mr. Dale redete dann über die zunehmende Distanz zwischen seiner Frau und ihm. Er setzte diese Entfremdung erneut mit der Geburt ihres gemeinsamen Sohnes in Bezug: seit damals habe er sich durch die Konzentration seiner Frau auf das Kind vernachlässigt gefühlt. Er habe sich dann seinerseits zurückgezogen, und seine Frau schien mit diesem Arrangement zufrieden. Er versuchte nie, es zu ändern; er und Alice waren sehr stolz darauf, dass sie niemals

stritten, und er wollte nicht in einen Teufelskreis von Beschuldigungen und Vorwürfen geraten, wie es bei seinen Eltern der Fall war.

Ich bemerkte dazu, es sei wohl nicht bloß seine Konfliktscheu gewesen, was ihn nach der Geburt des Kindes daran hinderte, etwas gegen seine Isolierung von seiner Frau zu tun, sondern auch das Bedürfnis, den Schamgefühlen zu entgehen, von denen nach seiner Erwartung jede Bitte an Alice um Verständnis begleitet sein würde – eine Wiederholung dessen, was ihm in der Kindheit widerfahren war. Obwohl ihm der Vorfall auf der Treppe in deutlicher, schmerzhafter Erinnerung blieb, war dies sicher nicht der einzige Anlass gewesen, bei dem er sich verzweifelt nach affektiver Zuwendung sehnte und ignoriert wurde. Und, so erklärte ich ihm, wenn man sich in der Hoffnung auf eine bestimmte Reaktion öffnet und ignoriert oder zurückgestoßen wird, dann verwandelt sich die Heftigkeit des eigenen Wunsches in Scham – ein schmerzhaftes Gefühl von Wertlosigkeit. Wenn dies oft genug geschieht, dann lernt man, dass jeder Annäherungsversuch missverstanden oder zurückgewiesen wird, und meidet derartige Anlässe. Man stellt jeden Versuch ein, zu bekommen, wonach man sich so brennend sehnt. So hatte auch Mr. Dale aus Furcht vor weiterer Demütigung nicht mehr versucht, seiner Frau näher zu kommen. Ich sagte ihm auch, dass sein Sohn ohne seine Bemühung um ihn sehr wahrscheinlich früher oder später von seinem Refrain abgelassen hätte: »Magst du mich, Papa?« Sobald er sich wegen seines Bedürfnisses schämte, würde er sich vom emotionalen Kontakt zurückziehen, wie Mr. Dale es getan hatte. An dieser Stelle erinnerte sich Mr. Dale an mehrere Vorfälle, bei denen seine Mutter ihn offenbar absichtlich der Lächerlichkeit preisgegeben hatte, so dass er sich sehr schämte. Er setzte seinen fast fanatischen Perfektionismus bei seiner Arbeit in Bezug zu diesen Gefühlen; wenn er alle Eventualitäten in Betracht zog und jeden Irrtum ausschloss, dann konnte ihm niemand Schuld zuweisen und ihn beschämen, und er war unangreifbar. Ich stimmte ihm zu und bestätigte damit seine Analyse.

Vierte bis sechste Sitzung

Mr. Dale berichtete, dass er auf dem Weg zu mir Angst verspürt habe. In den letzten Tagen hatte er in seinem Auto wiederholt zu weinen begonnen; er fühlte sich so allein. Der ganze Grund, weshalb er zu mir kam, hatte sich verändert. Bei der Arbeit machte ihm nichts mehr Schwierigkeiten; was ihm jetzt wichtig erschien, war, zu lernen, mit seinen Gefühlen und mit emotionalen Beziehungen umzugehen. Ich stimmte ihm zu und versicherte ihm, die Furcht, die er auf dem Weg hierher empfunden habe, sei verständlich. Er wage sich rasch auf ein Territorium vor, das ihm bisher verschlossen gewesen sei. Seine Furcht, von dem, was er über sich lerne, überwältigt zu werden, sei völlig begreiflich. In seiner Kindheit habe ihm niemand geholfen, in angemessener Weise mit seinen Gefühlen umzugehen, deshalb musste er sich soweit er konnte vor heftigen Gefühlen hüten. Es sei deshalb nicht verwunderlich, dass ihm das Auftreten starker Gefühle in der therapeutischen Beziehung etwas Angst mache. Gleichwohl beweise er sich täglich selbst sowohl die Nützlichkeit, sich diesen Aspekt seines Lebens anzuschauen, als auch seine Fähigkeit, produktiv damit umzugehen; die Furcht werde ihn also nicht davon abhalten, sondern er werde auch weiterhin mehr über sich selbst lernen.

Mein Akzent lag hier auf der fortgesetzten Bestätigung der neu erlangten Einsicht des Patienten. Obwohl er bewies, dass er imstande war, selbständig Fortschritte zu machen, wäre es ein gravierender Fehler, stumm oder unverbindlich zu bleiben, wenn er Belege für seine Fortschritte mitbringt. Ich arbeitete hier auf zwei Ebenen: Indem ich ihn in seiner Reflexion und Selbsterforschung bestätigte, ermutigte ich den erwachsenen Mr. Dale, seine Anstrengungen fortzusetzen, aber meine Anerkennung und offenkundige Freude über seinen Fortschritt sprach auch das Kind an, das er einst war, und gab dem kleinen Jungen diesmal das affektive Feedback, das er damals gebraucht hätte. Mit anderen Worten, die Therapie verschaffte ihm eine kompensierende emotionale Erfahrung.

Der Begriff »kompensierende emotionale Erfahrung« wird von psychoanalytisch orientierten Therapeuten in etwas verächtlichem Sinn gebraucht. Er ist mit dem Versuch von Franz Alexander (1954, 1958) gleichgesetzt worden, sich die Analyse der Übertragung zu ersparen, indem man den Analytiker die Rolle des Elters spielen lässt, den der Patient zu benötigen scheint. Alexanders Empfehlung wird oft von Leuten lächerlich gemacht, die offensichtlich nicht gelesen haben, was er tatsächlich schrieb. Er meinte, da sich sensible TherapeutInnen ganz selbstverständlich auf die unterschiedlichen Bedürfnisse ihrer Patienten einstellen, könnte dieses Entgegenkommen ja in gezielter Weise erfolgen. Dies war eine gute Beobachtung und kein schlechter Vorschlag; das Problem war, dass ihre richtige Umsetzung eine viel größere Kenntnis normaler Entwicklung erforderte, als wir zu dem Zeitpunkt besaßen, als Alexander dieses Thema anschnitt. Jetzt, da dieses Wissen zur Verfügung steht, erfordert die kompensierende emotionale Erfahrung kein Rollenspiel mehr; der Therapeut braucht die entwicklungsbezogenen Bedürfnisse des Patienten nur herauszufinden und entsprechend auf sie einzugehen. Eine korrigierende emotionale Erfahrung zieht mehr nach sich als die Lösung eines speziellen Problems oder das Glücksgefühl, das oft mit der Einsicht einhergeht; sie kündigt eine tiefgreifende Persönlichkeitsveränderung an. Gewöhnlich kommt es dazu, wenn es dem Therapeuten gelingt, sich gleichzeitig den archaischen und den reifen Selbstobjekt-Bedürfnissen eines Patienten in Zusammenhang mit einer bestimmten Frage zuzuwenden und beiden wirkungsvoll zu genügen. Eben dies geschah in Mr. Dales Fall. Mr. Dales Einsicht in sein Gefühlsleben und die Auswirkung, die dieses auf seine Beziehungen zu seiner Familie hatte, überzeugte mich, dass meine Beurteilung seiner Situation einigermaßen zutreffend gewesen war. Seine Inkompetenz lag nicht auf dem Sektor der Autonomie, sondern auf dem der Bindung. Das Ziel, das ich uns setzte – ihm zu einem besseren Umgang mit seinen Gefühlen zu verhelfen –, hatte sich in der Praxis bewährt, und der Patient machte enorme Fortschritte in diese Richtung. Zum Glück schien seine Fähigkeit zu affektiver Entwicklung nicht ernsthaft beschädigt zu sein, und sobald ich ihm das Problem in einer Weise darstellte, die er nachvollziehen konnte, war er imstande, sein beträchtliches Potential einzusetzen, um produktiv damit umzugehen. Er konnte sich in seinem Sohn selbst erkennen, und in dem Maße, wie er die Sehnsucht des Jungen nach Zuwendung erfüllte, begann er, sich selbst zu heilen.

Abgesehen von meiner Erklärung und Anleitung waren die Fortschritte in Mr. Dales Behandlung auf den Gebrauch zurückzuführen, den ich von dem positiven Übertragungsbedürfnis machte, das er so deutlich an den Tag legte. Im Lauf der Jahre habe ich gelernt, dass erfolgreiche Männer oder Frauen, die in unsere Praxis kommen und nach außen hin völlig autonom, kontrolliert und geschäftsmäßig wirken, unter der Oberfläche eine fast verzweifelte Sehnsucht nach vertrauenswürdigen und kompetenten Eltern haben. Mit anderen Worten, da ist eine Bereitschaft, sich anzuvertrauen und bestätigen zu lassen, die der Bereitschaft des Therapeuten entgegenkommt, aktiv als Mentor zu fungieren. Wie die geschilderten und die folgenden Fälle illustrieren, ist es für eine kurzfristige Behandlung jedoch entscheidend, dass die Eltern- und Mentorenfunktion des Therapeuten auf Fortschritte und Kompetenz des Patienten im Hier und Jetzt abzielt statt auf Regression und das Eintauchen in die Wechselfälle der Kindheit des Patienten.

Im Gegensatz zu konkreten Ratschlägen sind Anleitung und Wegweisung sehr wohl geeignet, das Bedürfnis des Patienten nach einem zuverlässigen und unterstützenden Mentor zu erfüllen. Mr. Dales Reaktion auf meine Schritte in diese Richtung zeigte deutlich, dass die Intervention den Nagel auf den Kopf getroffen hatte; er benutzte meine Erläuterungen auf seine eigene Weise, um einigen der Schwierigkeiten zu begegnen, die er in seinem Leben erkannte. Seine Fähigkeit, sich von mir unterstützen und begleiten zu lassen, ermöglichte es mir, den nächsten Schritt zu tun und ihn in sinnvoller Weise zu bestätigen. Als er mir berichtete, dass es ihm gelungen sei, seinem Sohn zu helfen, als der Junge durch einen Alptraum verstört war, kommentierte ich, dass er eine neue Sprache erlernt zu haben scheine. Das ist es, was Kohut mit der *Spiegelung* – oder, wie ich es lieber nenne, der *Bestätigung* – der emotionalen Disposition des Patienten meinte.

Spiegelung sollte nicht damit gleichgesetzt werden, was man oft als »bedingungslose Liebe« oder »totale Akzeptanz« bezeichnet – ein unkritisches, undifferenziertes Eingehen auf die augenblicklichen Bedürfnisse des Patienten – ebensowenig sollte man davon ausgehen, dass »der Patient immer Recht hat«, und allem zustimmen, was er sagt. Spiegelung ist vielmehr Ausdruck des wohlüberlegten Urteils seitens einer vertrauenswürdigen Person, dass man auf dem richtigen Weg ist und die eigenen Leistungen bzw. Schwierigkeiten verstanden werden. Diese Bestätigung, ob in der Therapie oder außerhalb davon, ist es, was einen Menschen motiviert, auf seinem Kurs zu bleiben und die dazu nötigen Anstrengungen auf sich zu nehmen.

Mr. Dale hatte inzwischen seine Arbeitszeit etwas eingeschränkt und fuhr jeden Tag nach dem Büro nach Hause. Sein Sohn reagierte gut auf die Zeit, die der Vater mit ihm verbrachte, aber er hatte immer noch, was nicht überraschen wird, Verhaltensprobleme, wenn auch in geringerem Maß. Alice, die merkte, wie zornig der Junge schon bei der geringsten Frustration werden konnte, fragte sich, ob es ihre Schuld sei, weil sie Butch als ihr einziges Kind verwöhnte. »Nein, das hat mit mir zu tun«, antwortete mein Patient. Als er sich seiner Familie wieder stärker widmete und Zeit und Mühe in sein häusliches Leben investierte, stellte Mr. Dale fest, dass seine Frau wieder mehr zu der lebhaften, interessanten Person wurde, die er geheiratet hatte. »Sie war schön anzusehen, geradezu strahlend, als wir letzten Sonntag in die Kirche gingen. Ich bin mir jetzt im Klaren darüber, dass ich es bin, nicht sie, der die Probleme zwischen uns hervorgerufen hat«, sagte er. Ich wies ihn darauf hin, dass ihn seine Empfindlichkeit in Bezug auf jede tatsächliche oder eingebildete Zurücksetzung veranlasst habe, sich nach der Geburt ihres gemeinsamen Sohnes von Alice zurückzuziehen. Statt sich ebenso wie sie dem Kind zuzuwenden, wertete er ihr Interesse an dem kleinen Warren automatisch – das heißt unbewusst – als ausschließlich und ihn ausschließend. Er benahm sich, als ob Alices Liebe zu dem Kind, wie die aggressive Bindung zwischen seinen Eltern, ein Band sei, das keinen Platz für ihn lasse.

Mr. Dale berichtet mir, dass er und Alice einige lange Gespräche geführt hätten, in denen er viel von dem erzählt habe, was er in seinen Therapiestunden über sich selbst gelernt hatte. Alice habe ihm aufmerksam zugehört und sich gefreut, dass er sich ihr anvertraute. Er erzählte mir, dass er das Gefühl habe, sich von neuem in Alice zu verlieben. »Sie sind jetzt ein anderer, weniger verletzbarer Mensch, jemand, der es sich gestattet, ein größeres Risiko mit der Liebe einzugehen«, sagte ich. Er dachte nicht mehr an Scheidung und war sich im Klaren darüber, dass er die Beziehung zu Grace beenden müsse. Er hatte während seiner Ehe auch andere Geliebte gehabt, aber jetzt begriff er zum ersten Mal, dass der Abbruch einer Beziehung nicht nur ein praktisches Problem ist; die Gefühle eines anderen Menschen waren davon betroffen. Er hatte vor, mit Grace zu sprechen, ihr im Wesentlichen zu erklären, was mit ihm vorgegangen war, und sie um ihr Verständnis zu bitten.

Die Erkenntnis des Patienten, welche Rolle er bisher bei der Erziehung seines Sohnes gespielt – oder vielmehr nicht gespielt – hatte, seine Einsicht, dass er viel mit der Distanz zu tun hatte, die zwischen ihm und seiner Frau bestand, und die rücksichtsvolle Art, wie er mit seiner Trennung von Grace umging, zeigten mir, dass er fähig zu empathischem Verständnis, der höchsten Form von Affektentwicklung war (Basch 1983). Mit anderen Worten, er leugnete nicht länger seine Gefühle, sondern konnte sich hinreichend von ihnen distanzieren, um sich an die Stelle des anderen zu versetzen und sich in dessen Erleben einzufühlen.

Siebte bis neunte Sitzung

Unsere Sitzungen wurden durch eine einwöchige Dienstreise des Patienten nach Europa unterbrochen. Seine erste Bemerkung bei unserem Wiedersehen war, dass ihm deutlich bewusst sei, eine Sitzung versäumt zu haben. Er fragte sich, wie er sich in einigen Wochen fühlen werde, wenn er an die Westküste übersiedele. Er wollte sich an keinen anderen Therapeuten wenden. Ob er mich nötigenfalls anrufen dürfe? Ich sagte, das könne er gern tun.

Hätte Mr. Dale nicht den Umstand erwähnt, dass sich unsere Behandlung dem Ende näherte, dann hätte ich das Thema zur Sprache gebracht. Vielleicht hätte ich etwas in der Richtung gesagt, dass unsere Arbeit gut vorangekommen sei und dass er nicht nur ein Verständnis dafür erworben habe, inwiefern seine Vergangenheit sein heutiges Verhalten beeinflusse, sondern auch eine Reihe von psychologischen Werkzeugen, die es ihm ermöglichen würden, sein Wissen auch künftig produktiv anzuwenden. Ich hätte dann seine Antwort abgewartet, um zu sehen, wo dies hinführt.

Wie es mit jedem anderen Aspekt der entwicklungsbezogenen Therapie der Fall ist, gibt es keine feststehende Formel, an die sich der Therapeut beim Abschluss der Behandlung halten kann. Speziell wenn sowohl Patient als auch Therapeut das Gefühl haben, dass äußere Umstände die Beendigung erzwingen, verhalte ich mich möglichst flexibel und lasse mich bei der Gestaltung des Abschieds vom Patienten leiten. Das heißt, ich bin bereit, den Kontakt durch Briefe, Telefonate oder ein gelegentliches Treffen aufrechtzuerhalten, sofern dies möglich ist.

Mr. Dale erzählte mir weiter, dass er während seines Aufenthalts in Paris Grace getroffen und ihr seine Absicht mitgeteilt habe, bei seiner Frau und seinem Sohn zu bleiben, wobei er ausführlich darauf einging, wie es zu diesem Entschluss gekommen war. Statt sich vor ihrer zunächst geschockten und dann traurigen Reaktion zu drücken, setzte er sein gewachsenes Verständnis des Gefühlslebens ein, um ihre Enttäuschung aufzufangen, und es gelang ihm, sie zu trösten. Sie schieden als Freunde. Er fügte hinzu, dass er trotz der Belastungen nicht zuviel getrunken habe. Dann vertraute er mir etwas an, das ich bis dahin nicht gewusst hatte: in der Vergangenheit habe er regelmäßig jeden Abend drei oder vier Martinis getrunken, und wenn er unter Druck war, noch mehr. Jetzt genieße er zwar immer noch ein Glas Wein zum Abendessen, aber das scheine ihm zu genügen. Wir sprachen darüber, dass er versucht habe, mit dem Alkohol seine emotionalen Spannungen aufzulösen; jetzt, da er Worte für seine Gefühle hatte und darüber nachdenken konnte, bestand keine Notwendigkeit mehr, sie zu ertränken.

Zu Hause beobachtete er auch weiterhin ein überaus uncharakteristisches Verhalten bei sich selbst. Als Butch zum Beispiel versehentlich den Collie der Familie aus dem Garten ließ, lachte er bloß und machte aus der Suche nach dem Hund ein Abenteuer für sie beide. Vor nicht so langer Zeit hätte ihn ein solcher Vorfall in Wut versetzt. Er merkte, dass sowohl sein Sohn als auch er ruhiger wurden; sie waren imstande, sich zu entspannen, und im Umgang miteinander nicht mehr so reizbar. Das »Magst du mich?« hatte aufgehört.

Wie im Fall von Mr. Dale habe ich meine Kenntnis der Affektentwicklung schon oft dazu benutzt, diesen Bereich für Patienten zu öffnen. Statt darauf zu warten, dass die Therapie frühere affektive Entbehrungen oder Missverständnisse kompensiert, spüren Patienten oft, dass sie den Prozess beschleunigen können, indem sie anderen – speziell ihren Kindern, aber manchmal auch ihrem Lebenspartner oder Mitarbeitern – das geben, was ihnen selbst versagt geblieben war. Tatsächlich kann das eigene Tun wirksamer sein als das Empfangen. Es ist doch eine Tatsache, dass der Therapeut niemals Punkt für Punkt das ersetzen kann, was einem in der Kindheit entgangen ist. Der regressive Versuch eines Therapeuten, etwas *wiedergutzumachen* [im Original deutsch], muss zwangsläufig scheitern. Soviel affektives Feedback man einem Patienten auch geben mag, der erwachsene Patient ist nicht länger das zu kurz gekommene Kind. PatientInnen beklagen sich oft, was sie bekämen, sei niemals genug; etwas »fehlt« immer. Selbst zu geben, was man einst entbehrte, scheint einem Ersatz bzw. einer Kompensation am nächsten zu kommen. Solange ich noch nicht gelernt hatte, den Patienten aktiv anzuleiten, konnte es freilich lange dauern, bis wir durch Versuch und Irrtum mehr oder weniger zufällig auf die richtige Lösung kamen. Dank unseres heutigen Wissens über Affektentwicklung ist das kein solches Ratespiel mehr.

In seiner letzten Sitzung zog Mr. Dale Bilanz über den Verlauf seiner Therapie. Was ihn am meisten beeindruckt habe, sagte er, sei meine Deutung, der Grund seiner Furcht vor Konflikten sei, dass dadurch seine Angst vor dem Verlust seiner Eltern wiedererwache oder wiederzuerwachen drohe. Er berichtete mir von mehreren kürzlichen Konfliktsituationen bei der Arbeit, in denen er die nötigen Maßnahmen ergriffen habe, ohne in seelische Turbulenzen zu geraten. Er habe den Eindruck, diese Angst in den Griff bekommen zu haben, indem er sich mit seiner Vergangenheit auseinandersetzte, eine Vergangenheit, die ihn zwar traurig mache, aber die er jetzt von der Gegenwart trennen könne. Mit diesem optimistischen Ausblick gingen wir auseinander. Zwei Monate später rief er mich an und berichtete mir, dass es ihm gut gehe und er an den Dingen arbeite, die wir besprochen hatten. Einige Zeilen zu Weihnachten, die ich mit einem Brief beantwortete, bekräftigten seinen anhaltenden Fortschritt.

Selbst wenn Mr. Dales Behandlung nicht durch den äußeren Umstand seiner Übersiedlung beendet worden wäre, hätte sie wahrscheinlich nicht viel länger gedauert. Solange man eine Kurztherapie nicht unmöglich macht, indem man sich auf Fragen einlässt, die zu ihrer Lösung lange Zeit benötigen würden, und indem man die Fähigkeiten des Patienten, zu seiner Genesung beizutragen, unterschätzt, wird man oft angenehm überrascht sein, wieviel Schwung der Prozess durch den Patienten erhält. Viele Patienten wie Mr. Dale mobilisieren, sobald sie ein klares Bild ihrer Situation haben (Orientierung), Fähigkeiten, die entweder zuvor nicht erkennbar waren oder sich nur in anderen Sektoren der Entwicklung auswirkten.

Bei Menschen wie Mr. Dale werden gewöhnlich narzisstische Persönlichkeitsstörungen diagnostiziert; ihre grandiose, oft anspruchsvolle und egozentrische Haltung und/oder ihr Verhalten lassen an den legendären Narziss denken, der sich so in sein Spiegelbild verliebte, dass ihm nichts anderes mehr wichtig war. Die psychische Realität sieht natürlich ganz anders aus. Wenn sogenannte narzisstische Persönlichkeiten zu Patienten werden, erweist sich ihre Großspurigkeit rasch als gescheiterter Versuch, eine überwältigende Unsicherheit in Bezug auf ihren Selbstwert zu kompensieren – das genaue Gegenteil von Eigenliebe. In jedem Fall ist es wichtig, sich bei seinen Interventionen vom entwicklungsbezogenen Modell leiten zu lassen statt von der diagnostischen Klassifizierung, die wir gehalten sind, zu Zwecken der Statistik bzw. Abrechnung mit der Krankenversicherung zu benutzen.

Der nächste Patient, von dem die Rede sein wird, Mr. Cain, wäre nach dem obigen Schema ebenfalls als narzisstisch zu bezeichnen. Der Gegensatz zwischen Mr. Cain und Mr. Dale erhellt die Problematik diagnostischer Etikettierungen, wenn es um die Entwicklung eines Behandlungsplans geht. Die Stärken, die jeder einzelne Patient mitbringt, seine spezielle Art des Problemlösens und seine Muster des Umgangs mit Gefühlen erzwingen, selbst wenn sie nur geringfügig voneinander abweichen – und in der Regel sind sie höchst idiosynkratisch –, radikal unterschiedliche psychotherapeutische Strategien.

5. Scham und die Wiederherstellung der Selbstachtung: Jacob Cain

In der Psychotherapie sind Schamgefühle ein häufig auftretendes Problem. Bleiben sie unerkannt, dann führt dies oft zu einer unnötigen Verlängerung der Therapie, wobei Scham eine doppelte Rolle spielen kann: Sie kann die Quelle der Schwierigkeiten des Patienten sein, und gleichzeitig hindert die Furcht, beschämt zu werden, den Patienten daran, sich dem Therapeuten gegenüber offen zu äußern. Aber nicht nur meine PatientInnen werden durch die störende Auswirkung dieses grundlegenden Affekts unnötigerweise gelähmt. Oft erlebe ich es auch in meinem Unterricht. Ich beende meine Präsentation und ersuche um Fragen und Kommentare. Sofort senken sich zwanzig Augenpaare, die bis zu diesem Moment auf mich gerichtet waren. Plötzlich interessiert man sich für Armlehnen, Fingernägel oder das Teppichmuster. Niemand sagt ein Wort; das Unbehagen der StudentInnen ist offenkundig. Ich habe kein Problem damit, weil ich mit dieser Reaktion rechne.

Wie ich zuvor bemerkte, sind Affekte der Antrieb des Verhaltens, und – gegenwärtige, erwartete oder gefürchtete – Scham ist der Affekt, der in unserer Kultur ständig präsent ist (Nathanson 1992). An und für sich ist Scham keineswegs etwas Schlechtes; es ist ihr Missbrauch, was uns Schwierigkeiten macht. Wir sind vor allem anderen soziale Tiere. Um in den Genuss der Vorteile der Clan-Zugehörigkeit zu kommen, um ein willkommenes Gruppenmitglied zu sein, muss man die Regeln lernen, nach denen Akzeptanz funktioniert. Schamgefühle sind ein Signal, dass eine bestimmte Verhaltensweise inakzeptabel ist und dass jede Hoffnung, dadurch Anerkennung zu finden, zu Enttäuschungen führen wird. So bekommt es der einjährige Alan, der an das Lächeln und die entzückten Bemerkungen seiner Eltern gewöhnt ist, wenn er Interesse an seiner Umgebung zeigt, plötzlich mit dem schroffen, missbilligenden Ton seiner Mutter und ihrer tadelnden Miene zu tun, wenn er sich für seine Ausscheidungen in den Windeln zu interessieren beginnt. Alans Erwartung, dass seine Versuche, sein Bettchen mit diesem interessanten Material auszumalen, auf Begeisterung stoßen werden, wird enttäuscht und weicht dem Schmerz der Zurückweisung. Wer kann ein solches Gesicht ertragen? Er senkt den Blick, sein Köpfchen sinkt auf die Brust, und die Vorwegnahme gemeinsamer Freude weicht dem bekannten Phänomen erweiterter Blutgefäße im Gesicht, das beim Erwachsenen ein Zeichen von Verlegenheit ist. Der Blickkontakt zwischen Mutter und Kind reißt ab, und wenn die Spannung ansteigt, signalisiert ein kläglicher Schrei den Kummer des Kindes. Wollen wir hoffen, dass der Tonfall von Alans Mutter weicher wird und dass sie ihm, sobald sie die Bescherung zu beseitigen beginnt, durch ihr Verhalten zu erkennen gibt, dass nicht der kleine Junge sie anwidert, sondern nur sein Tun.

Ich stelle mir vor, dass die Affekte von Scham und Interesse wie eine Verkehrsampel auf unserem Weg zu Kompetenz und Selbstachtung funktionieren. Interesse ist das grüne Licht, das uns ermuntert, uns voranzuwagen, da die Möglichkeit kompetenten Handelns definitiv vorhanden ist. Schamgefühl warnt uns wie ein Rotlicht, dass wir innehalten und die Situation überdenken sollten, dass etwas nicht in Ordnung ist. Wenn dies angemessen funktioniert, dann hindert uns die Scham, einen Weg fortzusetzen, auf dem unser Gefühl von Zugehörigkeit und unser Streben nach Angenommensein und sozialer Kompetenz gewiss Schaden leiden werden. Unglücklicherweise, und das passiert nicht selten, verbindet sich das Gefühl von Wertlosigkeit, das mit Scham einhergeht, nicht bloß mit der anstoßerregenden Tat, sondern mit dem Missetäter, sei es aufgrund der Verletzlichkeit des kleinen Kindes oder aufgrund der Frustration, mangelnden Einfühlung und Angst der Betreuer oder einer Mischung aus diesen Faktoren. Es überrascht somit nicht, dass die häufigste Phobie die Furcht vor öffentlichem Sprechen ist. Erneut die Aufmerksamkeit auf sich zu ziehen, ist mehr, als von jemandem erwartet werden kann, der in seiner Kindheit zu oft beschämt wurde.

Solange ich nicht verstand, was da vor sich ging, habe ich sehr darunter gelitten, wenn meine StudentInnen nicht mit Interesse, geschweige denn Begeisterung, auf meine Präsentationen reagierten. Ich hatte das Gefühl, versagt zu haben, und ich schämte mich für mein Versagen. Meine Erwartung einer Reaktion – und nicht unbedingt von Zustimmung – wurde enttäuscht. Offenbar hatte ich nichts gesagt, was eine weitere Diskussion gelohnt hätte. Als ich mich mit der Affekttheorie auseinandersetzte, erkannte ich jedoch, dass ich nicht der einzige im Saal war, der sich schämte. Die gesenkten Blicke und Köpfe meiner Zuhörer waren kein Anzeichen von Langeweile, sondern vielmehr die sichtbare Folge einer kollektiven Schamreaktion – in diesem Fall der Furcht, sich vor dem Lehrer eine Blöße zu geben und sich dann zu schämen. Ohne es zu wollen, war ich in die Rolle der elterlichen Autorität gedrängt worden, die bloß auf eine Gelegenheit wartete, jedem von ihnen zu zeigen, dass ich etwas wusste und sie nicht, dass ich im Gegensatz zu ihnen kompetent war, dass ich überlegen war und sie minderwertig. Was war dagegen zu tun?

Schamgefühle wirken desorganisierend. Eine Zeit lang verliert derjenige, der bloßgestellt wird oder eine Bloßstellung befürchtet, teilweise die Kontrolle über die Bewältigungskompetenzen, die er durch frühere Erfahrungen erworben hat. Deshalb wäre es ein Fehler zu versuchen, meine verschlossenen ZuhörerInnen unter Druck zu setzen. Wenn ich einen der Anwesenden aufforderte, sich zu äußern, würde das nur genau das Schamgefühl verstärken, das ich lindern sollte, wenn der oder die Betreffende stammeln und stottern und damit das Missbehagen der anderen verschärfen würde. Mein anfänglicher Impuls, mich zu revanchieren und diejenigen, denen ich die Schuld an meinem Misserfolg gab, meinerseits zu beschämen – zum Beispiel durch Kritik an ihrer Passivität –, wäre kontraproduktiv und würde nur zu einer Eskalation führen, durch die sich die Schamgefühle allseits in Aggressionen verwandeln würden. Als günstiger hat sich erwiesen, den StudentInnen zu zeigen, dass sie nicht in Gefahr sind, dass ihre Furcht, bloßgestellt zu werden, unbegründet ist. Bemerkungen, die geeignet sind, Verwandtheit hervorzuheben, entfernen mich genügend weit von der negativen elterlichen Rolle, um einige meiner ZuhörerInnen zu einem Diskussionsbeitrag zu ermutigen:

»Hat jemand von Ihnen schon einen Fall wie meine Ms. Soundso gehabt?«

»Ich bin nicht sicher, ob ich Ihnen diesen Punkt genügend verdeutlicht habe. Habe ich mich einigermaßen verständlich ausgedrückt?«

»Es würde mich interessieren, ob dieses Konzept etwas ist, wovon Sie bereits gehört haben, wenn auch vielleicht in anderen Begriffen.«

Da ich die Beiträge positiv aufnehme und die StudentInnen nicht bloßstelle, indem ich entweder defensiv oder herablassend auf ihre Wortmeldungen reagiere, verringert sich die Spannung im Raum hinreichend, um eine Diskussion zu ermöglichen, die sich oft für uns alle als sehr interessant und fruchtbar erweist.

Meine Erfahrungen als Vortragender und Seminarleiter haben mir die Allgegenwart von Scham in unserer Gesellschaft vor Augen geführt. Wir haben es hier mit überaus fähigen Leuten zu tun, die im Besitz akademischer Abschlüsse sind und die theoretisch jeden Grund haben, selbstbewusst und sich ihres eigenen Wertes sicher zu sein. Dennoch benehmen sie sich, als riskierten sie, als unfähig und dumm verlacht zu werden, sobald sie die Aufmerksamkeit auf sich ziehen. Wenn sich Scham oder die Möglichkeit, beschämt zu werden, selbst in einem Beruf, der sich um das Verständnis menschlicher Emotionen bemüht, als ständiger Begleiter überaus erfolgreicher Menschen erweist, dann überrascht es um so weniger, dass diese Emotion eine so zentrale Rolle im Leben vieler unserer Patienten spielt.

Donald Nathanson (1992) beschreibt vier Abwehrreaktionen, die uns im Umgang mit diesem gefürchteten Affekt zur Verfügung stehen: *Rückzug, Angriff auf das Selbst, Angriff auf den Anderen* und *Vermeidung*. Zusammengenommen bilden sie den *Kompass der Scham*, wie er es nennt: die ersten drei dieser Reaktionen bedürfen keiner Erklärung. Die vierte, Vermeidung, bezeichnet diejenigen Anpassungsleistungen, die die Furcht vor Beschämung als Antrieb für kompetentes Handeln benutzen. So könnte zum Beispiel ein chronisch schüchterner Mensch, überzeugt, dass niemand interessiert ist, ihm zuzuhören, einen anderen Weg einschlagen und Bücher über Psychotherapie schreiben. Vermeidungsmechanismen – »Reaktionsbildungen« im psychoanalytischen Jargon – bewahren uns vor Gefühlen der Scham und Schüchternheit oder kompensieren diese. *»We try harder«* ist nicht nur das Motto einer bekannten Mietauto-Firma.

Manchmal ist es schon von Beginn einer Therapie an unverkennbar, dass massive Schamgefühle die Selbstachtung beeinträchtigen. Wie der folgende Fall zeigt, können jedoch viele Patienten dem Charakter und Ursprung ihrer Scham paradoxerweise erst dann auf den Grund gehen, wenn der Therapeut diese Gefühle erkennt und Maßnahmen zu ihrer Bewältigung ergreift.

JACOB CAIN

Erste Sitzung

Jacob Cain, ein 45jähriger verheirateter Immobilienmakler, kam auf Drängen seiner Frau zu mir. Sie hatte ihm erklärt, sie empfinde sein ständiges Nörgeln und Streiten und seine Versuche, jedes Detail des Familienlebens zu bestimmen, als unerträglich, und hatte ihm mit Scheidung gedroht, falls er nicht lerne, sich zu beherrschen. Mr. Cain fühlte sich untergebuttert, einfach, weil er ein Mann sei; in einem ansonsten rein weiblichen Haushalt wolle niemand auf ihn hören. Aus seiner Sicht tat er bloß sein Bestes, sich an der Erziehung seiner drei Töchter zu beteiligen. Aber weder diese noch seine Frau noch deren Mutter, die bei ihnen lebte, legten Wert auf seine Ansichten. Tatsächlich habe er selbst schon seit einiger Zeit daran gedacht, sich wegen seines enttäuschenden Familienlebens an einen Therapeuten zu wenden, sagte er, und er erwarte sich, aus den Gesprächen mit mir Nutzen ziehen zu können. Wie er es formulierte: »Ich gehe davon aus, dass ich durch Anwendung Ihres Fachwissens auf meine kognitiven Prozesse mein psychisches Wohlbefinden erhöhen könnte.« Er war jemand, der nicht schwimmen ging, sondern »eine Badeanstalt aufsuchte«.
Dieser ungeschickte Versuch, durch geschwollene Ausdrucksweise seine Bildung zu demonstrieren, machte mich traurig, obwohl ich merkte, dass in den Bereichen »Verwandtheit« und »Vertrauen« keine unmittelbaren Hindernisse zu bestehen schienen. Ich hatte den Drang, den ich unterdrückte, zu ihm zu sagen: »Strengen Sie sich nicht so an, es bringt nichts!« Tatsächlich bewirkte seine Weitschweifigkeit das Gegenteil dessen, was er beabsichtigte. Während ich ihm zuhörte, fiel mir eine Szene wieder ein, an die

ich seit Jahrzehnten nicht mehr gedacht hatte. Ich saß in einem Bus hinter einem älteren, schlechtgekleideten Paar. In einer Lautstärke, die offenbar für die anderen Fahrgäste bestimmt war, unterhielten sie sich über die großartigen Geschenke – ein Haus und Einrichtungsgegenstände –, die sie ihrem jüngst verheirateten Sohn und seiner Frau machten, über den Cadillac, den sie für sich selbst bestellt hatten, und so weiter. Ich empfand die Szene als peinlich.

Auch Mr. Cain schien es schlecht zu gelingen, Minderwertigkeitsgefühle und die damit einhergehende Scham abzuwehren. Ich steckte mir das vorläufige Ziel, die Quelle seiner Unsicherheit herauszufinden. Welche bei sich wahrgenommene Inkompetenz hatte ihn zu diesem lächerlichen Versuch der Schamvermeidung getrieben?

Um mir zu zeigen, wie sehr man ihn missverstand, schilderte mir Mr. Cain einen Streit, der sich am Abend zuvor ereignet hatte. Sein vierzehnjähriges ältestes Kind war mit Gedanken über die Einkommensverteilung und die Gründe für Armut aus der Schule nach Hause gekommen, die Mr. Cain als unrealistisch und linksextrem erschienen. Da er – obwohl er nun erfreulich wohlhabend war – aus Erfahrung wusste, was es heißt, arm zu sein, glaubte er, Maßgebliches zu diesem Thema beitragen zu können. Aber niemand wollte ihm zuhören. Seine Tochter zog sich trotzig und mit Tränen in ihr Zimmer zurück, und seine Frau ergriff ihre Partei und riet ihm: »*Darüber* kannst du mit deinem Psychiater reden, wenn du ihn siehst.« Die Fähigkeit des Patienten, nachzudenken und sich mitzuteilen, ermutigte mich; offenbar begriff er, dass ich, um seine Erlebnisse verstehen zu können, konkrete Beispiele benötigte. Hätte er mir nicht von sich aus einen entsprechenden Fall geschildert, dann hätte ich ihn natürlich danach gefragt.

Mr. Cain: Was halten Sie davon, Herr Doktor?

Therapeut: Also, ich habe noch nie ein Wortgefecht mit einer Vierzehnjährigen gewonnen; es überrascht mich nicht, was geschehen ist. (*Hier lächelt der Patient ein bisschen, was ich als ermutigendes Zeichen werte. Die Fähigkeit, über sich selbst lachen zu können, beweist, dass man aus sich heraustreten und das eigene Verhalten durch die Augen eines anderen betrachten kann. Das er-*

höht die Wirkung der Erläuterungen, Deutungen und Konfrontationen in der Psychotherapie.)

Mr. Cain: *(In entspannterem Ton und mit vermindertem Bedürfnis nach hochgestochenen Worten)* Was tut man unter diesen Umständen? Wie gehen Sie mit solchen Situationen um?

Therapeut: Ich denke, es ist eine Frage des Respekts …

Mr. Cain: *(Unterbricht mich erregt)* Genau darum geht es. Der Mangel an Respekt. Sie behaupten, ich würde sie kritisieren. Dabei kritisieren *sie mich!* In meinem Haus wird einem Mann kein Respekt gezollt. Dabei zahle ich für alles. Wir geben in einem Monat – nein, in einer Woche – mehr aus als meine Eltern im ganzen Jahr. Die Geldquellen, denen sie ihren Lebensstil verdanken, sprudeln dank meiner; aber wo bleibt der Respekt?

Therapeut: Was ich auf Ihre Frage antworten wollte, wie ich auf einen Teenager reagieren würde, der mich über die Welt aufklärt, ist, dass es weniger darum geht, auf den Inhalt zu achten als auf das Bedürfnis des jungen Menschen, respektvoll angehört zu werden. Gewöhnlich braucht man den Äußerungen weder zuzustimmen noch zu widersprechen. Es wird als selbstverständlich vorausgesetzt, dass die Ansichten von Eltern überholt sind. *(Hier bestätige – das heißt, beachte und unterstütze – ich nicht, was aus der Sicht des Patienten geschah. Im Gegenteil, ich stelle seine Position in konfrontierender Weise in Frage. Dabei beabsichtige ich weniger, ihm etwas beizubringen, als herauszufinden, wie festgefahren er in seiner Haltung ist und wie er auf eine abweichende Meinung reagieren wird.)*

Mr. Cain: Nun, ich möchte ebenfalls angehört werden. Schon die Achtjährige widersetzt sich meinen Anordnungen, und meine Frau hält ihr die Stange.

Therapeut: Zum Beispiel?

Mr. Cain: Sie hat ihr Fahrrad wieder in der Zufahrt liegen gelassen und ich habe ihr gesagt, dass sie zur Strafe das ganze Wochenende zu Hause bleiben muss. Aber ihre Mutter hat sie am Sonntag trotzdem zu einem Geburtstagsfest gebracht. Als ich ein kleiner Junge war, war das Wort meines Vaters Gesetz.

Therapeut: Erzählen Sie mir darüber. *(Da ich das Gefühl habe, im Augenblick genug über die Spannungen in seinem Familienleben gehört zu haben, benutze ich die Erwähnung seines Vaters zu ei-*

nem Abstecher in die Geschichte seiner Kindheit, nicht, um eine Erklärung für seine Probleme zu finden, sondern um etwas darüber zu erfahren, was für Mr. Cain im Lauf der Jahre gut und schlecht gelaufen ist.)

Mr. Cain: Wir waren unbegütert. Mein Vater hat den Holocaust überlebt und ist mittellos hierher gekommen. Er hat bei einem Schneider gearbeitet und schließlich die jüngste Tochter seines Arbeitgebers geheiratet – meine Mutter. Der Laden hat kaum eine Familie ernährt, geschweige denn zwei.

Die Geschichte von Jacob Cains Kindheit war von Entbehrungen und Angst gekennzeichnet. Er erlebte ständige Erörterungen über den Mangel an Geld mit; als seine drei Geschwister zur Welt kamen, bildete die Notwendigkeit immer strikteren Sparens ein Dauerthema. So erinnerte er sich, dass Toilettenpapier ein unvorstellbarer Luxus war. Alte, in rechteckige Blätter geschnittene Zeitungen erfüllten diesen Zweck. Im Badezimmer hing nur ein großes Handtuch, das alle Mitglieder der Familie benutzten. Es wurde bestenfalls einmal wöchentlich gewechselt.

Sein Vater war zu der Überzeugung gekommen, eine Herzkrankheit zu haben, und führte Jacob schon von Kindheit an die Verantwortung vor Augen, die der Junge für die Familie übernehmen müsse, sobald – nicht falls – der Vater starb. Während seiner ganzen Kindheit, soweit er zurückdenken konnte, hatte Jacob die Furcht, dass sein Vater sterben könnte, begleitet. Die Notwendigkeit, sich anzustrengen, hart zu arbeiten und auf Beschäftigungen zu verzichten, die kein Geld einbrachten, wurde ihm eingebleut. Auch seine geistig vielleicht etwas zurückgebliebene Mutter lebte in ständiger Angst vor dem prophezeiten Tod ihres Mannes und konnte nur dessen Ermahnungen nachplappern, wenn Jacob sich in der Hoffnung auf Verständnis und Ermutigung an sie wandte.

Obwohl Jacob mit dieser chronischen Angst lebte, zweifelte er nie daran, dass ihn seine Eltern liebten. Er lehnte sich auch nicht gegen eine Kindheit auf, die es mit sich brachte, dass er nach der Schule schnurstracks nach Hause lief, um im Laden auszuhelfen oder sich um die kleineren Kinder zu kümmern. Es verstand sich einfach von selbst, dass Spielen etwas für die anderen war und nicht für ihn. Er hing sehr an seinem Vater und bewunderte dessen

Lebensmut in Zeiten der Not. Die Familie bewohnte zwei Zimmer hinter dem Laden, und Jacob schreckte in vielen Nächten aus einem Alptraum hoch und vernahm das Surren der Nähmaschine seines Vaters, der bis in die Morgenstunden arbeitete, um einen Auftrag fertig zu stellen. Die Geräusche, die darauf hindeuteten, dass sein Vater noch lebte und arbeitete, beruhigten ihn und ließen ihn wieder einschlafen.

Als Jacob sechzehn war, starb sein Vater tatsächlich, nicht an einem Herzleiden, sondern an akuter Leukämie. In seinen letzten Tagen machte er Jacob eindringlich klar, dass er jetzt der Vorstand des Haushaltes sei, und nahm ihm wiederholt das Versprechen ab, für den Unterhalt seiner Mutter und seiner jüngeren Geschwister zu sorgen.

Ein paar Jahre zuvor hatte die drakonische Sparsamkeit seines Vaters ihm ermöglicht, eine Anzahlung auf ein dreistöckiges Gebäude zu leisten, in dessen Erdgeschoss sich eine Schneiderei befand. Jacob wurde vom vierzehnten Lebensjahr an mit der Aufgabe betraut, dieses Haus in Schuss zu halten; diese Arbeit galt als zu anstrengend für seinen Vater. Nach dem Tod des Vaters blieb Jacob weiterhin für die Wartung dieser Wohnungen zuständig, von deren Mieteinnahmen die Familie leben und die Hypothek abzahlen konnte. Ein ehemaliger Schneider, ein Witwer, den der Ruhestand nicht ausfüllte, übernahm den Laden und heiratete etwa ein Jahr später Jacobs Mutter.

Nach Beendigung der Highschool begann Jacob trotz seiner Hausmeisterpflichten und mehrerer anderer Teilzeit-Jobs ein Studium an der öffentlichen Universität, das er im Alter von 21 Jahren mit einem Diplom in Betriebswirtschaft abschloss. Jacob, der sich mit den Hausmeistern in der Nachbarschaft angefreundet hatte, erfuhr von diesen älteren Männern über die Möglichkeiten im Immobiliengeschäft und erhoffte sich eine gute Chance auf diesem Gebiet. Er überredete seine zukünftige Frau, eine Nichte des zweiten Mannes seiner Mutter, sich mit ihm auf die Maklerprüfung vorzubereiten. Als sie sie bestanden hatten, heirateten sie, und er trat in eine Agentur ein, die mit gewerblichen Liegenschaften handelte, während sie eine Stelle bei einer Wohnbauunternehmung bekam. Er wurde in seinem Beruf sehr erfolgreich. Nach einigen Jahren konnte seine Frau ihre Stelle aufgeben und sich ihrem Haushalt und den Kindern widmen, wie sie es vorzog. »Sie haben viel, worauf Sie stolz sein können«, sagte ich zu ihm.

Zweite bis sechste Sitzung

Mr. Cain reagierte positiv auf die offenkundige Achtung, die ich seinen Leistungen entgegenbrachte. Hinter seiner nervenden Ausdrucksweise war er ein sehr gutmütiger, aber verwirrter Mensch. Es handelte sich bei ihm um die bekannte Geschichte des armen Jungen, der Erfolg hat und glücklich ist, seinen Kindern ein besseres Leben bieten zu können, als er sich je hätte vorstellen können, nur um merken zu müssen, dass ihn seine Herkunft und Denkweise zu einem Fremden in dem privilegierten Haushalt machten, den er gegründet hatte.

Das unmittelbare Problem, mit dem ich den Patienten angesichts seines Wunsches nach Verständnis und Respekt seitens seiner Familie konfrontiert sah, lag im Bindungssektor der Entwicklung, wo es ihm an Kompetenz mangelte. Da es mir nicht schwer fiel, ihm Verständnis und Anerkennung für seine echten Leistungen entgegenzubringen, entspannte er sich so weit, dass ich mit ihm erörtern konnte, wie sein Verhalten aus der Sicht seiner Kinder wirken musste.

Wie ich in früheren Fällen illustriert habe, halte ich es für sehr wirkungsvoll, einen Patienten zu orientieren, indem ich Vergleiche aus einem Bereich heranziehe, in dem der Patient Experte ist, um ihm die Fruchtlosigkeit eines offenkundig konterproduktiven Vorgehens klarzumachen und eine produktivere Verhaltensweise zu eröffnen. Menschen sind in der Regel ausgezeichnete PsychologInnen auf ihren eigenen Fachgebieten. Obwohl es ihnen vielleicht nicht bewusst ist, wissen sie, wie sie ihre Kenntnis der menschlichen Natur einsetzen können, um ihre Ziele zu erreichen. Nachdem ich mehr über Mr. Cains Arbeit und seine Umgangsweise mit seinen Klienten erfahren hatte, konnte ich ihn darauf hinweisen, dass sein Erfolg weniger vom Wert der jeweiligen Immobilie abhing, die er verkaufte, als von seiner Fähigkeit, das Seelenleben des potentiellen Käufers zu erfassen. Er *verkaufte* ihnen nichts; er veranlasste die Klienten zu der Schlussfolgerung, dass sie benötigten, was er zu bieten hatte. Nachdem ich ihn bestätigt und seine Selbstachtung gefestigt hatte, beschloss ich, mich der Verhaltensebene der Entwicklungsspirale zuzuwenden. Ich erklärte ihm, dass er die Beziehung zu seinen Kindern leicht verbessern könnte, wenn er deren jeweiligen psychischen Bedürfnisse ebenso berücksichtige, wie er das bei seinen Klienten tue. Ihre Äußerungen seien im Kontext der Herausforderungen zu bewerten, mit denen sie sich in ihrer jeweiligen Entwicklung konfrontiert sähen.

Da er sich durch mein Verständnis gestärkt und weniger leicht verletzbar fühlte, lernte der Patient, den verschiedenen Mitgliedern der Familie seine Meinungen nicht mehr so impulsiv aufzudrängen. Er hielt sich vielmehr zurück und berichtete mir dann, was ihn zu Hause aufgeregt hatte – die Hausaufgaben, die Sonntagabend ungemacht blieben, die Auseinandersetzungen darüber, wer beim Geschirrspülen helfen würde, die Streitigkeiten auf der Hinterbank des Autos –, worauf ich ihm in der einen oder anderen Weise Anerkennung für seine Beherrschung zollte. In der Vergangenheit hatte er alle diese Verfehlungen als persönliche Beleidigung und Herausforderung seiner Autorität gewertet; ungebührliches Verhalten war für ihn ein Zeichen mangelnden Respekts.

»Ich habe mich als Kind nie so aufgeführt«, meinte er.

»Sie hatten nie die Chance, ein Kind zu sein«, antwortete ich. Und, erklärte ich weiter, gerade weil seine Kinder nicht in chronischer Angst lebten, sondern einfach darauf vertrauten, dass er da sein und gut für sie sorgen werde, konnten sie es sich leisten, langsam in ihre Verantwortung hineinzuwachsen und sich in der sorglosen – und für Erwachsene oft frustrierenden – Weise von Kindern zu verhalten. So merkwürdig das klingen möge, was er als Mangel an Respekt empfinde, zeuge vielmehr davon, was er nicht nur ökonomisch, sondern psychologisch erreicht habe. Auch hier achtete ich zunächst darauf, seine Leistungen zu bestätigen und sein fragiles Selbstwertgefühl zu schützen, und half ihm dann, etwas Neues über sich selbst zu lernen. Denn so zutreffend unsere Beobachtungen auch sein mögen, der zur Scham neigende Mensch hört nicht, was gesagt wird, bis er sicher sein kann, dass der erwartete Angriff zumindest im Augenblick nicht erfolgen wird.

Nach einigen Wochen berichtete Mr. Cain, dass die Atmosphäre im Haus erheblich weniger von Streit gekennzeichnet sei. Der

Kontakt zwischen ihm und den Kindern hatte sich verstärkt. Er merkte, dass es nicht nötig war, das Fehlverhalten der Mädchen sofort zu kritisieren; seine Frau griff bald genug ein und sorgte nötigenfalls für wirksame Bestrafung. Es bedrückte ihn etwas, dass sie auf seine Frau hörten, während sie seinen Ermahnungen keine Beachtung geschenkt hatten. Der Unterschied bestehe möglicherweise darin, gab ich ihm zu bedenken, dass die Kinder durch seine Personalisierung ihrer Verfehlungen ängstlicher wurden und mehr durcheinander gerieten, während die Interventionen seiner Frau direkter waren und von ihnen anders aufgenommen wurden. Ich fügte hinzu, dass er sich aller Wahrscheinlichkeit nach jetzt, da er seine Angst besser unter Kontrolle habe, in diesen Situationen effektiver durchsetzen werde.

Als die Dinge zu Hause leichter wurden, verlegte sich Mr. Cain darauf, mir mehr über seine Situation bei der Arbeit zu erzählen. Auch hier fühlte er sich gering geschätzt, obwohl er wahrscheinlich der erfolgreichste Verkäufer des Unternehmens war. Als seine Firma in ein neues Gebäude umzog, wurde das für ihn vorgesehene Büro einem anderen, weniger produktiven Mitarbeiter zugesprochen. Er beschwerte sich zwar, hatte aber den Eindruck, an der Nase herumgeführt und verlacht zu werden. Auf meine Bitte gab mir Mr. Cain eine detaillierte Schilderung seines Wortwechsels mit dem Verwaltungschef – dem er, wie er sagte, »ohne Aufsässigkeit Vorhaltungen gemacht hatte«, und es klang tatsächlich so, als ob man Spielchen mit ihm treibe. Ich vermutete, dass seine überhebliche, geschwollene Ausdrucksweise, mit der er seine über ein geringeres Vokabular verfügenden Kollegen in den Schatten stellen wollte, diese nur dazu veranlasste, sich für sein Gehabe zu rächen, indem sie ihm vorenthielten, was ihm zustand. Zu diesem Zeitpunkt teilte ich ihm jedoch meinen Eindruck nicht mit.

Dann trat eine weitere problematische Situation ein. Man verweigerte ihm eine spezielle Leistungsprämie, die ihm zustand, und zwar mit verschiedenen fadenscheinigen Erklärungen. Als ich ihn fragte, was er dagegen tue, verfiel er wieder in seine gestelzte Ausdrucksweise und erklärte mir, er versuche dem Verkaufschef zu demonstrieren, dass die Gerechtigkeit auf seiner Seite sei. Während ich ihm zuhörte, kam mir der Gedanke, dass sein Verhalten trotz seines Wortreichtums darauf hinauslaufe, einer Konfrontation aus dem Weg zu gehen. Er schien um den heißen Brei herumzureden, statt auf seinem Recht zu bestehen. Ich sagte ihm das und fügte die Frage an, ob seine Tendenz, sich manchmal ziemlich blumig auszudrücken, möglicherweise ein Zeichen von Angst sei. Falls ja, was mache ihm zu schaffen? Er wurde rot im Gesicht und saß stumm in seinem Sessel. Ich sagte: »Ich glaube, ich habe Sie unbeabsichtigt in Verlegenheit gebracht. Das tut mir leid, aber vielleicht ist es jetzt an der Zeit, sich das näher anzuschauen, was da vor sich geht.« Er antwortete nicht, und als unsere Sitzung kurz danach endete, verabschiedete er sich offenkundig immer noch verstört.

Zu seiner nächsten vorgesehenen Sitzung erschien Mr. Cain nicht. Ich rief in seinem Büro an und hinterließ eine Bitte um Rückruf, aber zwei Tage lang erfolgte keine Reaktion. Ich hatte vor, erneut anzurufen, falls er seinen Termin in der folgenden Woche wieder nicht einhalten sollte, aber dann hörte ich von ihm. Seine Stimme hatte die übliche vertretertypische Jovialität verloren; sie zitterte tatsächlich. »Ich möchte Sie dringend sehen«, sagte er, und ich räumte ihm am gleichen Tag einen Termin ein.

Siebte Sitzung

Mr. Cain: (*Sitzt schweigend und offensichtlich angespannt und verstört da.*)
Therapeut: Sie sehen sehr bedrückt aus. Hat es mit dem zu tun, was Sie veranlasste, Ihre letzte Sitzung ausfallen zu lassen?
Mr. Cain: (*Nickt.*)
Therapeut: Lassen Sie sich Zeit. Aber erzählen Sie mir, was los ist, sobald Sie dazu imstande sind.
Mr. Cain: (*Macht einen tiefen Atemzug.*) Ich habe kein Diplom in Betriebswirtschaft. Ich bin nie auf dem College gewesen … auf keinem College. (*lässt den Kopf hängen und weint mehrere Minuten lang.*)
Therapeut: Und Sie schämen sich sehr, dass Sie nicht auf dem College waren.
Mr. Cain: (*Nickt.*)
Therapeut: Und wenn Sie nicht auf dem College waren, dann sind Sie nicht viel wert?

Mr. Cain: (*Fast unhörbar*) Als ich mich um die Stelle bewarb, [bei der Immobilienfirma], wusste ich, dass sie nur Leute mit College-Abschluss einstellen, deshalb habe ich gelogen. Sie haben das nie überprüft … und seither habe ich weitergelogen. Sehen Sie (*streckt seine rechte Hand aus und zeigt mir den College-Ring an seinem Finger*), den habe ich bei einem Pfandleiher gekauft. Ich dachte mir, man würde den Ring sehen und mir glauben.

Therapeut: Und Ihre Frau?

Mr. Cain: Sie weiß davon. Sie hat damals meine Erklärung akzeptiert – ich wollte diese Stelle. Aber ich weiß nicht.

Therapeut: Was wissen Sie nicht?

Mr. Cain: Sie hat ihr Studium abgeschlossen. Ihre Familie fand, dass sie unter ihrem Niveau heirate. Vielleicht findet sie das unbewusst auch – oder vielleicht gar nicht so unbewusst.

Therapeut: Soll heißen?

Mr. Cain: Vielleicht denkt sie, sie kann mich vor den Kindern herumschubsen. Vielleicht wird sie ihnen sagen, dass ihr Vater ein Schwindler ist.

Therapeut: Ein Schwindler?

Mr. Cain: Wir möchten, dass sie alle drei studieren: »Lernt fleißig, macht eure Hausaufgaben, lest im Sommer zusätzlich, damit ihr in ein gutes College kommt.« Was ist, wenn sie ihnen sagt, dass ich nie studiert habe? Dass ich nie über die Highschool hinausgelangt bin?

Therapeut: Ich nehme an, Sie würden ihnen erklären, warum.

Mr. Cain: Warum?! Warum?! Hören Sie, ich bin um vier Uhr früh aufgestanden. Wer konnte sich damals eine Ölheizung leisten? Ich habe Kohle geschaufelt, damit die Heizung und das heiße Wasser funktionierten. Den ganzen Tag lang war irgendetwas zu tun. Es gab keinen Tag, an dem ich nicht mit der Angst aufgestanden bin, dass ich krank werden könnte und die Arbeit liegen blieb. Woher würde dann das Geld für die Kleinen kommen? Als Hershel den Laden übernahm und meine Mutter heiratete, wurde es natürlich etwas besser, aber keines meiner Geschwister wäre über die Highschool hinausgelangt, wenn ich nicht …

Therapeut: Wenn Sie nicht …?

Mr. Cain: Nebenbei… Die Mieteinnahmen reichten nicht aus… Ich arbeitete für ein Wettbüro… Lotto, Football, Pferderennen.

Aber das habe ich nur zwei, drei Jahre gemacht. Dann fing ich an, Gebäude in Kommission zu nehmen, renovierte sie und bekam einen Anteil, wenn sie verkauft wurden. Dieses Geld legte ich für meine Geschwister beiseite.

Therapeut: Und Ihre Geschwister haben eine Ausbildung erhalten?

Mr. Cain: *(Stolz und nicht mehr beschämt)* Alle. Der eine ist Zahnarzt, der andere Lehrer und eine ist Krankenschwester geworden.

Therapeut: Also das werden Sie ihnen wahrscheinlich sagen.

Mr. Cain: Wem werde ich das sagen?

Therapeut: Ihren Töchtern, falls die Frage, ob Sie auf dem College waren, je zur Sprache kommt. Das ist eine wunderbare und rührende Geschichte – und beeindruckend.

Mr. Cain: Sicher sind sie heiß darauf, das zu hören. Wir haben sie verwöhnt.

Therapeut: Ich denke, sie würden zuhören und froh über Sie sein. Nur wenn Ihre Unsicherheit überhand nimmt und Sie versuchen, Respekt zu erzwingen, gehen die Dinge schief. Wissen denn Ihre Geschwister nicht zu schätzen, was Sie getan haben? Das würde ich doch mit Sicherheit erwarten.

Mr. Cain: Ja, gewiss. Aber ich sehe sie nicht oft. Ich telefoniere mit ihnen. Aber seit meine Töchter älter wurden, machen wir keine gegenseitigen Hausbesuche mehr.

Therapeut: Weil ...?

Mr. Cain: Weil sie anfangen könnten, vor den Kindern über Schulen und dergleichen zu reden ...

Therapeut: Sie haben Angst, dass Ihr Geheimnis ans Licht kommen könnte, dass ihre Tante und Onkeln die fürchterliche Wahrheit ausplaudern könnten, dass ihr Vater ein Selfmademan ist, dem sie alles verdanken, was sie haben.

Mr. Cain: Wenn Sie es *so* ausdrücken ...

Therapeut: So würde es jeder außer Ihnen ausdrücken. Lassen Ihre Brüder und Schwester Sie das nicht spüren?

Mr. Cain: Für sie bin ich wie ein zweiter Vater, der ich ja auch war. Sie möchten, dass wir zusammenkommen, aber ich wende das immer ab. Sie halten mich wahrscheinlich für ein bisschen verrückt. Wahrscheinlich bin ich das.

Therapeut: Nicht verrückt, aber Sie schämen sich. Falsche Scham, in Ihrem Fall. Scham, die alles zerstört, was Sie haben könnten und sollten. Als ob ein College-Diplom der Schlüssel zur Ehrbarkeit wäre.

Mr. Cain: Sie haben leicht reden; Sie haben studiert.

Therapeut: Und ich weiß genau, was das wert ist. Deshalb wird jeder mit einem College-Abschluss Sie dafür bewundern, was Sie ohne die Grundlagen, die einem das College vermitteln kann, erreicht haben. Aber ich versuche nicht, Ihre Gefühle kleinzureden. Was zählt, ist, dass Sie sich anderen unterlegen fühlen, dass Sie glauben, einen Makel zu haben, den Sie verbergen müssen. Wo haben Sie übrigens Ihren Wortschatz erworben?

Mr. Cain: Was meinen Sie damit?

Therapeut: Sie wissen schon, diese langen Wörter, die Sie gern verwenden, speziell, wenn Sie nervös werden. Das kommt mir vor wie etwas, das Sie sich wie den College-Ring in dem Glauben angeeignet haben, dass man Sie dadurch für einen College-Absolventen halten würde.

Mr. Cain: *(Wieder sichtlich verlegen)* Einer der Mieter in dem Gebäude hat bei seinem Auszug – ich weiß nicht, wo er es herhatte – ein brandneues Webster's Wörterbuch weggeworfen; es war noch verpackt. Ich habe es mir genommen. Jeden Morgen versuchte ich, fünf neue Wörter und deren Synonyme zu lernen; untertags, während ich meinen Hausmeisterpflichten nachging, übte ich dann im Kopf ihre Verwendung ein. Wahrscheinlich halten Sie das für eine dumme Idee. Ich weiß … im Büro machen sie sich deshalb über mich lustig.

Therapeut: Das war Ihre Methode, um sich zu bilden, und es war keine schlechte Idee. Es wird problematisch, wenn Sie Ihren Wortschatz dazu benutzen, um Ihre Scham zu verbergen. Dann wird es von den anderen als affektiert empfunden. Das eigentliche Problem ist aber die Scham.

Mr. Cain: Wahrscheinlich haben Sie Recht, aber so fühle ich mich nun einmal. Sie können nichts daran ändern, oder? Ich ebensowenig.

Therapeut: Hier hilft kein Abrakadabra, aber immerhin sprechen wir, Sie und ich, jetzt über etwas, das bisher ein schreckliches Geheimnis war. Wir werden also schauen, was damit passiert. Ich frage mich jedoch, wieviel Ihre Scham Sie diese Woche kosten wird.

Mr. Cain: Kosten? Wieso?

Therapeut: Die Prämie, die Sie nicht zu fordern wagen – um wieviel handelt es sich?

Mr. Cain: Vierundzwanzig.

Therapeut: Vierundzwanzig?

Mr. Cain: Vierundzwanzigtausend.

Therapeut: Huch!

Mr. Cain: Soviel macht es aus. Es war ein Wettbewerb, und ich habe ihn gewonnen. Ich bin drei Jahre hintereinander die Nummer eins gewesen.

Therapeut: Und jetzt halten die nicht Wort?

Mr. Cain: Scheint so, oder?

Therapeut: Was können Sie dagegen tun?

Mr. Cain: Mich an den Vorstandsvorsitzenden wenden, vermutlich. Er wird es mir geben müssen – ich habe es schriftlich.

Therapeut: Sie haben nicht mit ihm gesprochen?

Mr. Cain: Nein, bloß mit dem Vertriebsleiter. Er ist derjenige, der Spielchen treibt.

Therapeut: Vielleicht geben Sie ihm die Chance dazu, weil Sie sich verwundbar fühlen. Vielleicht haben Sie das Gefühl, dass Sie als Nichtstudierter kein Recht haben, soviel Geld zu verdienen. Sie können nicht hocherhobenen Hauptes hingehen und das verlangen, was Ihnen zusteht.

Mr. Cain: Die mögen mich nicht. Sie müssen mich behalten, weil ich Ihnen viel Geld bringe. Aber sie finden, dass ich anders bin als sie.

Therapeut: Das sind Sie auch.

Mr. Cain: Was?!

Therapeut: Die blicken bei Ihnen nicht durch. Wenn Sie in dieser hochgestochenen Weise sprechen, zu der Sie neigen, fühlen sie sich unbehaglich. Sie werden nervös und attackieren Sie dann.

Mr. Cain: Was sollte ich tun?

Therapeut: Sie haben die Immobilien verkauft, oder?

Mr. Cain: Klar doch.

Therapeut: Nun, schauen wir, was passiert – oder vielmehr, was Sie erreichen.

Mr. Cains Leben war beherrscht von massiven Schamgefühlen. Die Abwehr in Form des »Angriffs auf andere«, die er gegenüber seiner Familie anwandte, die Abwehr in Form von »Rückzug«, die er zeigte, als er vor der Konfrontation mit seinem Verkaufsleiter zurückscheute, und die »Vermeidungs«-Abwehr, die sich in seiner prätentiösen Sprache äußerte – all dies war sekundär gegenüber den »Selbstattacken«, die sein Leben kennzeichneten. Wie ich merkte, verachtete er sich selbst, weil er kein College absolviert hatte. Er glaubte, dies stemple ihn als minderwertig ab, und er befürchtete, von jedem gedemütigt zu werden, der hinter sein Geheimnis kam. Natürlich erfuhr ich all dies erst später; womit ich es zunächst zu tun hatte, das war ein Mann, der mit Fremdwörtern um sich warf, um mich von seiner Bedeutung zu überzeugen, während seine Leistungen die einzige Empfehlung waren, die er benötigte. Diese Leistungen waren um so imponierender angesichts seiner Herkunft, die seinem Erfolg mit Sicherheit entgegenstand.

Die desorganisierende Wirkung von Scham kann man gar nicht überschätzen. Mr. Cain musste sehr intelligent und gewitzt sein, um es so weit zu bringen, aber seine Intelligenz ließ ihn in all jenen Momenten im Stich, wo er sich von Geringschätzung bedroht fühlte. Obwohl er sich anfangs als jemand mit Schwierigkeiten im Bindungssektor der Entwicklung präsentiert hatte – sein Problem mit seiner Familie –, waren diese Schwierigkeiten zweitrangig gegenüber seiner Schwäche im Autonomiesektor. Er konnte sich nicht als Individuum realisieren. Da er sich selbst nicht achtete, glaubte er, dass ihn auch niemand, der ihn kennen lernte, ernst nehmen werde. Als ich mich anhand der Entwicklungsspirale orientierte, ließ seine Vorgeschichte im Bereich der Autonomie bzw. des unabhängigen Handelns nach seinen Erzählungen keine Probleme bei der Entscheidungsfindung, der Ausführung oder dem Erlangen von Kompetenz erkennen. Was ihm versagt blieb, war die Belohnung in Form von Selbstachtung, die sich eigentlich aus einer solchen Sequenz ergeben müsste. Seine geschwollene Redeweise diente sichtlich der Abwehr, aber ihn schon bald mit der Absurdität und Fruchtlosigkeit des Versuchs zu konfrontieren, sich auf diese Weise Respekt verschaffen zu wollen, wäre nicht nur grausam, sondern auch wirkungslos gewesen. Mr. Cains Weitschweifigkeit zeugte von dem Ausmaß an Angst, die ihn bedrohte. Hätte ich ihn gleich anfangs auf seine Ausdrucksweise angesprochen, dann wäre er entweder aus der Behandlung geflohen, hätte das Gesagte ignoriert oder seine defensiven Macken verstärkt. Solange man solchen PatientInnen keinen brauchbaren Ersatz anbieten kann, haben sie keine andere Wahl, als ihre Angst auch weiterhin mit dem einzigen Mittel abzuwehren, das ihnen zu Gebote steht.

Dieser letzte Punkt wurde in Mr. Cains Situation hübsch illustriert. Obwohl sich seine Frau wiederholt gegen seine herrischen Versuche auflehnte, sich Autorität zu verschaffen, hatten ihre Klagen nur zur Folge, dass er seine Bemühungen verstärkte, der Familie seine Vorstellungen aufzunötigen, bis sie ihm in ihrer Verzweiflung mit Scheidung drohte. Die durch diese Drohung ausgelöste Angst brachte ihn zur Besinnung und ließ ihn, wenn auch widerwillig, nach einer günstigeren Alternative zu seinem gewohnten Verhalten suchen. Der gesunde Menschenverstand hätte ihm nahe legen müssen, einfach seine Prioritäten zu überprüfen und sein Verhalten entsprechend zu ändern, aber Menschen verfahren nicht so, wenn sie sich in der Kohärenz und Vitalität ihres Selbst bedroht fühlen. Für die meisten der Probleme, mit denen die Patienten zu uns kommen, gibt es eine ziemlich einfache Lösung, aber wie wir wissen, würde der gute Rat, den wir geben könnten, auf taube Ohren treffen. Operationell ausgedrückt: Zu früh erteilte Ratschläge würden die Angst nicht hinreichend mildern, um dem Patienten die Freiheit zu geben, eine neue Lösung auszuprobieren. Doch wenn die Behandlung erfolgreich ist, erweisen sich unsere Anregungen später als fruchtbar. Woher kommt dieser Wandel?

Scham ist ein Affekt, der bewirkt, dass wir uns ganz allein fühlen. Dieses Gefühl wird dramatisch veranschaulicht durch die Reaktion des kleinen Alan auf die Missbilligung seiner Mutter. Die Augen des Kindes suchen auf dem Gesicht der Mutter die erwartete freudige Reaktion, finden sie aber nicht. Ihre Augen sind nicht vor Freude geweitet; sie sind verengt, und ihre Stirn ist gerunzelt. Ihr Mund ist zusammengezogen, nicht durch ein Lächeln verbreitert. Verstört durch die Enttäuschung seiner positiven Erwartung, bricht Alan den Blickkontakt ab und lässt den Kopf hängen. Da sein aufkeimendes Selbstgefühl stark von dem bestätigenden Gesichtsausdruck und der Körpersprache seiner Mutter abhängt, ist seine seelische Lebensfähigkeit echt gefährdet. Diese unerträgliche Verlorenheit ist es, was durch Schamgefühle in späterem Alter wiederbelebt zu werden droht. Die Heftigkeit der Schamreaktion auf den Tadel der Mutter mag aus einer erwachsenen Perspektive keinen Sinn ergeben, aber die Notmaßnahmen, die ergriffen werden, um eine Wiederholung dieser katastrophalen Reaktion auf das Beschämtwerden zu verhindern, sind völlig verständlich, wenn man sich den Ursprung und das Ausmaß der Bedrohung klarmacht.

In den ersten Lebensjahren ist es relativ leicht, das seelische Gleichgewicht wiederherzustellen, indem man dem Kind zeigt, dass der Kontakt nicht dauerhaft abgebrochen wurde, dass der grundlegende Wert des Kindes nicht in Frage gestellt ist. Im späteren Leben, wenn jemand wie Jacob Cain seine Wertlosigkeit bereits als gegeben ansieht und nur noch den damit einhergehenden Schmerz gering zu halten versucht, wird das Problem komplizierter. Ein Teufelskreis ist entstanden. Er braucht den ermutigenden Kontakt einer unterstützenden Figur, um sich ganz zu fühlen, aber damit sein Bedürfnis erkannt werden kann, müsste er den Grund dafür enthüllen. Da er überzeugt ist, dass eine solche Enthüllung zwangsläufig Scham erzeugen würde, kann er es sich nicht leisten, sich zu öffnen. Und deshalb wächst seine Isolierung paradoxer-, aber verständlicherweise im gleichen Maß wie sein Bedürfnis.

Mr. Cains Fall unterstreicht erneut die Notwendigkeit, nicht bloß auf die Probleme eines Patienten oder die Schwächen, die dazu führen, zu fokussieren, sondern sich auch von seinen seelischen Stärken ein Bild zu machen. Wie ich wiederholt hervorgehoben habe, sind es die letzteren, die das Fundament bilden, von dem aus man auf die ersteren Einfluss nehmen kann. Die Ressourcen des Patienten zeigen dem Therapeuten nicht nur, womit er arbeiten kann, sondern sie eröffnen ihm auch Möglichkeiten, um dessen lähmendes Schamgefühl wettzumachen.

Als ich Mr. Cains erste Sitzung rekapitulierte, wurde mir klar, dass seine Fehler im Umgang mit seiner Frau und seinen Kindern nicht den Kern seiner Schwierigkeiten bildeten. Hätte ich darauf fokussiert und die Berechtigung bzw. Wirksamkeit seines Verhaltens in Frage gestellt, dann hätte dies nur zu einer weiteren Rationalisierung seiner Sicht dieser Transaktionen geführt und wahrscheinlich eine antagonistische Beziehung zwischen uns herbeigeführt. Er hätte mich als Fürsprecher seiner Frau betrachtet, der von ihr beauftragt wurde, ihn zur Raison zu bringen. Dies musste natürlich vermieden werden, deshalb ging ich, sobald er mir Gelegenheit dazu gab, auf einen anderen Aspekt seines Lebens ein. Als er erwähnte, dass er seinen Vater niemals mit der Verachtung behandelt hätte, die ihm seine Kinder entgegenbrachten, forderte ich ihn auf, mir von dieser Beziehung zu erzählen. So entbehrungsreich seine Kindheit auch war, zeigte mir die ungeschminkte Art, wie er über diese Jahre sprach, doch, dass die Armut seiner Familie nicht die Quelle seiner Scham war – der Scham, von der ich annahm, dass sie sich hinter seiner Weitschweifigkeit und seiner vergeblichen Forderung nach Respekt seitens seiner Kinder verbarg. Ohne auch nur die näheren Umstände seines Gefühls von Demütigung zu kennen, erschien es mir richtig, hervorzuheben, was er in seinem Leben erreicht hatte: »Sie haben allen Grund stolz zu sein.« Ich sagte dies nicht einfach, weil er es verdiente oder weil ich wollte, dass er sich gut fühlt, oder weil ich ihm zeigen wollte, dass ich ein netter Mensch bin. Ein Patient, der voll davon in Anspruch genommen ist, sich gegen eine Bedrohung zu verteidigen, die sein Leben beherrscht, hat für die psychotherapeutische Arbeit nicht genügend seelische Flexibilität übrig. Ich beabsichtigte, Bohle für Bohle die Plattform verdienter Selbstachtung zu errichten, die er als Grundlage benötigte, wenn wir weiterkommen sollten. Das war mein Weg der Kontaktaufnahme mit diesem Mann, der in einer Weise, die ich erst noch herausfinden musste, durch Scham so traumatisiert worden war, dass seine wirklich beeindruckenden Leistungen ihm nicht die Selbstachtung verschafften, auf die er ein Recht hatte.

Aufgrund unseres heutigen Wissens über normale Entwicklung war es mir möglich, im Prinzip die Probleme vorauszusehen, die Mr. Cain zu schaffen machten, und entsprechend zu intervenieren. Obwohl völlig im Ungewissen, was er getan hatte, um sich mit solcher Scham zu beladen, gab ich ihm implizit zu verstehen, dass das von ihm Erreichte Anerkennung und Bewunderung verdienten. Erst später ermöglichte ihm meine Achtung vor ihm, mir die Wahrheit über seine Situation zu offenbaren.

Wenn die Bestätigung erfolgreich ist, verringert sich die Furcht der Patienten, dass man sie beschämen wird – dass ihre Mängel mehr zählen werden als ihre Vorzüge oder ihre guten Absichten –, hinreichend, um die Interventionen des Therapeuten als wohlmeinend und nicht als demütigend empfinden zu können. Tatsächlich hängt die Frage, ob eine kurzfristige Therapie wirksam sein kann oder eine längere Behandlung nötig ist, oft weniger von der Natur des Problems als solchem ab als davon, wie bald die Patienten imstande sind, sich in der therapeutischen Beziehung sicher, unterstützt und gefördert zu fühlen. Je mehr sich die TherapeutInnen über Natur und Entwicklung von Affekten und deren zentrale Rolle im Seelenleben im Klaren sind, um so wahrscheinlicher wird es ihnen gelingen, die Bedürfnisse des Patienten richtig zu identifizieren und angemessen darauf zu reagieren.

Ich wertete Mr. Cains Berichte, dass seine Reizbarkeit gegenüber seiner Familie schwinde, als Beleg dafür, dass seine Empfindlichkeit für echte oder eingebildete Herabsetzungen dank meiner Bestätigung seiner Leistungen nachlasse und er dadurch besser mit seiner Familie zurechtkomme. Wenn das seine Hauptschwierigkeit gewesen wäre, dann hätte er mir durchaus sagen können, es sei nicht mehr notwendig, die Therapie fortzusetzen. Was stattdessen, nicht unerwarteterweise, geschah, war, dass er von sich aus einen Aspekt seines Lebens ansprach, der noch demütigender für ihn war – nämlich seine Unfähigkeit, trotz seiner hervorragenden Leistungen den Respekt seiner Kollegen zu erringen.

Ich glaubte, den Grund zu wissen, warum man ihm die Räume vorenthielt, auf die er Anspruch hatte, als seine Gruppe ein neues Quartier bezog. Seine Kollegen verübelten ihm wahrscheinlich nicht nur seine prätentiöse Sprache, sondern merkten ebenso wie ich die Unsicherheit, die sich dahinter verbarg. Die Mitarbeiter spürten vermutlich genau, dass er nicht bereit und in der Lage war, direkt und offen für seine Rechte einzutreten. Ob sie ihn bloß aus Mutwillen auflaufen ließen, oder ob sie ihn um die Räume prellten, um jemand anderem einen Gefallen zu tun, versuchte ich nicht herauszufinden. Tatsächlich sagte ich gar nicht viel. Im Gegensatz zu der Situation mit seiner Frau und den Kindern, die fortbestand und sich möglicherweise ändern ließ, war hier der Schaden bereits passiert und ließ sich wahrscheinlich nicht rückgängig machen. Es genügte, dass er es geschafft hatte, mir von dieser Demütigung zu erzählen; ich spürte, dass sich sein Gefühl von Wertlosigkeit nur verstärken würde, wenn ich ihn an dieser Stelle in ein Gespräch darüber verwickelte, was er hätte tun können und warum er es nicht tat.

Die ihm zustehende Prämie, die man ihm nun vorenthielt, war dagegen eine andere Sache. Sein Verhalten konnte immer noch den Ausschlag geben. Da ich mich als jemand etabliert hatte, der ihn verstand und auf dessen Wertschätzung er sich verlassen konnte, wagte ich eine Konfrontation. Hier waren wir wieder an jenem entscheidenden Wendepunkt angelangt, wo Patienten, die sich als Opfer darstellen, gezeigt werden muss, dass sie sich ihr Unglück selbst zuzuschreiben haben. In Mr. Cains Fall verleiteten ihn seine Überzeugung von Wertlosigkeit und die Furcht vor Zurückweisung und weiterer Beschämung, falls er es wagte, auf seinem Recht zu bestehen, sich in selbstzerstörerischer Weise zu verhalten. Es bestand kein Zweifel, dass er schikaniert wurde. Die Welt wäre ein besserer Ort, wenn man nicht oft um Dinge kämpfen müsste, die man sich bereits verdient hat, aber das steht auf einem anderen Blatt.

Eine solche Konfrontation ist schon per se für Menschen, die zu Scham neigen, ein Anlass, sich zu schämen, aber wie die Mutter, die dem Kind zeigt, dass sie es schätzt, obwohl sie sein Verhalten missbilligt, konnte ich Mr. Cain klarmachen, dass ich in diesem Fall nicht akzeptierte, was er tat. Außerdem rechnete ich damit, dass ihm sein Wunsch nach meiner Anerkennung als Ansporn dienen werde, in den sauren Apfel zu beißen und zu tun, was getan werden musste, nicht nur, um sein Geld zu bekommen, sondern auch, um seine Selbstachtung zu retten. Und genau dies geschah. Er schaffte es, sich durchzusetzen; sobald er aufhörte, um den heißen Brei herumzureden, bekam er, was ihm zustand. Er war nicht nur zufrieden mit sich und stolz auf das, was er getan hatte, sondern auch imstande, durchaus objektiv über sein Verhalten vor und nach unserer entscheidenden Sitzung zu sprechen. Wie es gewöhnlich der Fall ist, sobald Patienten eine brauchbare Alternative finden, die es ihnen ermöglicht, dem Teufelskreis zu entrinnen, in dem sie gefangen sind, können sie dann viel objektiver anschauen, wie sie sich in der Vergangenheit ungewollt selbst sabotiert haben. Ich ermunterte Mr. Cain jetzt, darüber nachzudenken, wie es kam, dass sich ein fehlendes College-Diplom im Lauf der Jahre als so entscheidend für sein Selbstgefühl erweisen konnte. Was ihm bewusst wurde, war seine Wut darüber, dass er selbst in einem Arme-Leute-Viertel relativ schlechter dran gewesen war als seine Altersgenossen. Jahrelang war es ihm gelungen, diesen Groll auch vor sich selbst zu verbergen und sich einzureden, wie er mir ursprünglich erzählt hatte, dass er das ihm zugeteilte Los einfach hinnahm. Gehandikapt durch die Hilflosigkeit seiner Mutter und die emotionalen Probleme seines Vaters, meinte er, keine andere Wahl zu haben, als die Rolle zu akzeptieren, die seine Eltern für ihn vorgesehen hatten. Auch als die anderen Familien in seiner Umgebung die Opfer brachten, die ihren Kindern eine höhere Bildung ermöglichten, gestattete er sich keine Bitterkeit, sondern begann sich, als ob das seine Schuld wäre, zunehmend zu schämen, dass er es nicht weiter gebracht hatte als bis zur Highschool. Er isolierte sich von seinen früheren Freunden und tat so, als ob sie es wären, die ihm aus dem Weg gingen. Und obwohl seine Entschlossenheit, dass seine Geschwister nicht zurückbleiben durften, Früchte trug, machten ihn die Kompromisse, die er um ihrer Sicherheit willen schloss, anfällig für ein Minderwertigkeitsgefühl, das er, wie er damals spürte, überwinden musste. Es war hilfreich für ihn zu erkennen, dass er sich der Wut bewusst werden konnte, die er wegen seiner verlorenen Kindheit in sich angestaut hatte, ohne dadurch seine Eltern zu verurteilen und ohne aufzuhören, sie zu lieben.

Mr. Cain machte gute Fortschritte. In seinen Sitzungen bei mir und, wie es schien, zu Hause und im Büro unternahm er keine so großen Anstrengungen mehr, den Eindruck von Gelehrsamkeit hervorzurufen. Sich seines Wertes bewusst, nahm er nicht mehr so schnell Anstoß und suchte nicht mehr nach eingebildeten Zurücksetzungen. Er fühlte sich hinreichend sicher, um seine Geschwister und deren Familien wieder in sein Haus einzuladen. Ich war zwar mit seinem Fortschritt zufrieden, aber nicht überzeugt, dass ich wirklich verstand, warum er so sehr unter seinem fehlenden College-Diplom litt. Warum sollte sich die Wut darüber, dass andere

Chancen hatten, die ihm verschlossen blieben, in Scham verwandeln, insbesondere, da er das Fehlen einer höheren Bildung mehr als kompensiert hatte? Für mich war die Lüge, die er vor Jahren verbreitet hatte, um ins Immobiliengeschäft einsteigen zu können, keine ausreichende Erklärung für seine Selbstzweifel. Schließlich war es nicht das einzige Mal gewesen, dass er es mit der Wahrheit nicht so genau nahm, wenn er es für nötig hielt, um auf der nächsten Sprosse der Leiter Fuß zu fassen, und obwohl er nicht stolz auf die Kompromisse war, die er gemacht hatte, erschütterten sie ihn nicht. Doch selbst in der Psychoanalyse mit all ihren Chancen einer tiefgehenden Erforschung des Seelenlebens werden die Wurzeln der Pathologie eines Patienten keinesfalls immer freigelegt. Ich fand mich deshalb mit meinem mangelhaften Durchblick ab und konzentrierte mich darauf, Mr. Cain bei der Konsolidierung seiner Fortschritte zu helfen. In der zwölften Sitzung rekapitulierten wir den Verlauf der Therapie und beschlossen, die Behandlung nach zwei weiteren Zusammenkünften zu beenden, bei denen wir überprüfen wollten, ob noch lose Enden vorhanden waren, die verknüpft werden mussten.

Nachdem wir den Beschluss zur Trennung gefasst hatten, wusste Mr. Cain nicht recht, was er mit den restlichen Sitzungen anfangen sollte. »Machen wir einfach so weiter wie immer«, schlug ich vor. Seine Gedanken wandten sich einem bevorstehenden Grillabend im Hause seiner Schwester zu. Ihre Kinder waren musikalisch, und obwohl er sich über ihr Talent freute, wusste er, dass er dasitzen und sich ihre Darbietungen würde anhören müssen, und das langweilte ihn. Dann folgten einige Gedanken darüber, dass Kinder den Herausforderungen des Lebens nicht mehr gewachsen seien, wenn allzuviel Theater um sie gemacht werde. Sein Frau neigte nach seinem Empfinden dazu, sich allzusehr um das Kommen und Gehen ihrer Töchter zu kümmern. Niemand hatte ihm viel Aufmerksamkeit geschenkt, als er ein Kind war. Wie er in einem vertrauten Refrain sagte: »Da war Arbeit zu tun.«

Dann fiel ihm eine Szene aus seiner Kindheit ein, an die er jahrelang nicht mehr gedacht hatte, aber an die er sich jetzt deutlich erinnerte. Die Frauen aus der Nachbarschaft kamen regelmäßig in die Schneiderei seines Vaters, um die bessere Kleidung ihrer Männer ändern, ausbessern oder aufbügeln zu lassen. Und da kein

Mann mehr als eine oder zwei Hosen besaß, sicherlich niemals mehr als einen Anzug, saßen die Frauen da und warteten, bis die Arbeit erledigt war, damit das Gewand am nächsten Tag wieder getragen werden konnte. Manchmal war die Versammlung ziemlich groß, und wenn die Stimmen lauter wurden, verwandelte sich ihr Gespräch in eine stolze und wetteifernde Aufzählung der Leistungen der jeweils eigenen Kinder. Da er gleich hinter dem Laden wohnte, hörte er, solange er sich erinnern konnte, dass der Sohn der einen Violine spiele wie Heifetz und die Tochter der anderen lauter Einser im Zeugnis habe. Und als er älter wurde, wuchsen natürlich auch die Kinder der Kunden seines Vaters heran, und jetzt war davon die Rede, wer Stipendien erhalten hatte und welche Berufe sie anstrebten. Wenn er im Laden war, fragten ihn die Mütter nach seinen Ambitionen. Diese Frage schmetterte er stets mit einem kurz angebundenen »Ich muss jetzt arbeiten« ab.

Diese Erinnerungskette brachte uns auf eine neue Spur. Es stellte sich heraus, dass das Entscheidende weniger die Wut darüber war, dass andere, die zwar auch arm waren, Chancen hatten, die ihm verschlossen blieben, wie wir erörtert hatten, als die stolzen Töne, in denen die Mütter das Loblied ihrer Kinder sangen. Erst jetzt wurde ihm klar, wie verzweifelt er sich gewünscht hatte, etwas ähnliches von seinen Eltern zu hören. Während seiner Kindheit hatte ihm niemand jemals für sein Tun Anerkennung gezollt. Die Betonung lag immer nur darauf, was geschehen würde, wenn er seine Pflichten nicht erfüllte: »Sei brav und benimm dich ordentlich – dein Vater hat schon genug Probleme« war die Ermahnung, die ihm seine Mutter morgens meistens auf den Schulweg mitgab. Aber wenn er sich auszeichnete, wurden seine Leistungen nicht anerkannt, und ebensowenig lobte man ihn dafür, dass er praktisch den Platz seines Vaters einnahm, wenn schwere Arbeit zu tun war.

Mr. Cain konnte jetzt mein mühelos gespendetes Lob und meine Bewunderung seiner Leistungen mit dem Fehlen dieser Art von Anerkennung in seinen prägenden Jahren kontrastieren. Im Rückblick waren wir uns einig, dass meine Bemerkung in der ersten Sitzung, er habe allen Grund, stolz zu sein, den Boden für sein späteres »Geständnis« und alles Folgende bereitet habe.

Unter diesen Umständen einigten wir uns darauf, die gesetzte Frist zu vergessen und zu schauen, wohin uns diese Einsichten führen würden. Tatsächlich brauchten wir nicht allzu lange, um unsere Arbeit abzuschließen. Es schien uns, dass Jacob (im Gegensatz zu Mr. Dale), wie es bei Kindern unter Stress oft der Fall ist, sich selbst die Schuld gegeben und sich geschämt hatte, statt seine Eltern mit Bitten um Bestätigung zu behelligen. Die dankbare Anerkennung, die er schließlich von den Geschwistern erhielt, deren Zukunft er gesichert hatte, entschädigten ihn nicht für das ursprüngliche Trauma. Seine Versuche, seiner Frau und den Kindern seinen Willen und seine Meinungen aufzuzwingen – das, was ihn ursprünglich in die Therapie geführt hatte –, konnte als seine Methode angesehen werden, sich ihre Zustimmung zu verschaffen, ohne sich selbst oder seiner Familie eingestehen zu müssen, wie bitter er diese nötig hatte.

Wir verwendeten einige Zeit auf die Erörterung der Tatsache, dass seine Töchter vermutlich ähnliche Bedürfnisse hatten wie er als junger Mensch, und unterzogen seine Beziehung zu ihnen einer erneuten Prüfung. Er erkannte, dass er ihnen infolge seiner Fixierung auf sich selbst nicht genügend Anerkennung zuteil werden ließ, wo dies angebracht gewesen wäre. In dem Maße, wie er diese Situation veränderte, hatte er an seiner Vaterrolle viel mehr Freude als je zuvor.

In unserer achtzehnten Sitzung beendeten wir die Therapie in beiderseitigem Einvernehmen. Sechs Monate und danach ein Jahr später kamen wir wieder zusammen, um seine Situation zu überprüfen, und ich stellte fest, dass seine Besserung angehalten hatte. Er hatte vorübergehend daran gedacht, Abendkurse an einem College zu machen, um sich das Diplom zu verschaffen, dessen Fehlen ihn so furchtbar belastet hatte, entschied sich aber schließlich dagegen. Als ein örtliches Unterstufen-College an ihn herantrat, Vorlesungen über Immobilienhandel als Berufszweig zu halten, sagte er stolz und erfreut zu. Er wertete es zu Recht als um so größeres Kompliment, dass man ihn, der keine höhere Bildung besaß, aufforderte, dort zu unterrichten.

Die Stärke des Patienten benutzen, um seine Selbstachtung aufzubauen

Mr. Cain liefert uns ein überzeugendes Beispiel für die ausschlaggebende Bedeutung der psychischen Realität. Seine unbezweifelbaren Leistungen konnten nicht sein inneres Gefühl von Wertlosigkeit wettmachen, das ihn zunächst beschämte und dann zu den Abwehrmanövern veranlasste, die ihn im Büro zur Zielscheibe des Spotts und zu Hause zu einem Problem machten. Die ebenso traurigen wie lächerlichen Kompensationsversuche dieses schamgeplagten Mannes lassen eine Problematik hervortreten, auf die man in der psychotherapeutischen Praxis häufig, wenn auch gewöhnlich nicht in so krasser Form, stößt.

Mr. Cains sehr wichtige Erinnerungen bezüglich des Mangels an Bestätigung und Anerkennung für seinen Beitrag zur Existenz der Familie, die ein Licht auf die spezifische Dynamik warfen, welche zu seinen schmerzhaften Versuchen führte, Kompetenz zu erlangen, traten erst zu Tage, als wir seine Behandlung beinahe abgeschlossen hatten. Seine Scham, die er nur mangelhaft hinter seinen Bemühungen um Gelehrsamkeit verbarg, war jedoch ein unverkennbares Anzeichen eines Problems, auf das eingegangen werden musste, bevor in seiner Behandlung signifikante Fortschritte erzielt werden konnten. Mr. Cains Bestreben, Eindruck zu schinden und Bewunderung zu erringen, indem er sich als wandelndes Wörterbuch gerierte, verriet mir sein Bedürfnis nach Bestätigung seines Wertes. Indirekt signalisierte er damit das Ziel, das er anstrebte, aber nicht erreichen konnte. Als ich mit seinem Leben und seinen Leistungen vertrauter wurde, konnte ich ihm die Bestätigung geben, die er benötigte, um seine Schamgefühle zumindest vorübergehend zu lindern. Ich drückte ihm meine Anerkennung für seine Errungenschaften aus, bevor ich eine Ahnung davon hatte, was ihn so beschämte. Der unmittelbare Effekt dieser Intervention war, dass er es weniger nötig hatte, mit allen Mitteln die Anerkennung seiner Familie zu erzwingen. Sein verändertes Verhalten war der erste Schritt zu Kompetenz in seinen familiären Beziehungen und bereitete den Boden für weitere aufdeckende Arbeit. Statt mich nur auf das Verhalten zu konzentrieren, das ihn veranlasst hatte, zu mir zu kommen – die Art seines Umgangs mit seiner Frau und den Kindern –, arbeitete ich mit dem Bereich, in dem ich aufgrund meines Entwicklungsdiagramms die Gründe seines Verhaltens vermutete. Sobald ich zu dem Schluss gekommen war, dass seine Pathologie von der Diskrepanz verursacht wurde, die zwischen seinen beträchtlichen Stärken und seiner unnötig niedrigen Selbstachtung bestand, wurde dies die Problematik, auf die ich meine Anstrengungen fokussierte. Das heißt, ich setzte eine Behandlung in Gang, die darauf abzielte, die Ätiologie des Problems aufzudecken und zu korrigieren, statt mich bei den Symptomen aufzuhalten, die das Problem hervorgerufen hatten. Dies ist natürlich das Ziel jeder Therapie, sei sie chirurgischer, pharmakologischer oder psychologischer Art. Wenn man die Entstehung des Problems begreift und etwas dagegen unternehmen kann, dann wird das selbstschädigende Verhalten aufhören, weil es nicht länger notwendig ist.

Solche Patienten schon eingangs mit dem konterproduktiven Charakter ihrer Einstellung und ihres Verhaltens zu konfrontieren, ist nutzlos. Genausogut könnte man einen Mann mit Krücken darauf hinweisen, dass diese nur ein schlechter Ersatz für seine Beine seien. Solange die Verletzung eines solchen Patienten nicht ausgeheilt und sein Bein wieder funktionsfähig ist, benötigt er die Krücken, um nicht zusammenzubrechen. PatientInnen werden und können nicht auf ihre Selbstschutzmaßnahmen verzichten, solange sie nicht an eine verlässlichere Form der Anpassung glauben und darauf vertrauen können. Ebenso wie ein gebrochenes Bein geschient werden muss, damit es heilen kann, benötigt ein von Scham gebrochener Geist die Unterstützung eines Therapeuten, bis seine Verletzbarkeit durch sinnvolle anpassungsfördernde Maßnahmen abgelöst wurde.

TherapeutInnen befürchten oft, dass positive Aussagen der Art, wie ich sie in diesem Fall machte, Patienten ermöglichen könnten, ihre Probleme dank dieser Bestätigung zu übertünchen. Und tatsächlich können solche Kommentare bei der Behandlung psychoneurotischer Patienten in der traditionellen Psychoanalyse die Übertragung kurzschließen und konfliktreiches Material daran hindern, in die Therapie einzufließen. Wie die Erfahrung mit Mr. Cain zeigt, kann die Tatsache, dass der Therapeut mehr in einem erblickt als einen Ausbund von Pathologie, den nötigen Ersatz für die Abwehrkrücke bilden, auf die sich der Patient stützen musste. Indem er sich am Arm des Therapeuten festhält, kann der Patient üben, erste Schritte ohne die Krücke zu machen, bis ihn weitere Arbeit in die Lage versetzt, seinen Weg ohne fremde Hilfe fortzusetzen.

Aber was ist, wenn der Versuch, einen Patienten zu bestätigen, ohne Wirkung bleibt und nichts voranzugehen scheint? Jedenfalls schadet ein solcher Versuch nicht. Wie immer überprüft man die Entwicklungsfragen und plant danach seine weiteren Schritte. In der Mehrzahl der Fälle ist das Scheitern der Bemühungen, die verdiente Selbstachtung eines Patienten zu stärken, ein Anzeichen dafür, dass er nicht imstande ist, sich der Führung des Therapeuten anzuvertrauen. Mit anderen Worten, wenn der Patient nicht die Erwartung hegt, dass der Therapeut bereit und fähig ist, ihm zu helfen, dann hat der Therapeut nicht die Macht, tiefergehende Wirkungen zu erzielen.

Viele PatientInnen signalisieren deutlich, dass sie nach einer quasielterlichen Autorität suchen, auf die sie sich stützen können. So war Mrs. Willinghams Bemerkung, dass sie aufgrund früherer positiver Erfahrungen mit Psychoanalyse zu mir komme, ein gutes Zeichen ihrer Bereitschaft, darauf zu vertrauen, dass ich ihr helfen würde. Aber abgesehen von solchen Deklarationen ist das beste Indiz, dass eine positive Übertragung gegriffen hat, ein Ambiente in der therapeutischen Beziehung, das einem guten Schüler-Lehrer- oder Kind-Eltern-Verhältnis gleicht. Kennzeichnend dafür ist, dass sich beide Partner in ihrer Rolle wohl fühlen.

6. Beglaubigung eines Wandels: Franklin Furlong

So paradox es scheinen mag, es gibt Patienten, die aufgrund der Angst in Therapie kommen, welche durch eine positive Charakterveränderung ausgelöst wurde, die durch das Zusammenspiel von Erfahrungen und Lebensumständen zustande kam. Obwohl ihnen ihr neues Selbstgefühl höchst willkommen ist, gerät es mit früher entstandenen und immer noch wirksamen Methoden zur Aufrechterhaltung der Selbstachtung in Konflikt. Hier besteht die therapeutische Herausforderung darin, dem Patienten zu helfen, die Natur dieses Konfliktes zu durchschauen, so dass er angemessen damit umgehen kann.

FRANKLIN FURLONG

Seine Stimme kam mir irgendwie bekannt vor, als er mich anrief, um einen Termin auszumachen, aber an den Grund dafür erinnerte ich mich erst, als ich Dr. Franklin Furlong in meiner Praxis gegenüberstand. Er gehörte zu einer Gruppe von Hausärzten und Internisten, vor der ich vier oder fünf Jahre zuvor eine Reihe von Vorträgen über Psychotherapie gehalten hatte. Dr. Furlong war ein gut gekleideter Mann, der aufgrund seiner athletischen Figur und der markanten Gesichtszüge viel jünger wirkte als seine sechzig Jahre. Er sei zu mir gekommen, sagte er, weil »ich mit jemandem darüber sprechen muss, ob ich mit jemandem sprechen sollte oder nicht«.

Dr. Furlong: Sie werden mich für verrückt halten – das sollte man zu einem Psychiater nicht sagen –, ich meine, Sie werden das nicht glauben.

Therapeut: Schauen wir einmal. Legen Sie gleich los.

Dr. Furlong: Das alles hat vor etwa einem halben Jahr begonnen, an einem Freitagabend. Ich musste zu einer Versammlung gehen; meine Frau hatte auch eine. Da wir nicht mit zwei Autos in die

Stadt fahren wollten, vereinbarten wir, dass sie mich von meiner Versammlung abholen würde. Das bedeutete, dass ich mir ein Taxi nehmen musste, als ich in der Praxis fertig war; es hätte zu lang gedauert, zu Fuß hinzugehen.

Therapeut: Ich verstehe.

Dr. Furlong: Da ich gewöhnlich das Auto nehme, hatte ich vergessen, dass das um halb sechs Uhr nachmittag schwierig werden würde. Es stellte sich heraus, dass alle ein Taxi wollten. Sie waren alle besetzt. Nach einer Weile ging ich zu Fuß los, in der Hoffnung, unterwegs eines zu finden. Tatsächlich sah ich zwei Straßen weiter ein Bürogebäude, vor dem Taxis mit eingeschalteter Leuchtanzeige standen, und ging darauf zu. Natürlich waren sie alle besetzt, als ich hinkam, aber ich dachte mir, ich könnte genauso gut hier auf eines warten. Und ein paar Minuten später näherte sich tatsächlich ein leerer Wagen. Ich trat auf die Straße hinaus und hob den Arm, um es heranzuwinken. In diesem Augenblick tauchte eine junge Frau an meiner Seite auf, die in leicht gereiztem Ton etwas zu mir sagte; das einzige Wort, das ich verstand, war »anstellen«.

»Oh«, fragte ich entschuldigend, »habe ich mich vorgedrängt? Sind hier Leute für Taxis angestellt?«

»Nein«, sagte sie und fügte resolut hinzu, »aber ich war vor Ihnen da.« Vermutlich hatte sie in einiger Entfernung gewartet. Sie hatte zwar offenbar mich gesehen, aber ich nicht sie.

Ich war schon im Begriff, großzügig zu sein und ihr das Taxi zu überlassen, aber dann fiel es mir ein, sie zu fragen, in welche Richtung sie fahre.

»Nach Norden«, antwortete sie.

»Ich auch.«

Wir wurden uns rasch einig, dass es sinnvoll sei, zusammen zu fahren. Der Fahrer sollte zuerst mich absetzen und sie dann ein paar Straßen weiter an ihr Ziel bringen. Inzwischen hatte der Wagen gehalten, und wir stiegen ein. Sie rutschte auf der Hinterbank an die linke Tür, während ich in der rechten Ecke blieb. Ihre große Tasche, die sie über die Schulter trug – sie sah teuer aus, wahrscheinlich von Coach –, stand zwischen uns. Sobald wir also schicklich Platz genommen hatten, sahen wir einander über die trennende Distanz hinweg zum ersten Mal richtig an.

Ich weiß nicht, was sie sah, aber … Mögen Sie Opern?

Therapeut: Manche.

Dr. Furlong: *Don Pasquale?*

Therapeut: Mag ich sehr. Obwohl mir meine musikalisch korrekten Freunde sagen, dass sie mir nicht gefallen sollte. Ich höre sie bei jeder Gelegenheit.

Dr. Furlong: Ich auch. Dann kennen Sie also die Szene, wie es Don Pasquale vor Erstaunen und Entzücken die Luft verschlägt, als Norina im Kostüm von Sofronia Malatesta ihren Schleier lüftet?

Therapeut: Ja, klar.

Dr. Furlong: So ging es mir auch. Das war eine schöne Frau. Sie hatte ein überaus anziehendes Gesicht: kein Make-up, einen leichten Überbiss – was ich immer irgendwie nett fand –, mattblondes Haar, das gerade auf ihren Mantelkragen herunterfiel und ihr Gesicht genau richtig einrahmte. Dieses frische, junge Gesicht hätte eine Titelseite schmücken können. Ich fragte mich sogar einen Moment lang, ob sie ein Model sei. Nicht groß genug, dachte ich, obwohl auch ihre Beine, soviel ich davon sehen konnte, sehr hübsch waren. Ich warf einen Blick auf ihre Hand – kein Ehe- oder Verlobungsring.

»Arbeiten Sie in diesem Gebäude?«, fragte ich sie und erzählte ihr, dass ich von meiner Praxis auf der Suche nach einem Taxi hier vorbeigekommen sei, wobei ich meine mangelnde Vertrautheit mit ihrer unmittelbaren Umgebung indirekt als Entschuldigung für den Fauxpas anführte, den ich begangen hatte, als ich ihr unser Taxi wegzuschnappen versuchte.

»Ja«, antwortete sie, »und ich bin echt froh, dass es Freitag ist.«

»Ach ja? In welcher Branche sind Sie tätig?«

»Ich bin Rechtsanwältin«, antwortete sie mit einem aufblitzenden Lächeln, das ich entweder als entschuldigend oder als Anzeichen dafür deutete, dass sie sehr neu in ihrem Beruf war und sich noch nicht an ihren Titel gewöhnt hatte.

»Auf welchem Gebiet arbeiten Sie?«

»Meine Kanzlei bearbeitet hauptsächlich Umschuldungen und Firmenreorganisationen. Das ist ein vornehmerer Ausdruck für Bankrott. Und Sie?«

»Ich bin Arzt, Herzspezialist – Kardiologe.«

»Das ist wahrscheinlich auch nicht so leicht.«

»Stimmt, es ist eine harte Arbeit, aber oft sehr befriedigend. Es gibt inzwischen wunderbare Dinge, die wir für Patienten tun können.«

In unserem Gespräch trat eine Pause ein, und Gedanken, die sich während unserer Plauderei in meinem Hinterkopf gehalten hatten, traten jetzt in den Vordergrund. Das Schicksal hatte mir die Gesellschaft der wahrscheinlich attraktivsten Frau beschert, mit der ich seit Jahren gesprochen hatte. Offenkundig intelligent, selbstsicher, charmant und freundlich. Wo warst du vor dreißig, oder auch nur vor zehn Jahren? Apropos Don Pasquale, hier war ich, ein alter Mann, der sich die Lippen nach einer Frau leckte, die wahrscheinlich nicht viel älter war als meine Kinder. Ich stellte mir vor, dass ich den Versuch unternahm, vertrauter mit ihr zu werden, sie nach ihrem Namen fragte und sie das empört ablehnte. Oder dass ich ihr meine Karte gab, nur damit sie sich später mit ihrem Liebhaber darüber unterhielt und beide über den alten Narren lachten, der ihr Avancen machte. Es war besser, mich zu bremsen.

Sie brach das Schweigen, das ein paar Sekunden später peinlich geworden wäre, lächelte und fragte mich – ob sie wohl meine Gedanken las? – »Wie lange praktizieren Sie schon?«

Ich erwiderte ihr Lächeln ziemlich gütig, wie ich fand. »Über dreißig Jahre – wahrscheinlich länger, als Sie auf der Welt sind.«

»Mmm, da haben Sie nicht Unrecht – achtundzwanzig.«

Nun, damit ist *das* mit Sicherheit vom Tisch, dachte ich. Wenn es ihr nicht auf den ersten Blick klar geworden war, dann war ihr der enorme Altersunterschied zwischen uns spätestens jetzt bewusst.

»Sie sind noch zu jung für eine Beteiligung? Wie viele Jahre noch, bis Ihr Jahrgang drankommt?«

»Sie kennen sich bei Anwaltskanzleien aus.«

»Sicher, viele meiner Freunde – und auch Patienten – sind Anwälte.«

»Nun, Sie haben Recht, ich muss noch ein paar Jahre warten – wenn ich im Konkursrecht bleibe.«

»Wollen Sie wechseln?«

»Ich bin nicht sicher.«

Ich wage es nicht, sie nach Heiratsplänen zu fragen. Sie wird merken, dass ich herauszufinden versuche, ob sie zu haben ist. Sinnlos, zu fragen, wenn ich doch nur eins auf den Deckel kriege.

»Der Verkehr ist ziemlich schlimm heute Abend, nicht?«, sagt sie.

»Ja, ja, allerdings«, stimme ich ihr zu. Ausnahmsweise habe ich nichts dagegen, in einem Stau zu stecken, aber wir nähern uns trotzdem der Ecke, wo ich aussteigen muss.

»Besuchen Sie hier Freunde, Herr Doktor?«

»Nein, ich muss zu einer Versammlung.«

»Am Freitagabend?«

»Der Teufel ruht nicht.«

Wie originell! Im Film hätte Maurice Chevalier jetzt gesagt: »Sie haben ja so recht. Was ich eigentlich tun möchte, ist, mit einer schönen jungen Frau tanzen zu gehen; hätten Sie Lust, meinen Traum wahrzumachen?« Das hat bis zu seinem Todestag gezogen. Was für ein Feigling ich bin – fast schon an meiner Ecke –, geschieht mir recht.

Sie nestelt an ihrer Tasche herum, offenbar bereit, in Verhandlungen darüber einzutreten, wie wir uns den Fahrpreis teilen wollen. Ich fische meine Brieftasche heraus und entnehme ihr einige Scheine, die den angezeigten Fahrpreis und ein anständiges Trinkgeld decken. »Also dann«, sage ich und lasse die Scheine in ihre geöffnete Tasche fallen. Sie scheint etwas überrascht, dass ich nicht auszurechnen versuche, was »meine Hälfte« beträgt. So ein netter alter Herr; so ein großzügiger Papa.

»Halten Sie hier, bitte.« Ich öffne die Tür. Ein letztes Lächeln: »Leben Sie wohl, Frau Anwältin ... War mir ein Vergnügen, Sie kennen zu lernen ... Wünsche ein schönes Wochenende.«

»Es war nett ... Danke fürs Mitnehmen ... Viel Spass bei Ihrer Versammlung.«

Ich schenkte den weiteren Vorgängen an diesem Abend keine große Aufmerksamkeit; ich durchlebte immer wieder diese Episode. Auf der Heimfahrt – meine Frau holte mich ab – schwieg ich meist. Aber das ist nichts Ungewöhnliches. Wir reden nicht viel, außer wenn es ein Problem mit den Kindern oder dem Haus gibt. Ich dachte, es würde mir schwer fallen, an diesem Abend einzuschlafen. Aber das war nicht der Fall. Ich schlief gut.

Am Samstag musste ich in die Praxis, und als ich im Begriff war, zu gehen, und mir die üblichen Sachen einsteckte, merkte ich, dass meine Brieftasche fehlte. Ich durchsuchte den Anzug, den ich getragen hatte, ohne Ergebnis. Ich schaute auf dem Fußboden, ich verfolgte meinen Weg zurück zur Eingangstür und dann in die Garage – nichts. Eine letzte Möglichkeit: Im unteren Schrank durchsuchte ich den Regenmantel, den ich angehabt hatte, und darin fand ich zu meiner Verwunderung einige Banknoten, aber keine Brieftasche. Sie war wirklich weg, nicht bloß verlegt. Zu meiner Überraschung schien es mir nicht viel auszumachen. Natürlich trage ich keine großen Summen mit mir herum, deshalb war es kein großer Verlust. Und ich bin Mitglied bei einer dieser Firmen, wo man durch einen Anruf alle Kreditkarten sperren lassen kann; das habe ich gemacht. Ich muss ein Dutzend Brieftaschen – Weihnachts- und Geburtstagsgeschenke – herumliegen haben. Ich nahm mir eine davon, steckte ein paar Dollar aus der Geldbörse meiner Frau ein und ging.

Auf der Fahrt in die Stadt wurde mir bewusst, dass mich meine Begegnung vom Freitag immer noch beschäftigte. In der Praxis angekommen, nahm ich mir vor, mich in die Arbeit zu stürzen und nicht mehr an diese Taxifahrt zu denken, bevor das Glücksgefühl von Ärger und Bitterkeit verdrängt wurde – beim Gedanken daran, was passieren hätte können oder sollen –, ich kenne diese Gefühle nur zu gut.

Am Sonntag hatte ich meine üblichen Kopfschmerzen, las die Zeitungen und machte mir im Haus zu schaffen.

Am Montag besorgte ich mir einen neuen Führerschein. Es war ein langer Tag, und ich hatte keine Zeit, an etwas anderes zu denken als die Arbeit, selbst wenn ich es gewollt hätte. Es war schon nach fünf, als mich meine Sekretärin anrief und sagte, jemand sei mit meiner Brieftasche gekommen. Da fiel es mir ein: ich hatte sie im Taxi zum letzten Mal in der Hand gehabt. Verdammt, der Fahrer hat sie gefunden, und statt sie im Fundbüro abzugeben und mich benachrichtigen zu lassen, brachte er sie selbst in meine Praxis, um eine Belohnung zu kassieren.

»Okay, schicken Sie ihn herein«, rief ich in die Gegensprechanlage. Ich war doppelt irritiert: durch sein Verschleppungsmanöver hatte ich unnötige Scherereien gehabt, und jetzt würde ich ihm noch dazu ein Trinkgeld geben müssen. Aus irgendeinem Grund ging mir der Spruch »Außer Spesen nichts gewesen« durch den Kopf.

Doktor, als sie hereinkam, hatte ich ein Erlebnis, das ich bisher nur aus Büchern kannte: ich schwöre, in diesem Augenblick des Wiedererkennens spulte sich mein ganzes Leben blitzartig vor mir ab. Ich erinnere mich, dass ich dachte, ich sollte sprachlos sein. Stattdessen hörte ich mich sagen, ohne zu zögern oder zu stammeln und in einem aus tiefsten Herzen kommenden Ton, der ganz fremd klang: »Gott sei Dank, dass du gekommen bist.« Wir gingen aufeinander zu, umarmten und küssten uns – nicht leidenschaftlich, nicht lange, es war aber auch keine leere Geste, es waren zwei Menschen, die sich dazu bekennen, dass sie zusammengehören.

»Was tun wir jetzt?«

»Wir gehen essen. Da du meinen Namen kennst und ich deinen nicht, und ich immer noch nicht meine Brieftasche habe, darf ich das Restaurant wählen.«

Ich habe mich verändert, Doktor. Von dem Augenblick an, in dem meine kleine Anwältin mein Leben betrat – sehen Sie, ich habe noch immer Angst davor, ihren Namen laut auszusprechen, als ob sich das alles als ein bloßer Traum erweisen könnte –, bin ich jemand geworden, den ich nicht wiedererkenne. Ich weiß, dass ich als brummiger, reservierter, ja sogar arroganter Bursche gelte. Rede nie viel. Zuverlässig, weiß, was ich wissen muss – gut, aber nicht warmherzig. Ich habe mich nie bemüht, auf andere zuzugehen, freundlich zu sein. Ich habe Patienten aufgrund meiner Persönlichkeit verloren; das weiß ich. Plötzlich *war* ich Maurice Chevalier – attraktiv, charmant, lebendig; meine Jahre machen mich nur noch begehrenswerter. Ich beobachte mich dabei, dass ich alle richtigen Dinge sage und keine Ahnung habe, wo sie herkommen. Heute bin ich der Mensch, von dem ich mir – wahrscheinlich irgendwo im Hinterkopf – immer eingebildet habe, der könnte ich sein ... Ich kann Ihnen etwas sagen, was ich niemand anderem sagen würde: Ich liebe sie sehr, aber endlich liebe ich auch mich selbst.

Therapeut: Was für eine Geschichte.

Dr. Furlong: Sie ist noch nicht zu Ende. Das Folgende wird Ihnen gefallen.

Wir – das heißt Elise und ich – *(lächelt)* vermutlich ist es ungefährlich, ihren Namen zu nennen – Elise Banting –, sitzen in einem wirklich hübschen Lokal, das ich kenne. In einem gemütlichen Winkel, ruhig und ganz für uns. Wir bestellen Wein. Wir reden beide nicht viel, schauen uns meist bloß an wie zwei mondsüchtige Kinder. Ich denke mir, du solltest etwas sagen. »Ich bin noch nie so glücklich gewesen, eine Brieftasche verloren zu haben. Genau genommen war das das erste Mal. Ich habe noch nie zuvor eine Brieftasche verloren oder sonst irgendetwas Wichtiges. Ich kann mir nicht vorstellen, wie das passiert ist. Hast du sie auf dem Boden gefunden, nachdem ich ausgestiegen war?«

»Nein, mein Lieber, du hast sie nicht verloren.«

Dieses »mein Lieber« verdoppelte – mindestens – meine Herzfrequenz. In meiner Brust krampft sich etwas zusammen. Toll, alles, was ich jetzt brauche, ist ein Herzinfarkt.

»Ich habe sie nicht verloren?«

»Du hast deine Brieftasche hervorgeholt, sie geöffnet, etwas Geld herausgenommen, es in deine Tasche gesteckt, dich herübergelehnt und deine Brieftasche in meine Tasche fallen lassen.«

»Eine echte Freudsche Fehlleistung, weiß Gott.«

»Bei mir dasselbe. Ich wusste später, dass ich genau gesehen hatte, was du tatest, aber es kam mir nicht zu Bewusstsein. Als das Taxi vor meinem Haus hielt – meine Gedanken waren vermutlich so sehr mit dir beschäftigt …« *(lass deine Linke in deinem Schoß, deine Rechte auf dem Tisch. Unter keinen Umständen wirst du jetzt deinen Puls fühlen.),* »… dass ich automatisch in meine Tasche griff, den Fahrer bezahlte und nach oben ging. Erst Montag früh, als ich die Taschen wechselte, fiel deine Brieftasche heraus, und die ganze Szene fiel mir wieder ein. Da wurde mir natürlich klar, dass das, was in diesen paar Minuten, die wir zusammen gefahren waren, in mir vorging, gegenseitig war; danach war es leicht.«

»Ich kann dir nicht sagen, wie dankbar ich bin.«

In diesem Augenblick wurde der Wein serviert. Wir erhoben unsere Gläser und sprachen wie aus einem Munde unseren ersten Toast aus: »Auf Freud.«

Hier hielt Dr. Furlong inne und sah mich erwartungsvoll an. Was sollte ich sagen? Bisher hatte ich eine Menge über seine Stärken erfahren: er war ein erfolgreicher, kontrolliert handelnder Akademiker, er kannte seine Gefühle und war imstande, über sie nachzudenken, und er hatte beachtliche erzählerische Fähigkeiten. Bisher wusste ich jedoch noch nicht, weshalb er gekommen war. Die Sektoren Autonomie, Affekt, Verstand und Kreativität schienen in Ordnung zu sein. Ich hatte zwar noch nichts über Psychosexualität gehört, aber die Wahrscheinlichkeit war groß, dass ein Problem auf diesem Gebiet von diesem redegewandten, freimütigen Mann inzwischen schon in seine Geschichte eingeflochten geworden wäre. Auf dem Sektor der Bindung lag es auf der Hand, dass seine Ehe alles andere als beglückend für ihn war, aber wenn Elise die Lösung darstellte, was war dann meine Rolle?

Was die positive Übertragung betrifft, sah ich keine unmittelbaren Probleme. Er hatte mich einige Jahre zuvor sprechen gehört, und diese Begegnung hatte offenbar eine genügend positive Verbindung geschaffen, die ihn veranlasste, sich jetzt an mich zu wenden. Seine offene Art, über die Ereignisse zu sprechen, die sein Leben verändert hatten, unterstrichen ein Gefühl von Verwandtheit und eine Bereitschaft, sich meiner Führung anzuvertrauen. Er hatte sich um eine Bestätigung dieser Verwandtheit bemüht, als er mich auf Donizettis Oper ansprach. Ich hätte auf seine Frage, ob ich *Don Pasquale* kenne, einfach mit Ja antworten können, aber die Lebhaftigkeit, mit der er mir diese Frage stellte, hätte ein einfaches »Ja« ernüchternd wirken lassen, deshalb zog ich es vor, mit einer persönlichen Bemerkung auf ihn einzugehen. Entweder würde das die zwischen uns entstehende Bindung stärken oder – falls er vor dieser Vertraulichkeit zurückwich oder geringschätzig auf meinen Geschmack reagierte – es würde mir etwas darüber verraten, wie er unsere Beziehung betrachtete. Wenn ich mit dem Werk nicht vertraut gewesen wäre, dann hätte ich nicht einfach bloß »Nein« gesagt, sondern das Gefühl von Verwandtheit durch eine Bemerkung zu festigen versucht wie: »Nein, falls ich diese Oper schon einmal gehört habe, kann ich nicht behaupten, mich an viel zu erinnern. Geben Sie mir einen Begriff davon, damit ich den Vergleich verstehe, den Sie ziehen wollen.« Der Ausdruck meines Interesses hätte dann als Ersatz für das Band gedient, von dem er hoffte, dass es bereits existierte. Etwas später unterstrich die Überwindung seines abergläubischen Zögerns, mir den Namen seiner Geliebten zu nennen, seine Bereitschaft, sich von meiner Kompetenz Hilfe zu erwarten. Aber nochmals, wobei sollte ich ihm helfen? Meine unmittelbare Aufgabe bestand darin, mich und ihn auf die Probleme hin zu orientieren, die möglicherweise einer psychotherapeutischen Behandlung bedurften.

Therapeut: Sie klingen sehr animiert und glücklich, aber wir müssen noch Ihre anfängliche Frage beantworten, ob Sie mit einem Psychotherapeuten sprechen sollten oder nicht. Etwas hat Sie hier hergeführt, und das werden wir klären müssen.

Dr. Furlong: Hmmm, ich dachte, das würde sich von selbst herausstellen. Etwas macht mir Angst, vermute ich, aber ich weiß nicht, was. Ich bin so glücklich wie nie zuvor, aber da ist eine Art von tiefsitzendem Unbehagen, dessen Quelle ich nicht identifizieren kann.

Therapeut: Wie ist Ihre jetzige Situation gegenüber Ihrer Frau und Elise?

Dr. Furlong: Ich sehe Elise jeden Tag, und wir sind an den Wochenenden zusammen weggefahren, wenn das möglich war. Wir hatten eine Woche zusammen in Kalifornien, als ich zu einem Kongress musste. Ich kann Ihnen verraten, ich bin nicht in viele Sitzungen gegangen, und es war wunderbar. Ich würde nichts lieber tun als auszuziehen und mit ihr zusammenzuleben, aber mein Anwalt hat mir geraten, nicht wegzugehen, solange wir keine Eigentumsregelung getroffen haben.

Therapeut: Sie haben also mit Ihrer Frau über eine Scheidung gesprochen?

Dr. Furlong: Ja, schon wenige Wochen, nachdem es mit uns anfing. Lassen Sie mich weiter erzählen. Ich ging nach diesem ersten Abendessen mit Elise in ihre Wohnung, und wir redeten und redeten bloß miteinander. Wir ermahnten uns ständig gegenseitig, dass wir vorsichtig sein müssten und nichts überstürzen dürften, aber je länger wir redeten, desto klarer wurde es, dass wir gefunden hatten, wonach wir suchten. Obwohl wir schmusten wie zwei Teenager, wussten wir beide, ohne es auszusprechen, dass das, was zwischen uns da war, zu ernst war, um aufgelöst werden zu können, indem wir miteinander ins Bett gingen. Ich bin schließlich um vier Uhr morgens wie auf Wolken schwebend und kein bisschen müde gegangen.

Therapeut: Und Ihre Frau? Was hat sie gesagt, als Sie zur Tür hereinkamen?

Dr. Furlong: Ich weiß nicht, ob sie mich hereinkommen hörte. Wir haben schon seit Jahren getrennte Schlafzimmer. Es hat viele Nächte gegeben, in denen ich überhaupt nicht nach Hause gekommen bin. Sie schläft morgens lang; sie zieht es vor zu glauben, ich sei früh weggegangen, wenn ich nicht da bin. Es gelingt ihr gut, sich nötigenfalls selbst etwas vorzumachen. Ich halte für solche Anlässe immer einen frischen Anzug, ein Hemd und dergleichen in meinem Club bereit.

Therapeut: Aber Sie haben von Scheidung gesprochen?

Dr. Furlong: Ja, sicher. Aber nicht sofort. Elise und ich sind natürlich immer wieder zusammen gewesen. Wir versuchten, erwachsen und realistisch zu sein. Ich habe ihr das Unübersehbare vor Augen gehalten: 32 Jahre. Falls sie sich Kinder wünschte, dann würde ich vielleicht nicht da sein und ihr helfen können, sie großzuziehen. Auch ohne Kinder werde sie bestenfalls in mittlerem Alter als Witwe enden, die ihre Jugend mit einem alten Mann verbrachte. Und was ist, wenn mich das Alter niederwirft? Dann wird sie bei einem Siechen Krankenschwester spielen, während sie in ihren besten Jahren ist. Das hat sie nicht nötig.

Elise sagte, dass ich jünger und besser in Form sei als Männer, die halb so alt sind wie ich, mit denen sie zusammen war – sie hatte einen Freund, der keine Woche durchhielt, nachdem wir uns kennen gelernt hatten –, und außerdem hätten Kinder keinen hohen Stellenwert für sie. Es stellte sich heraus, dass sie sich einige Jahre zuvor hatte sterilisieren lassen; ihre Kindheit war ebenso wie meine kein Picknick gewesen, und die Mutterschaft hat keinen Reiz für sie. Sie argumentierte, es gebe keine Garantie, dass sie mich überlebe, und falls sie krank werde, würde ich sie dann nicht pflegen wollen? Natürlich musste ich diese Frage bejahen.

Sie sagte, vielleicht sollte ich sie nicht heiraten, weil sie zu unerfahren und uninteressant für einen Mann meiner vermeintlichen Gelehrsamkeit sei. In Wirklichkeit ist sie ungeheuer klug für ihr Alter, wie ich ihr sagte, und ich fand sie einfach faszinierend. Wie steht es mit dem Geld?, wollte sie wissen. Obwohl sie nicht auf

Eherecht spezialisiert ist, kennt sie als Anwältin natürlich die finanziellen Konsequenzen einer Scheidung und weiß, dass ein Mann, der es eilig hat, sich erneut zu verheiraten, von einer empörten Gattin und einem gewieften, hartgesottenen Anwalt bis auf die Knochen ausgenommen werden könnte. Ich entgegnete, dass meine Frau ein Vermögen geerbt habe. Sie ist viel reicher als ich. Aber, Doktor, ich habe – nach den paar Jahren, die ich benötigte, um meine Praxis flottzubekommen – immer darauf bestanden, dass wir getrennte Bankkonten haben und nur von meinem Einkommen leben. Jedenfalls habe ich, wie ich Elise sagte, genug beisammen, dass mein Lebensstil nicht betroffen wäre, selbst wenn ein Gericht ihr die Hälfte meines gesamten Besitzes zusprechen und mich zu irgendeiner Art von zusätzlicher Regelung zwingen würde. Wenn man nichts hat außer Arbeit, ist es erstaunlich, wie schnell sich das Geld anhäuft.

So ging es zwischen uns hin und her, jeder versuchte dem anderen das auszureden, was wir uns beide mehr als alles andere wünschten. Nach einer Weile wurde es immer wieder so lächerlich, dass wir in Lachen ausbrachen und ins Bett gingen. Und wenn ich Ihnen das sagen darf, Doktor, für einen Mann, für den Sex nie mit Liebe verbunden war, ist und bleibt das eine wunderbare Erfahrung.

Nachdem dies einige Wochen so weiterging, sagte ich ihr, dass ich sie unbedingt heiraten wolle, falls sie mich haben will, aber dass ich mich auf jeden Fall scheiden lassen würde. Nachdem ich gesehen hatte, wie das Leben sein kann, dass meine Phantasien nicht bloß Phantasien sind, konnte ich nicht fortfahren, in diesem Haus zu leben und zu atmen. Sie sagte, sie sei bereit, und das haben wir jetzt vor.

Therapeut: Und Sie haben Ihre Frau um die Scheidung gebeten?

Dr. Furlong: Ja, vor etwa drei Monaten.

Therapeut: Ihre Reaktion?

Dr. Furlong: Wütend, was sonst? Aber hören Sie, ich sehe gerade, dass unsere Stunde fast zu Ende ist, und ich muss laufen. Das hier tut mir gut. Wann kann ich Sie wieder sehen? Nächstes Mal möchte ich Ihnen etwas zeigen.

Als Dr. Furlong zu seiner zweiten Sitzung erschien, trug er eine braune Einkaufstüte in der Hand. Er setzte sich hin und zog einen

Schuh aus der Tüte. Ihn umdrehend, fragte er: »Sehen Sie das?«, und wies auf eine Stelle in der Nähe der großen Zehe hin, wo das Leder dünngescheuert war.

Dr. Furlong: Wenn ein Bild mehr sagt als tausend Worte, dann sagt ein Schuh mindestens zehntausend. Das kommt davon, dass ich meine große Zehe den ganzen Tag da dran reibe. Bisher musste ich meine Schuhe mindestens dreimal im Jahr ersetzen oder neu besohlen lassen. Chronische Anspannung – wenn man seit über 35 Jahren ein Leben ohne Liebe führt. Meine Frau war niemals glücklich, immer ärgerlich. Ich habe sie wie ein rohes Ei behandelt ... gelernt, nie um etwas zu bitten ... jede mögliche Reibungsfläche vorausgesehen und abgewendet – das war mein Eheleben. Das ist meine Antwort auf Ihre Frage, Doktor. Natürlich war sie wütend, als ich sie um Scheidung bat, aber nicht mehr als früher, wenn ich einen Kuss oder, Gott behüte, mit ihr schlafen wollte. Seit ich Elise kenne, martere ich meine Schuhe nicht mehr, Doktor, und ich werde nicht mehr damit anfangen!

Therapeut: Als ob ich Ihnen das nahelegen würde.

Dr. Furlong: *(Merkt, wie ärgerlich er geworden ist)* Sie haben Recht. Ich möchte wissen, warum ich mich so aufgeregt habe! Sie haben mir geholfen; als ich das letzte Mal von hier wegging, fühlte ich mich ruhig. Ich habe mich darauf gefreut, hierherzukommen, aber einen Moment lang war ich jetzt wütend auf Sie.

Therapeut: Das frage ich mich auch. Sie klangen nicht bloß ärgerlich, sondern abwehrend. Wenn ich es nicht bin, mit wem sprechen Sie dann? Wer steht Ihnen im Weg?

Dr. Furlong: Ich weiß es nicht. Ich fühle mich jetzt nicht mehr ärgerlich.

Therapeut: Sie schildern Ihr Eheleben als ein solche Hölle, aber etwas hat Sie doch bewogen, Ihre Frau zu heiraten. Und, vergessen wir das nicht, Sie sind 35 Jahre in dieser Ehe geblieben.

Dr. Furlong: Glauben Sie mir, ich habe in diesen 35 Jahren täglich in der einen oder anderen Weise darüber nachgedacht. Soweit ich es mir erklären konnte, bin ich in diese Ehe irgendwie hineingeschlittert. Sicherlich hatte ich in unserer Verlobungszeit niemals die Gefühle für sie, die ich für Elise habe. Nein, ich würde nicht einmal sagen, dass ich in sie verliebt war, als wir heirateten.

Therapeut: Wie haben Sie sich kennengelernt, und wie sind Sie in die Ehe hineingeschlittert, wie Sie sagen?

Dr. Furlong: *(Seine Miene wird nachdenklich, und ein schwaches Lächeln umspielt seinen Mund.)* Ich stamme aus einer armen irischen Familie: aus den Slums – nicht Bürgertum mit Spitzenvorhängen. Mein Vater arbeitete im Hafen – Alkoholiker wie die anderen – aber für mich hatte er Ambitionen. Er wollte, dass ich Anwalt werde. Er war nebenbei Wahlkreisleiter, und die einzigen Bonzen, die er kannte, waren die Stadträte und die Lobbyisten; das waren alles Anwälte, deshalb wünschte er sich das auch für mich. Ich war nie scharf darauf, aber bei Dad gab es kein Nein. Nach der Highschool, als er mir einen Ferienjob beim Boss besorgte, dem Mann, der die Maschine am Laufen hielt, ging ich also hin. Ich hatte Glück: Mr. Traynor fand Gefallen an mir, und wenn er mich im Büro sah, verwickelte er mich in Gespräche, die nicht an der Oberfläche blieben. Ich glaube, wir fanden einander; ich war der Sohn, den er nie hatte, und er war der Vater, den ich zu diesem Zeitpunkt brauchte, der mich in einer Weise verstand und beriet, wie es mein eigener Vater niemals konnte.

Obwohl ich gern und fleißig arbeitete und auch ein aufgeweckter Junge war, wurde bald klar, dass die Jurisprudenz und ich nicht füreinander geschaffen waren. Ich weiß nicht, wie er auf diesen Gedanken kam, aber eines Tages musste ich mich hinsetzen und er sagte zu mir, dass ich nach seinem Eindruck einen besseren Arzt als Anwalt abgeben würde. Da dämmerte es mir auch. Er hatte Recht; Dads stures Beharren auf Jura hatte mir nicht die Chance gegeben, darüber nachzudenken, was ich wirklich tun wollte. Mr. Traynor – bis heute fällt es mir schwer, von ihm als Patrick zu sprechen – sagte also, er würde mit Dad reden und schauen, was zu machen sei. Natürlich gab es da kein Problem; Pat Traynors Wort war Gesetz in der Stadt und in jeder irischen Familie. Er sorgte dafür, dass ich ein Stipendium erhielt, und wenn ich mich bewährte, dann stand außer Frage, dass ich einen Studienplatz in der staatlichen Universität bekommen würde. Damals war es nicht so leicht, da hineinzukommen …

Therapeut: Das stimmt. Ich erinnere mich – sieben oder mehr qualifizierte Bewerber pro Studienplatz.

Dr. Furlong: So war es. Er war wie ein zweiter Vater. Nicht wie mein Dad, der laut herumschrie, betrunken umfiel und sich zum Narren machte – sondern würdevoll, ruhig, sehr ernst, hat nicht viel gelächelt, aber schien immer zu wissen, was nötig war, und sorgte dafür, dass es getan wurde. Wir hatten niemals viel, und wenn wir einmal ein bisschen mehr hatten, war die Wahrscheinlichkeit groß, dass Dad es vertrinken würde. Aber wenn ich jetzt mehr Geld brauchte, als ich nebenbei und in den Ferien verdienen konnte, dann war es plötzlich irgendwie vorhanden. Wir haben nie darüber gesprochen, aber ich bin sicher, Mr. Traynor hat es Dad gegeben, der, so sehr es ihn auch jucken mochte, sich nie getraut hätte, es für etwas anderes zu verwenden, als wofür Mr. Traynor es vorgesehen hatte.

Er hat mich ziemlich oft zum Abendessen eingeladen, und da habe ich sie kennengelernt. Sie war seine Tochter, sein einziges Kind. Manchmal denke ich, dass er das vielleicht alles geplant hatte … aber dann möchte ich nicht denken, dass es so war, dass ich manipuliert wurde wie eine Marionette. Nein, ich glaube das nicht. Nicht, dass er in mir keinen Heiratskandidaten für Roseanne gesehen hätte, aber ich muss einfach glauben, dass er mich um meiner selbst willen mochte. Ich weiß, dass es so ist.

Wie ich Ihnen sagte, ich glaube nicht, dass ich in Roseanne verliebt war – sie übrigens in mich genausowenig –, aber wir schienen ganz gut miteinander auszukommen. Sie war nicht anspruchsvoll. Ein Medizinstudent hat nicht viel Zeit, um Geselligkeit zu pflegen – das brauche ich Ihnen nicht zu erklären –, und sie schien es nie zu verübeln, wenn ich eine Verabredung absagen musste, weil ich eine Prüfung hatte – ich hatte immer Prüfungen – oder zu spät zum Abendessen kam. Was mir erst später klar wurde, war, dass sie genauso froh war, wenn sie nicht mit mir ausgehen musste oder ich nicht da war. Ihr Vater war der einzige Mann in ihrem Leben. Sie wusste, dass er sie versorgt wissen wollte, bevor er starb, und da ich sein Wohlwollen besaß, ist sie da hineingeschlittert genau wie ich … das habe ich Ihnen schon gesagt, nicht wahr?

Ich glaube, der Tag unserer Hochzeit war der glücklichste Tag im Leben von Pat Traynor. Meine Eltern waren überwältigt von der Ehre. Dad war entweder so eingeschüchtert oder so berauscht von seinem indirekten sozialen Aufstieg, dass er die ganze Hochzeitswoche über nüchtern blieb, ein weltbewegendes Ereignis, das sich bis zu seinem Todestag niemals wiederholte – übrigens starb er nicht an Zirrhose; er wurde bei der Arbeit im Laderaum von einer Kiste erschlagen.

Die Einzigen, die nicht im siebten Himmel schwebten, waren Roseanne und ich. Wir taten, was man von uns erwartete, und nahmen vielleicht an, dass das, was allen richtig erschien, sich schon als richtig erweisen werde. Aber statt aufzublühen, verwelkten unsere bisherigen lauwarmen Gefühle fast sofort. Sie begann, sehr stark ihrer Mutter zu gleichen – ein kaltes Biest, das genaue Gegenteil von Patrick –, nur darauf bedacht, die Fassade zu wahren, und unfähig zu Gefühlsregungen. Ich hatte mich immer gefragt, wie Patrick seine Frau ertrug. Vielleicht hat er sie geliebt; vielleicht waren es Trägheit und die törichte Hoffnung, dass die Lage nicht schlimmer werden könne und daher besser werden müsse. So habe ich mich in den ersten paar Jahren gefühlt. Ich baute mir eine Praxis auf, und da hat es geholfen, dass wir ein hübsches Haus und keine finanziellen Sorgen hatten. Pat hatte eine Menge Geld auf sie überschrieben und uns beiden klargemacht, dass er uns, solange er lebte, was immer wir brauchten, zur Verfügung stellen werde und dass sie eines Tages alles erben werde.

Vermutlich habe ich ihr gegenüber eine Verpflichtung empfunden, obwohl wir, wie ich Ihnen sagte, sobald ich gut verdiente, von meinem Geld lebten und immer noch leben. Ihr Geld verwendet sie für karitative Zwecke, das Ballett und ich weiß nicht, was noch alles. Sie sitzt in mehreren Gremien – »gekaufte Freundschaft«, wie Frost es nennt.

Therapeut: »Spenden, Spenden!«

Dr. Furlong: Ich wurde jedesmal wütend, wenn ich zu diesen Abendessen und Tanzveranstaltungen gehen musste – jeder küsst jeden zur Begrüßung und zum Abschied –, ein echtes Liebesfest, und dabei weiß man nur zu gut, dass das Einzige, was zählt, dein Geld ist. Aber als ich merkte, wieviel unglücklich verheiratete Frauen bei diesen Anlässen zugange waren, fiel es mir weniger schwer, meinen Smoking anzuziehen. Dazu besteht jetzt keine Notwendigkeit mehr – nie wieder, Gott sei Dank. Und dann konnte ich Pat nicht verletzen; wir blieben die besten Freunde bis zu seinem Todestag. Ich habe mich niemals bei ihm beklagt. Ich denke, er wusste, dass die Situation nicht großartig war, aber er hatte damit gelebt und glaubte vielleicht, dass es keine andere Möglichkeit gibt; ich war immer überzeugt, dass ihm meine Loyalität viel bedeutete.

Therapeut: Sie bekamen Kinder.

Dr. Furlong: O ja, wir mussten ja Enkel produzieren, und das taten wir: zwei Mädchen, die sie gegen mich aufzuhetzen verstand. Als sie klein waren, ließ sie mich nichts mit ihnen zu tun haben, und dann prangerte sie mich als abwesenden Vater an. Die eine studiert jetzt Jura; die andere ist im College und weiß noch nicht, was sie weiter machen will. Dass ich mich von ihrer Mutter scheiden lasse, bestätigt bloß ihre Meinung von mir. Keine von beiden hat mich angerufen, um meine Seite der Geschichte zu hören, seit ihre Mutter sie informiert hat. Ich wollte, dass wir es ihnen gemeinsam sagen, aber natürlich preschte Roseanne vor, und es scheint sie nicht zu interessieren, was ich zu sagen habe.

Therapeut: Obwohl Ihre Frau, Ihren Worten zufolge, gar nicht glücklich mit Ihnen ist, hat es sie erzürnt, dass Sie sich scheiden lassen wollen.

Dr. Furlong: *(So in Fahrt, dass er mich offenbar nicht hört)* Wir leben in diesem großen Haus, wir zwei, und es vergehen ganze Tage, ohne dass wir miteinander reden. Ich meine, kein einziges Wort. Nicht einmal »Guten Morgen« oder »Gute Nacht«.

Therapeut: Und dennoch sagen Sie, dass Ihre Frau über den Gedanken der Scheidung empört ist.

Dr. Furlong: Für die Welt der Wohltätigkeitsbälle, der Oper und der Symphoniekonzerte sind wir ein Paar. Wie wird das für ihre Schickeria-Freunde aussehen? Was werden die Leute sagen? Es war eine Genugtuung für mich, Roseanne zu sagen, dass es mir im Grunde egal ist, was ihre verlogenen Freunde sagen. Solange ihr nicht das Geld ausgeht – und das ist so wahrscheinlich, wie dass die Sonne im Westen aufgeht –, werden ihr diese Kriecher und Speichellecker schmeicheln und schöntun. Was mich betrifft, so kann sie die Schuld ruhig auf mich schieben – männliche Menopause, der gute alte Don Pasquale ohne das Happyend. Ich habe meine Schuldigkeit getan, jetzt ist Schluss!

Therapeut: Sie brauchen mich nicht zu überzeugen. Sie sind derjenige, der glauben muss, dass Sie das Recht haben, die Schritte zu tun, die sie vorhaben.

Dr. Furlong: Sie glauben mir doch, oder?

Therapeut: Ja, ich glaube Ihnen, aber ich kann Ihnen keine Absolution erteilen. Die scheinen Sie sich zu wünschen. Aber wen haben Sie verletzt, wen fürchten Sie zu kränken?

Dr. Furlong: Ich fühle mich nicht schuldig, aber Sie haben Recht. Ich protestiere einfach zuviel. Warum, weiß ich nicht.

Am Ende seiner zweiten Sitzung hatte ich den Eindruck, dass die Angst des Patienten mit dem Gefühl zusammenhing, eine innere Verpflichtung gegenüber seinem verstorbenen Schwiegervater zu verraten, ein Konflikt im Sektor der Bindungsentwicklung. Ich sprach diese Vermutung jedoch nicht aus. Angesichts seiner Fähigkeit zur Introspektion und seines Zugangs zu seinen verborgenen Gefühlen und Emotionen würde er wahrscheinlich selbst zu diesem Schluss kommen, nahm ich an, sofern er mich nicht mit irgendwelchen unvorhergesehenen Fakten überraschte, die zur weiteren Klärung der Vorgänge beitragen würden. Und tatsächlich wirkte Dr. Furlong, als er in seine dritte Sitzung kam, entspannt und recht zufrieden mit sich. Er sagte, er habe von mir geträumt. Die Szene war genauso wie in der Realität: wir saßen einander gegenüber, und er sprach mit mir über seinen Entschluss, sich von Roseanne scheiden zu lassen. Aber allmählich wurde mein Gesicht, das anfangs ganz freundlich gewesen war, immer bekümmerter und verwandelte sich in das von Patrick Traynor. In diesem Augenblick wachte er auf und merkte, dass er weinte.

Die Bedeutung des Traums schien ihm nur zu klar: Seine Ehe mit Roseanne war eine Liebesgabe an den einzigen Menschen – vor seiner Begegnung mit Elise –, der ihn für sein Gefühl verstand und genügend gern hatte, um ihm zu helfen. Jetzt, da Pat tot war, fühlte er sich schuldig, weil er sein Versprechen brach – nicht Roseanne, sondern ihren Vater zu lieben, zu ehren und ihm zu gehorchen.

Dr. Furlong: Wenn ich sie verlassen wollte, dann hätte ich ein Mann sein und es tun müssen, solange Pat noch lebte.

Therapeut: Damals gab es noch keine Elise.

Dr. Furlong: Nein, es war nie jemand da, der mir viel bedeutete. Viele waren willfährig, manche waren aufregend, manche behaupteten, mich zu lieben, aber selbst habe ich diese Liebe nie empfunden.

Aber ich habe über Ihre Worte nachgedacht: mein Wunsch nach Absolution. Ich muss mich selbst freisprechen, und ich glaube, ich habe es getan. Ich habe mir meine Worte durch den Kopf gehen lassen, und ich denke, ich habe Ihnen einen falschen Eindruck vermittelt. Ich habe es so dargestellt, als hätte ich mich vom ersten Tag an ständig in fremden Betten herumgetrieben. So war es nicht. Neun Jahre lang habe ich mich wirklich bemüht, die Ehe zu retten, und bin nicht fremdgegangen. Ich habe Ihnen gesagt, dass ich um einen Kuss und um Sex betteln musste, aber Sie müssen verstehen – nein, Sie müssen nicht verstehen, ich muss mich daran erinnern –, dass dies kein seltenes Vorkommnis war. Neun Jahre lang ist kein Tag vergangen, an dem ich Roseanne nicht zu zeigen versuchte, dass unser Leben anders sein könnte, dass sich etwas entwickeln könnte, wenn wir beide versuchten, an unserer Beziehung zu arbeiten. Schließlich wurden während des größten Teils der Geschichte Ehen arrangiert, vielfach ist es immer noch so, und diese erzwungene Intimität hat manchmal zu etwas geführt – ich weiß nicht, ob man es im romantischen Sinn Liebe nennen kann, aber zu etwas wechselseitig Befriedigenderem, als wir hatten. Aber das Einzige, was ich zurückbekam, war das Klatschen einer Hand. Dann kamen die Kinder zur Welt, und statt dass die Situation besser wurde, verschlimmerte sie sich. Damals begann ich mich umzuschauen und versuchte, mich irgendwie schadlos zu halten.

Therapeut: Warum, glauben Sie, haben Sie nach der Geburt Ihrer Töchter angefangen, sich umzuschauen? Warum damals?

Dr. Furlong: Ich habe darüber nachgedacht. Vielleicht ging damals die Hoffnung in die Brüche, dass durch Kinder alles anders werden würde und wir besser miteinander leben könnten – die Einbildung, dass sich die Bitterkeit, die Enttäuschung und die Wut irgendwie rückgängig machen ließen. Wie sich herausstellte – ich sagte es schon –, haben meine Kinder wenig Zuneigung für mich übrig, und übrigens auch wenig Bedarf. Dank ihres Treuhandvermögens sind sie völlig unabhängig von dem üblichen finanziellen Gängelband, das Kinder an ihren Vater bindet, aber meine gefühlmäßige Einstellung war eine andere. Als sie geboren wurden, habe ich die innere Bindung sehr stark empfunden; damals wegzugehen und sie im Stich zu lassen, wäre völlig undenkbar für mich gewesen. Dass sie mich nicht der Vater sein ließ, der ich hätte sein können, änderte nichts an meinem Gefühl von Verantwortung gegenüber den Mädchen. Sie hatten nicht darum gebeten, in eine zerrüttete Familie hineingeboren zu werden. Aber ich wusste auch, dass ich die eheliche Wüste nicht länger ertragen konnte. So sagte ich mir, wenn mir schon keine Liebe beschieden war, dann konnte ich doch physische Befriedigung und die kurzlebige Zuneigung, die damit einhergeht, geben und bekommen. Ich habe mir nie vorgemacht, dass das Liebe sei, aber ich kann sagen, dass ich nie flüchtige Abenteuer hatte oder zu Prostituierten ging; die Frauen, mit denen ich Beziehungen einging – gewöhnlich einige Monate und in einem Fall mehrere Jahre lang –, waren Menschen, die mir nicht gleichgültig waren und die mich gern hatten. Ich glaube, man könnte sagen, dass ich fremdgegangen bin, um die Fortsetzung meiner Ehe um der Mädchen willen zu ermöglichen.

Therapeut: Und vielleicht, damit Sie nicht weggehen und Pat mit Ihrem Entschluss konfrontieren mussten – falls er damals noch lebte.

Dr. Furlong: Das ist sehr richtig, was Sie da sagen. Ja, er lebte noch, war quicklebendig. Er starb mit 68, hatte einen Herzinfarkt bei der Arbeit, war sofort tot. Muss jetzt zehn Jahre her sein.

Therapeut: Und jetzt haben Sie mit Ihrem Gewissen zu ringen.

Dr. Furlong: Das habe ich in der letzten Woche, seit ich hier war, getan. Ich bin Patrick dankbar, und ich werde ihn nie vergessen, aber ich schulde ihm nicht mein ganzes Leben. Ich hatte den Entschluss zur Scheidung gefasst, bevor ich zu Ihnen kam, aber jetzt, denke ich, kann ich problemlos damit leben. Meine Wut auf Roseanne scheint sich in Mitleid verwandelt zu haben. Auch sie ist ein Opfer; auch sie muss sich ein anderes Leben vorgestellt haben. Die Kinder – ich weiß nicht –, ich werde tun, was ich kann. Vielleicht, wenn ich mir gestatten kann, glücklicher zu sein – glücklich – wird das irgendwann auch unsere Beziehung verändern.

Therapeut: Das wäre gar nicht ungewöhnlich.

Dr. Furlong: Ich hoffe, dass mir Pat verziehen hätte, aber wichtiger ist, dass ich mir selbst verziehen habe.

Therapeut: Man kann das, sobald man sich klar darüber wird, was gespielt wird und wer die Mitspieler sind.

Dr. Furlong: Ich bin Ihnen dafür dankbar. Ich schulde Ihnen viel. *(Überlegt)* Das ist erstaunlich …

Therapeut: Mmm?

Dr. Furlong: Es ist mir nie in den Sinn gekommen, irgendeinen anderen Psychiater aufzusuchen; ich habe einfach Ihre Nummer gefunden und zum Telefon gegriffen.

Therapeut: Ja?

Dr. Furlong: Dieses Seminar, das Sie an der medizinischen Fakultät gehalten haben – das muss vor fünf, sechs Jahren gewesen sein?

Therapeut: Stimmt.

Dr. Furlong: Ich war dort …

Therapeut: Ich weiß, ich erinnere mich.

Dr. Furlong: Ich hatte das ganz vergessen, bis jetzt. Aber jetzt erinnere ich mich und, wissen Sie was, Ihre Redeweise – oder vielleicht sind es die dreiteiligen Anzüge, die Sie immer tragen – haben mich an Pat erinnert. Ich denke, Sie haben wirklich einige Ähnlichkeit mit ihm.

Therapeut: Es bestand hier also die Möglichkeit der Absolution, als Sie noch glaubten, sie zu brauchen.

Dr. Furlong: Es stellt sich immer wieder heraus, dass Freud recht hatte, nicht wahr? Was für ein Phänomen.

Therapeut: Das ist er tatsächlich.

Dr. Furlong: Ich sollte etwas von Freud lesen. Ich habe über ihn gelesen, aber es gibt einfach keinen Ersatz für das Original, oder?

Therapeut: Wohl wahr – speziell in Bezug auf Freud.

Dr. Furlong: Vielleicht lese ich die *Traumdeutung* oder die *Einführungsvorlesungen.* Die gibt's als Taschenbuch.

Therapeut: Ich würde nicht damit beginnen. Die Titel täuschen. Das können schwierige und verwirrende Werke sein. Wenn Sie eine gute Zusammenfassung von Freuds Gedanken über die Analyse wollen, lesen Sie *Die Frage der Laienanalyse.* Das ist wirklich eine geeignete Einführung.

Dr. Furlong: Gut, danke. Und nochmals danke dafür, dass Sie mir geholfen haben, all dies zu klären. Ich werde wiederkommen, wenn es nötig ist.

Therapeut: Schön, und alles Gute.

Dr. Furlong repräsentiert einen Typus von Patient, der in Lehrbüchern oft beschrieben wird, dem man aber in der Praxis selten begegnet. Diese Patienten beginnen mit Hilfe der positiven Übertragung eine Narration, die sie orientiert und in deren Verlauf sie ihre Schwierigkeiten lösen können. Meine Funktion bestand nur darin, ihm Orientierungshilfe zu geben und ihn zu bestätigen. Was eine ungelöste Bindungsproblematik gewesen war, konnte im Sektor der Autonomie erfolgreich bearbeitet werden. Wie es gewöhnlich geschieht: Sobald er imstande war, erwachsen zu werden und die Notwendigkeit zu akzeptieren, mit den Konsequenzen seiner Entscheidung zu leben, ließ seine Angst nach. Darüber hinaus – und das kam nicht unerwartet, sobald Dr. Furlong die Verantwortung für sich selbst übernahm – legte sich auch der Zorn seiner Frau und wurde von einer verständnisvolleren Sicht abgelöst.

Der Grund, warum es Dr. Furlong gelang, so rasche Fortschritte zu machen, war, dass die unbewussten Scham- oder Schuldgefühle, die ihm zusetzten, ihn nicht an der Introspektion hinderten. Wie im nächsten Kapitel dargestellt werden wird, sind dies die primären Hindernisse, die der Kurztherapie im Wege stehen.

7. Wenn mehr Zeit nötig ist, um eine Charakteränderung zu erzielen: Michelle Longwood

Kurzfristige Behandlung ist nicht zu empfehlen, wenn (1) es klar wird, dass der Patient eine längerfristige Unterstützung brauchen wird, um kompetent handlungsfähig zu bleiben, (2) die Widerstände des Patienten so groß sind, dass der Therapeut nicht imstande sein wird, ohne umfangreiche Sondierung eine befriedigende Orientierung auf das Problem zu erzielen, oder (3) die Defizite des Patienten so beschaffen und/oder so groß sind, dass eine substantielle Entwicklung und Wachstum nur im Rahmen einer Übertragungsbeziehung möglich sind. Ein auf dem Entwicklungsmodell basierendes diagnostisches Gespräch ergibt gewöhnlich ziemlich rasch nicht nur, ob ein Patient eine langfristige Behandlung braucht, sondern auch aus welchem Grund.

Die Notwendigkeit langfristiger Unterstützung

Michelle Longwood, eine 42jährige Ärztin, suchte psychiatrischen Beistand aufgrund von Problemen, bedingt durch mehrfache Abhängigkeit: von übermäßigem Essen, Alkohol und Narkotika. Sie glaubte, dass ihre psychische Dekompensation mit der Krankheit und dem kürzlichen Tod ihres Mannes zusammenhänge.

Die Patientin war das einzige Kind eines gut situierten Ehepaares, das in einem Vorort von Chicago lebte. Hochintelligent und in selbstquälerischer Weise introspektiv, war ihr bewusst, dass sie ein ängstliches Kind gewesen war, das sich nur in der Nähe ihrer Eltern wohl fühlte. Schon die Vorstellung, in einem Sommerlager zu übernachten, an einer Pyjama-Party teilzunehmen oder eine Freundin ein paar Tage lang in deren Urlaubsort zu besuchen, war so angsterregend, dass sie sich auf solche Unternehmungen niemals einließ. Als fleißige und begabte Schülerin hatte sie in der Grund-

und Mittelschule immer gute Noten. Sie hätte an ein erstklassiges College gehen können, zog aber eine weniger renommierte Anstalt vor, die es ihr gestattete, zu Hause zu leben. Obwohl sie gern Ärztin war, war ihr Entschluss zur Medizin als Beruf auch von der Tatsache beeinflusst worden, dass die vier medizinischen Fakultäten in Chicago ihr gestatteten, auch weiterhin bei ihren Eltern zu wohnen; natürlich bewarb sie sich an keiner Universität außerhalb ihrer Heimatstadt. Sie heiratete einen Kommilitonen, nicht in erster Linie wegen seiner vielen guten Eigenschaften und seiner Liebe zu ihr, wie sie sagte, sondern weil ihre Eltern älter wurden und sie sich davor fürchtete, allein zurückzubleiben.

Die Ehe war anscheinend halbwegs glücklich. Dr. Longwood und ihr Mann, beide Kinderärzte, bauten zusammen eine gutgehende Praxis auf, und als ihre eigenen Kinder geboren wurden, teilten sie sich ihre Arbeitszeit so ein, dass sie sich die Aufgabe ihrer Erziehung teilen konnten. Solange sich die Patientin unterstützt fühlte, war sie auf hohem Niveau funktionsfähig. Sie war eine kompetente Ärztin und bewährte sich auch als Mutter; sie hatte viele Freunde und war in der Gemeinde aktiv. Auch der Tod ihrer Mutter und kurz danach die Unterbringung ihres Vaters in einem Pflegeheim aufgrund von vorzeitiger Senilität rief bei ihr keine psychische Dekompensation hervor. Dr. Longwoods Stabilität geriet jedoch ins Wanken, als bei ihrem Mann ein seltener Knochenkrebs diagnostiziert wurde. Als die Krankheit voranschritt, pflegte sie ihren Mann gewissenhaft und mit Hingabe. Sie hielt ihr Berufsleben aufrecht und sorgte mit Hilfe einer ganztags beschäftigten Haushälterin für die Kinder. Aber sie fühlte sich untertags zunehmend nervös und konnte nachts kaum schlafen. Sosehr sie sich auch einzureden versuchte, dass die Realität ihres täglichen Lebens ihre Befürchtungen widerlege, sah sie sich außerstande, weiterzumachen, seit ihr Mann ausgefallen war. Von Angst getrieben, begann sie übermäßig zu essen. Als sie so stark zugenommen hatte, dass ihr die Kleider nicht mehr passten, versuchte sie erfolglos, ihre Angst und Schlaflosigkeit unter Kontrolle zu bringen, indem sie zuerst kleine, dann zunehmend größere Mengen der Narkotika nahm, die ihrem Mann verschrieben worden waren. Sie bemühte sich nicht um Hilfe, weil sie befürchtete, wenn ihr Zustand bekannt würde, wäre ihre berufliche Reputation gefährdet und sie würde möglicherweise ihre ärztliche Approbation verlieren. Als sie bei ihrer verzweifelten Suche nach Erleichterung zusätzlich zum Alkohol griff, wurde die Verschlechterung ihres Zustands immer offenkundiger. Obwohl ihr Mann schwer krank war und starke Schmerzen litt, verlor er nicht die Nerven und zwang sie mit Hilfe mehrerer enger Freunde, ihrem Zustand ins Auge zu sehen. Sie erklärte sich bereit, anonym in einer Klinik eine Alkohol- und Drogenentziehung zu machen und eine psychotherapeutische Behandlung zu beginnen.

In diesem Behandlungszentrum nahm Dr. Longwood an einer Gruppentherapie teil und wurde bald zur Starpatientin. Wie in dem Programm vorgesehen, beteiligte sie sich bei den Anonymen Alkoholikern sowie an einer ähnlichen Gruppentherapie für Drogenabhängige. Sie wurde vor Abschluss des vollständigen Programms aus der Klinik entlassen, weil ihr Mann in den letzten Stadien seiner Krankheit war. Er starb zwei Wochen nach ihrer Rückkehr. Mit Hilfe ihrer Freunde, ihres AA-Sponsors und von Mitgliedern der Drogenentzugsgruppe wurde sie relativ gut mit dem Verlust ihres Mannes fertig. Obwohl sie jetzt frei von chemischer Abhängigkeit war, konsultierte sie mehrere Monate nach Regelung der Angelegenheiten ihres Mannes einen Psychiater, der ihr zuvor empfohlen worden war, um die im Krankenhaus begonnene psychotherapeutische Behandlung fortzusetzen.

Als ihr Therapeut mich bezüglich ihres Falls zu Rate zog, war Dr. Longwood seit etwa einem Monat zweimal wöchentlich bei ihm in Therapie. Bei ihrem ersten Besuch in seiner Praxis war das Auffallendste ihr Eifer gewesen, den Therapeuten zufrieden zu stellen. Sie erzählte ihm von sich aus ihre Geschichte, äußerte berechtigten Stolz auf ihre Abstinenz und Drogenfreiheit, gab aber zu, dass sie nach wie vor Essensprobleme habe. Sie hatte zu diesem Zeitpunkt immer noch erhebliches Übergewicht, versicherte dem Therapeuten aber – als ob er sie deswegen ermahnt hätte –, dass sie jetzt an einem Programm zur Gewichtsreduktion teilnehmen werde. Eben dies hatte sie bereits getan, sie hielt sich an die vorgeschriebene Diät und nahm ein oder zwei Pfund pro Woche ab. Von Anfang an hatte sich die Patientin so benommen, als ob die Therapie von nun an einen dauernden Bestandteil ihres Lebens bilden werde. Im Erstgespräch fragte sie nach den Urlaubszeiten des Therapeuten, damit sie ihren Urlaub auf seinen abstimmen könne. Sie wollte wissen, ob er sein Honorar periodisch erhöhe, um das in ihr Budget einplanen zu können.

Was den Therapeuten beunruhigte und ihn veranlasste, sich mit mir zu beraten, war sein Gefühl, dass die Therapie keine Fortschritte mache. In jeder Sitzung schien sich Dr. Longwood damit zufrieden zu geben, ihm zu berichten, wie gut die Dinge vorangingen: sie nehme an allen Sitzungen ihrer Selbsthilfegruppen teil, bleibe abstinent, kehre allmählich wieder zu ihrer Berufstätigkeit zurück, komme mit den Kindern während dieser seelisch belastenden Zeit gut zurecht und so weiter. Wenn der Therapeut versuchte, tiefer in Dr. Longwoods Kindheitsgeschichte einzudringen, um etwas über den Ursprung ihrer Trennungsangst zu erfahren, dann beantwortete die Patientin höflich seine Fragen, hörte sich anscheinend aufmerksam an, was ihr der Therapeut zu sagen hatte, und ergriff dann die erste Gelegenheit, um in ihrem Bericht über die Ereignisse ihres Alltags und die Belege für ihre ständige Besserung fortzufahren. Es habe den Anschein, dass momentan nicht mehr zu erreichen war; zumindest gegenwärtig scheine die Patientin außerstande, tiefer zu gehen und die Wurzeln ihrer psychischen Schwierigkeiten zu erforschen. Ihr einfach als Publikum zu dienen, könne man schwerlich als Psychotherapie bezeichnen; ja der Therapeut hatte das Gefühl, dass es beinahe unprofessionell sei, die Patientin unter diesen Umständen weiterhin kommen zu lassen.

Da er mein Interesse an kurztherapeutischer Behandlung kannte, wollte er wissen, ob er die Therapie beenden solle – oder vielmehr, wie er es anstellen solle, diese Art von Behandlung zu einem natürlichen Abschluss zu bringen.

Meine Auffassung von diesem Fall unterschied sich erheblich von der des Therapeuten. Auf die Entwicklungssektoren bezogen, schienen die Schwierigkeiten Dr. Longwoods im Bereich der Autonomie zu liegen; ihr ganzes Leben lang war ihre Kompetenz von einer bestehenden Bindung abhängig gewesen. Die idealisierende Übertragung war stark und von Beginn der Therapie an vorhanden gewesen. Was sich die Patientin zu wünschen schien, war eine bestätigende Reaktion seitens des Therapeuten. Solange die Bindung gesichert war, verfügte sie über ein ausgezeichnetes Problemlösungsvermögen; sie war gut auf ihre Situation und deren potentielle Probleme orientiert, hatte tadellose Bewältigungskompetenzen entwickelt und entwickelte sie auch weiter, pflegte erfolgreich die Beziehungen zu ihren Freunden und innerhalb ihrer Selbsthilfegruppen und stellte in der Therapie einen guten affektiven Kontakt her. Ihre Fähigkeit, über ihre Situation nachzudenken und sie zu einer kohärenten Erzählung zu organisieren, zeigte sich sowohl darin, dass sie der Star in der Gruppentherapie war, als auch in der Art und Weise, wie sie sich ihrem Therapeuten präsentierte.

Dennoch war dies nach meinem Eindruck kein kurztherapeutischer Behandlungsfall, obwohl die Patientin nicht mehr drogenabhängig war und sich erfolgreich wieder in ihr familiäres und berufliches Leben eingegliedert hatte. Was Dr. Longwood jetzt anstrebte, war, den Therapeuten für den bestätigenden Aspekt der positiven Übertragung zu gewinnen. Wenn er ihre Therapie jetzt beendete, dann, befürchtete ich, werde sie rasch dekompensieren und außerstande sein, mit dem kürzlichen Verlust ihres Mannes fertig zu werden, der ihre Bindungsbedürfnisse erfüllt hatte, bis der Therapeut in ihr Leben trat. Ihre Fähigkeit, sich reibungslos von ihren Eltern zuerst auf ihren Mann und jetzt auf den Therapeuten umzuorientieren, war für mich kein Zeichen von Oberflächlichkeit oder Mangel an Gefühl, sondern ein wirksamer Mechanismus zur Kompensation dessen, was ihr im Sektor der Autonomie zu fehlen schien. Der Vergleich, der mir einfiel, als ich den Bericht über diese Patientin hörte, war der mit einem Kind, das mit dem Ausruf von der Schule nach Hause kommt: »Rate mal, was heute passiert ist!« Das Kind wünscht sich Zuhörer und möchte durch das bestätigende Interesse der Eltern an seinen Schulerlebnissen unterstützt werden. Wenn die Eltern zu hören bekommen, was die Lehrerin gesagt und wer wem was am Spielplatz angetan hat, wenn sie Stolz auf eine gute Note äußern oder eine Enttäuschung mit dem Kind teilen, dann nehmen diese Ereignisse für das Kind eine Realität an, die sie bis dahin nicht hatten. Sie werden erst jetzt wirklich und können dann in das Selbst des Kindes integriert werden. In ähnlicher Weise benötigen Patienten wie Dr. Longwood laufend Feedback von elterlichen Bezugspersonen. Dass ihr Therapeut geduldig und mit Interesse zuhörte, war sehr hilfreich, aber es war nicht genug. Ich empfahl dem Therapeuten, der Patientin wie Mutter oder Vater, die ein Interesse am Schultag des Kindes bekunden, nicht zur zuzuhören, sondern sie nach den Einzelheiten der Vorkommnisse zu fragen. Als Dr. Longwoods Therapeut würde ich zum Beispiel die Namen der Mitglieder ihrer Selbsthilfegruppe wissen wollen, und ich würde sie fragen, wer auf sie eingegangen ist und was Bill zu sagen hatte und ob Mary ihre üblichen zynischen Bemerkungen machte und so weiter. Bestätigen – oder Spiegeln – bedeutet nicht in erster Linie, dem anderen als Resonanzboden zu dienen oder ihm Anerkennung zu spenden, obwohl auch dies seine Berechtigung hat, sondern es geht darum, die Einzelheiten der Transaktionen der Patientin mit ihrer Umgebung aktiv kennen zu lernen. Die Gültigkeit ihrer Existenz ruht auf dem Interesse des bedeutsamen Anderen. Der Grund, warum sich der Therapeut nutzlos fühlte, war seine Frustration darüber, nicht dahinterzukommen, was die Patientin eigentlich von ihm wollte.

Nach meiner Auffassung besteht jede Psychotherapie aus drei potentiellen Phasen: die Wiederherstellung des kohärenten Selbst, die Stärkung und Erhaltung des kohärenten Selbst und dann die Arbeit mit dem Patienten, um Einsicht in die Struktur des Selbst zu gewinnen. Bei vielen Patienten ist nicht mehr nötig als die Wiederherstellung des kohärenten Selbst, und dies sind natürlich die PatientInnen, die aus kurzfristiger Behandlung Nutzen ziehen. Psychoanalytische Arbeit wird hauptsächlich in der dritten Phase geleistet, in der es vor allem darum geht, Einsicht in abgespaltene Aspekte des Unbewussten zu gewinnen. Bei Patienten wie Dr. Longwood liegt das Schwergewicht auf der zweiten Phase, der Erhaltung eines lebensfähigen Selbst. Dr. Longwood kam zum Therapeuten mit einem bereits wiederhergestellten kohärenten Selbst, dank der Interventionen ihrer Freunde, des Behandlungszentrums und der Unterstützungsgruppen. Die Aufgabe des Therapeuten bestand jetzt darin, das kohärente Selbst durch entsprechende Bestätigung zu erhalten und zu festigen. Ob man in die dritte Phase eintreten würde, das musste sich erst herausstellen; aber diese Phase sollte man nur dann angehen, wenn der Patient die Bereitschaft und Fähigkeit erkennen lässt, diesen Schritt zu tun.

Bisher ist die dynamische Therapie immer mit dem dritten Schritt gleichgesetzt worden, nämlich dem Patienten durch wohlüberlegte

Deutung der Fingerzeige, die uns das Unbewusste gibt, zur Einsicht in die Entstehung seines Selbst zu verhelfen. Aber dies ist eine zu enge Definition. Wie ich in einer früheren Veröffentlichung (1988) schrieb, umfasst die dynamische Psychotherapie alles, was Therapeuten tun, um den Patienten in die Lage zu versetzen, jene Entscheidungen zu treffen, die am ehesten zu Kompetenz führen (man erinnere sich an Abbildung 1.2). Deutung – das heißt, Unbewusstes bewusst machen – ist eine Methode, um dieses Ergebnis zu fördern, aber sie ist nicht der einzige Weg. In Dr. Longwoods Fall war es nötig, das erfolgreiche Bestreben der Patientin, ihre Kompetenz zu erhalten, und das damit verbundene Gefühl von Leistung und verdienter Selbstachtung zu bestätigen, und das würde eine unbefristete Behandlung erfordern. Ich versicherte dem Therapeuten von Dr. Longwood, dass er, sobald er sich die Legitimität des Bedürfnisses der Patientin klargemacht und die Notwendigkeit einer fortlaufenden Therapie auf dieser Ebene verstanden habe, dies als eine ebenso befriedigende und aufschlussreiche Form der Behandlung empfinden werde wie jene Therapieformen, in deren Mittelpunkt die Erforschung der Kindheit und das Aufdecken der verborgenen Gründe für das Verhalten eines Patienten steht. Viele PatientInnen wie Dr. Longwood gewinnen dank entsprechender Bestätigung ihres Bemühens um Kompetenz durch den Therapeuten schließlich die Kraft, auf eigenen Füßen zu stehen. Sie spüren dann, dass die Therapie ihren Zweck erfüllt hat und abgeschlossen werden kann. Die Beendigung sieht bei diesen Patienten gewöhnlich so aus, dass man die Frequenz der Sitzungen allmählich verringert und dann die ausdrückliche Zusicherung gibt, dass die Behandlung wieder aufgenommen werden könne, wenn und falls es sich als notwendig erweist.

Widerstand

Zu der zweiten Gruppe von PatientInnen, die sich nicht für eine Kurzzeitbehandlung eignen, zählen jene, die zwar Hilfe wollen und benötigen, deren Gefühle von Schuld, Misstrauen oder Scham aber einer entsprechenden Orientierung auf ihre Schwierigkeiten im Wege stehen; ohne Orientierung auf das Problem können die nächsten Schritte zu dessen Lösung nicht unternommen werden (siehe Abbildung 1.3). Die von Freud beschriebenen schuldgeplagten PatientInnen stellen die klassischen Beispiele für diese Art von Situation dar.

Wir vergessen gern, dass Freud seine Laufbahn in der Psychiatrie mit kurzdauernder Psychotherapie begonnen hat. Mindestens zehn Jahre lang, von 1887 bis 1897, benutzte er Hypnose, um seine PatientInnen altersmäßig regredieren zu lassen, so dass das auslösende Ereignis ihrer Pathologie identifiziert und die damit verknüpften traumatischen Erinnerungen durch Gegensuggestion und Abreaktion erneut durchlebt und entschärft werden konnten. Diese Behandlungen wurden innerhalb von Wochen abgeschlossen, aber wie Freud lernte, bedeutete der anfängliche Erfolg bei der Symptombehebung nicht notwendigerweise, dass der Patient geheilt war. Eine bestimmte Anzahl von PatientInnen erlitt Rückfälle, und es zeigte sich, dass Wiederholungen der hypnotischen Behandlung keine dauerhafteren Wirkungen erzielten als die erste. Die psychoanalytische Methode kristallisierte sich allmählich heraus, während Freud und diese PatientInnen, für deren Pathologie er den Begriff *Psychoneurose* prägte, darum rangen, eine dauerhaftere Lösung für ihre Schwierigkeiten zu finden (Gay 1988; Jones 1953).

Was Freud lernte und uns lehrte, war, dass die Therapie im Fall von psychoneurotischen PatientInnen keine direkte Verbindung zwischen Kindheitstrauma und manifester Symptomatik des Patienten herstellen konnte. Die Schuldgefühle des Patienten wegen verbotener sexueller Wünsche in der Kindheit standen der Einsicht und Abreaktion im Wege. Erst wenn die verbotenen sexuellen Wünsche – der ödipale Konflikt – nach und nach in der Beziehung zum Analytiker remobilisiert, erneut durchlebt und dieses Mal gedeutet statt bestraft wurden, konnten die Schuldgefühle des Patienten hinreichend entkräftet werden, um die auslösenden Ereignisse oder Phantasien zutage treten zu lassen.

In ähnlicher Weise fand Heinz Kohut mit Hilfe der psychoanalytischen Methode der Übertragungsanalyse heraus, dass PatientInnen, die in der Kindheit entsprechende Bestätigung entbehren mussten, Scham empfinden – nicht über ihre affektiven Bedürfnisse, sondern über sich selbst, weil sie diese Bedürfnisse haben. Und aufgrund dieser Scham sträuben sich diese PatientInnen oft lange Zeit dagegen, ihre Bedürfnisse in der Therapie zu offenbaren. Eine lange Periode des *empathischen Eintauchens*, wie Kohut (1971) es nannte, ist erforderlich, während diese Patienten die Wechselfälle der therapeutischen Beziehung als solche zum therapeutischen Thema machen. Erst wenn sie ihre Scham über ihr Bedürfnis nach dem Therapeuten durcharbeiten, können sie sich selbst gestatten, in der Übertragung zu wiederholen, was in ihren frühen, prägenden Jahren geschah. Auch in diesen Fällen muss die Therapie unbefristet bleiben. (Ich habe an anderer Stelle [1988] die Diagnose und Behandlung psychoneurotischer Probleme und narzisstischer Persönlichkeitsstörungen erörtert.)

Blockierte oder fehlgeschlagene Entwicklung

Eine dritte Gruppe von PatientInnen, die mehr als eine kurzzeitige Therapie benötigen, besteht aus Menschen, deren Entwicklungsdefizite leicht erkennbar sind und die die Gelegenheit benötigen, in der therapeutischen Beziehung gewissermaßen erwachsen zu werden. Dieser Schritt ist das, was Freud als *Nacherziehung* [im Original deutsch] bezeichnete. Bei der Behandlung dieser Patienten verhält sich der Therapeut ebenso wie in der Kurzzeittherapie aktiv, und die Therapie verläuft nicht regressiv, sondern progressiv, aber der zeitliche Rahmen ist ein anderer. Diese Patienten benötigen eine unbefristete Behandlung, in der ihnen der Therapeut nicht nur Verständnis für ihre emotionalen Bedürfnisse vermittelt, sondern sie bei der Erfüllung dieser Bedürfnisse anleitet. Adoleszente PatientInnen fallen in diese Kategorie ebenso wie manche Jungverheiratete oder Klienten, die irgendeine andere dramatische Veränderung ihrer gewohnten Lebenssituation durchmachen (Basch 1980, 1988). Es ist jedoch wichtig, nicht zu vorschnellen Schlüssen zu gelangen. Manchmal spricht ein Patient mit erheblichen Entwicklungsproblemen erstaunlich rasch auf eine kurzzeitige Behandlung an. Dazu zählte zum Beispiel Mr. Dale. Die überlieferten Erkenntnisse besagen, dass wir unseren Patienten am besten dienen können, wenn wir ihnen helfen, den Einfluss von Kindheitsereignissen auf ihre gegenwärtigen Schwierigkeiten zu verstehen, während sie in der Übertragung auf den Therapeuten ihre Vergangenheit erneut durchleben. Alles außer einer solchen zwangsläufig langwierigen Behandlung wird als ein Kompromiss angesehen. Ich empfehle eine Wendung um 180 Grad. Man betrachte jeden Patienten als jemanden, dem bis zum Beweis des Gegenteils geholfen werden kann, alle Kompetenzen, die er oder sie erworben hat, zur Lösung seines wie auch immer gearteten Problems einzusetzen. Mit Hilfe des entwicklungsbezogenen Modells wird man sehr rasch jene relativ wenigen PatientInnen identifizieren können, die mehr als eine Kurztherapie benötigen. In diesen Fällen können unsere Kenntnisse dazu dienen, Patienten nicht nur begreiflich zu machen, dass sie eine längerfristige Behandlung brauchen, sondern auch, warum diese nötig ist.

Teil III

Kurztherapie und begrenzte Ziele

8. Klärung und Orientierungshilfe: Grant Rausen und William Semic

Die PatientInnen, mit denen wir es bisher zu tun hatten, waren für eine Psychotherapie motiviert, und sie waren bereit und imstande, den Charakter und die Entwicklung ihrer jeweiligen Probleme aus ihrer Sicht zu erörtern. Die folgenden klinischen Fälle führen uns vor Augen, wie man trotz begrenzter Zielsetzung produktiv mit Patienten umgehen kann, die weniger fähig sind, sich am therapeutischen Prozess zu beteiligen. Sie zeigen, dass selbst bei Patienten, die nicht in der Lage sind, sich an andere zu binden bzw. sich diesen anzuvertrauen, dieses Handicap durch umsichtige Anwendung des Entwicklungsmodells hinreichend überwunden und ein signifikantes therapeutisches Ergebnis erzielt werden kann.

GRANT RAUSEN

Der erste Patient, den ich in diesem Teil vorstelle, war überhaupt nicht motiviert, mit einem Therapeuten zu sprechen, und obwohl sich seine Entwicklungsproblematik letztlich als überaus lehrreich erwies, stellte er anfangs eine beträchtliche Herausforderung dar. Wie ich mit ihm umgehen sollte, blieb mir eine Zeit lang ein Rätsel.

Erste Sitzung

Als ich Grant Rausen, einen etwas untersetzten, 40jährigen Mann mit Halbglatze, begrüßte, empfand ich seine Reaktion als übertrieben herzlich; sie kam mir unecht vor. Er trug ein mittelgroßes Ringbuch bei sich, und obwohl sich neben dem Patientenstuhl ein Abstelltisch für derartige Dinge befindet, legte er sein Notizbuch während der ganzen Sitzung nicht aus der Hand. Sein Jackett wirkte etwas eng, aber er ließ es zugeknöpft. Ich hatte den Eindruck, dass er tat, was er konnte, um sich abzukapseln.
Mr. Rausen sagte, man habe ihm erklärt, dass er ein Kommunikationsproblem habe und seine Arbeitsstelle aufgeben solle. Er war

empört, dass dies der Dank für fünfzehn Jahre pflichtbewussten und erfolgreichen Einsatzes für seinen Arbeitgeber sein solle, eine Kaufhauskette, bei der er auf der mittleren Managementebene tätig war. Er hatte Beschwerde dagegen eingelegt und war vor dem Schlichtungsausschuss angehört worden. Der zuständige Schlichter hatte entschieden, dass er entweder mit einer Abfindung in Höhe von sechs Monatsgehältern kündigen oder weiterarbeiten und sich auf Kosten der Firma in Psychotherapie begeben könne, um festzustellen, ob sich sein Problem beheben lasse. Falls er den letzteren Weg wähle und sich seine Leistungsbeurteilung in sechs Monaten nicht bessere, dann habe sein Arbeitgeber das Recht, ihn zu entlassen.

Als mir Mr. Rausen diese Geschichte erzählte, hätte er genauso gut über jemand anderen sprechen können. In seiner Stimme schwang keine Furcht mit; er klang im Gegenteil höchst selbstsicher, als befinde er sich in keinerlei Schwierigkeiten. Er fügte hinzu, dass er die Beurteilung, die er erhalten habe, als völlig unberechtigt ansehe. Er sei sehr darauf bedacht, sagte er, den Kontakt zwischen sich und seinen Kollegen nicht abreißen zu lassen. Es sei sein Vorgesetzter, Roger Bennan, der die Probleme schaffe, nicht er. Man könne es dem Mann einfach nicht recht machen. Wenn Mr. Rausen um Klarstellung und Anweisungen ersuche, komme von Roger nichts. Wenn er um Hilfe bitte, habe Roger keine Zeit für ihn oder erledige die Aufgabe selbst. Bis vor zwei Jahren, als Roger die Leitung seiner Abteilung übertragen wurde, habe sich niemand über ihn beklagt. Mr. Rausen sagte, er sei sich genau im Klaren darüber, was vorgehe: man habe ihn zum Prügelknaben auserkoren. Roger Bennan befürchte, dass die Vizepräsidentin ihre Abteilung als mangelhaft bewerten werde, und suche deshalb nach einem Sündenbock.

Rausen erklärte weiter, er sehe keinen Sinn darin, mich zu konsultieren; er habe einem Termin bei mir nur zugestimmt, um nicht sofort entlassen zu werden. Er rechne damit, bald die Vizepräsidentin sprechen zu können, und er sei sicher, dass sie zu seinen Gunsten entscheiden werde, sobald er ihr die Situation erklärt habe und seine bisherigen Ergebnisse mit ihr durchgegangen sei.

Bei jedem potentiellen Patienten muss man eine Entscheidung treffen, ob Psychotherapie angezeigt ist oder nicht, und Mr. Rausen hätte durchaus jemand sein können, bei dem es nicht der Fall war. Was ich merkwürdig fand, war sein Auftreten. Seine Haltung ließ erkennen, dass ihm jegliches Gefühl innerer Verwandtschaft mit mir fehlte. Selbst wenn man ihn an die falsche Stelle geschickt hatte, wäre zu erwarten gewesen, dass er Wert darauf legen würde, mich auf seine Seite zu ziehen und sich von mir Bestätigung für seinen Standpunkt zu holen. Mr. Rausen war es jedoch offenbar gleichgültig, was ich dachte, und er schien nichts von mir zu wollen. Falls er tatsächlich mit seiner Annahme Recht hatte, dass er nicht in meine Praxis gehörte, konnten wir uns einfach trennen. Aber falls hier die Notwendigkeit einer Psychotherapie vorlag, dann würde sich dieser offenkundige Mangel an Bewusstsein, dass er meine Hilfe benötigen und gebrauchen könnte, als ein Problem erweisen.

Während ich Mr. Rausen zuhörte, fühlte ich mich immer unbehaglicher. Er sprach in einem salbungsvollen, scheinheiligen Ton, der mir gegen den Strich ging. Auch habe ich gelernt, apodiktischen Feststellungen zu misstrauen, die keinen Raum für irgendeinen anderen Standpunkt als den des Sprechers lassen. Ich konnte natürlich die Möglichkeit nicht ausschließen, dass er mit seiner Einschätzung der Situation Recht hatte; es kommt vor, dass jemand zum Sündenbock gemacht wird. Um mir also mehr Informationen zu beschaffen, ersuchte ich ihn, mir über seine Arbeit zu erzählen: was genau hatte er zu tun? Vielleicht, schlug ich vor, könne er mir auch ein Beispiel eines Projekts geben, das er erfolgreich abgeschlossen habe, und im Gegensatz dazu ein Vorhaben benennen, bei dem er Rogers Hilfe hätte brauchen können, wenn dieser dazu bereit gewesen wäre.

Was dann geschah, war höchst aufschlussreich. Mr. Rausen war nur zu gern bereit, meiner Aufforderung nachzukommen, und sprach ziemlich lange. Das Problem war, dass seine Ausführungen keinen Sinn ergaben, und ich meine buchstäblich *keinerlei* Sinn. Ich glaube zwar nicht, dass ich mit offenem Mund dasaß, aber so fühlte ich mich. Seinen Erläuterungen folgen zu wollen, war nicht bloß verwirrend; es war unmöglich. Seine Sätze entsprachen dem Muster von »Fahren Sie mit dem Bus nach New York oder bringen Sie sich Ihr Essen selbst mit?« Die Wörter waren grammatikalisch richtig aneinandergefügt und bildeten Sätze, aber das Endergebnis war völlig bedeutungslos. Wenn es mir gelang, irgendeine Wendung herauszufischen, die möglicherweise als roter Faden dienen konnte, und ihn um Klarstellung ersuchte, dann vergrößerte Mr. Rausen den Kuddelmuddel nur noch mehr. Ich glaubte jetzt zu verstehen, was seinen Dienstherren zu dem Versuch bewogen hatte, ihn zu entlassen. Doch zu seinen Gunsten sagte ich mir, dass er in all den Jahren nicht völlig konfus und wirr gewesen sein konnte; immerhin waren seine Leistungen gut genug gewesen, dass er seine Stelle behielt und bis in seine gegenwärtige Position befördert wurde.

Hier hatte ich es mit einer Situation zu tun, in der es schwierig sein würde, ein Ziel zu setzen. Mr. Rausen war nur deshalb in Therapie gekommen, um der Empfehlung des Schiedsgerichts nach außen hin zu genügen. Zu diesem Zeitpunkt hatte ich noch keine Ahnung, ob es mir gelingen würde, Mr. Rausen zu einer Therapie zu motivieren, bzw. was ich, falls überhaupt etwas, tun könnte, um ihm zu helfen.

Da ich wusste, dass es wahrscheinlich nichts bringen würde, mich weiterhin direkt mit seiner Inkohärenz zu konfrontieren, wechselte ich die Taktik und ersuchte ihn, mir über seine Familie und seine früheren Jahre zu erzählen. Er wurde sofort kohärent. Dies war ein wichtiges Zeichen, aus dem ich schloss, dass seine Neigung zum Wortsalat bei der Beschreibung seiner problematischen beruflichen Situation wahrscheinlich ein Mittel war, um mit der Angst fertig zu werden, die das Thema seiner Arbeitssituation bei ihm auslöste. Das heißt, was in der Beziehung zu seinem Chef, Roger Bennan, geschah oder nicht geschah, stellte eine solche Bedrohung für ihn dar, dass er zu Notmaßnahmen griff. Das beste Mittel, das er zur Verfügung hatte, um die Furcht abzuwehren, die mit der Gefahr einer tiefgreifenden Zerrüttung einhergeht, war, die Karikatur einer Erklärung von sich zu geben – ein Zeugnis des Grades an Stress, dem er sich ausgesetzt fühlte. Ich hatte befürchtet, dass das Gefühl von Verwandtheit vielleicht in allen Bereichen verloren gegangen war, dass seine Isolierung von anderen inzwischen so groß war, dass er keine Hoffnung mehr hatte, sich verständlich machen zu können, und im Grunde nur noch Monologe führte, die gar nicht mehr als Mittel der Verständigung gedacht waren. Es ermutigte mich, zu merken, dass dem nicht so war;

wenn es gelang, die durch jede Erörterung seiner Arbeitssituation ausgelöste Angst zu lindern, dann würden seine Schwierigkeiten viel klarer werden.

Im Verlauf seiner Erzählung erfuhr ich, dass Grant das fünfte von neun Geschwistern war; er hatte fünf Brüder und drei Schwestern. Sein Vater hatte ein Haushaltswarengeschäft in einer Kleinstadt in Iowa und fungierte nebenbei als Prediger; seine Mutter arbeitete in dem Laden mit. Seine Kindheit war in seiner Erinnerung von emotionalen und materiellen Entbehrungen geprägt. Er hatte immer das Gefühl gehabt, dass seine Eltern mit der Fürsorge für ihre große Familie zu überfordert seien, um viel Zuwendung für deren einzelne Mitglieder aufbringen zu können. Seine Eltern erzwangen Disziplin durch Beschämung; jedes Kind, das sich nicht gut benahm, wurde vor allen lächerlich gemacht. Häufig kam es wegen geringfügiger Übertretungen der Familienregeln auch zur Verbannung. Zwischen den Geschwistern bestand keine Nähe; sie wandten sich bei jeder Gelegenheit gegeneinander und stritten unablässig. Als Erwachsene hatten sie wenig miteinander zu tun. Die Einzige, der er sich nahe fühlte, war eine drei Jahre ältere Schwester, die ein quasi-mütterliches Interesse an ihm hatte. Nachdem die Ehe dieser Schwester in die Brüche gegangen war, hatte sie sich in Drogen und Alkohol geflüchtet, und Grant hatte ihr geholfen, so weit er es konnte.

Nach seinem Highschool-Abschluss ging er zur Armee, wo er einem Offizier am War College als Sekretär und Forschungsassistent zugeteilt wurde. Dieser Mann brachte Interesse für ihn auf und ermutigte ihn, sich an den Abendkursen einer benachbarten Universität einzuschreiben. Drei Jahre später schloss Grant sein Studium erfolgreich mit einem akademischen Grad ab. An diese Periode dachte er als die glücklichste Zeit seines Lebens zurück. Als sein Mentor versetzt wurde, verlor Grant das Interesse an einer militärischen Laufbahn und schied aus dem Dienst aus. Anschließend brachte er seine Erfahrung in einer Anstellung in der Forschungsbibliothek eines Pharma-Unternehmens ein und nutzte dann die Fortbildungsförderung seiner Firma, um auf einen Abschluss als Bibliothekar hinzuarbeiten. Sein Interesse an dem Gebiet schwand jedoch wieder, und er sattelte auf Betriebswirtschaft um. Nachdem er in diesem Fach den Magister gemacht hatte, wechselte er die Stelle und trat bei seinem gegenwärtigen Arbeitgeber ein. Ich folgte Mr. Rausens Geschichte mit Interesse und wachsender Zuversicht. Sie zeugte von seiner Fähigkeit, sich jemandem anzuvertrauen und aus einer Beziehung Nutzen zu ziehen, wenn sie ihm in einer Weise angeboten wurde, die er brauchen konnte.

Mr. Rausen war nicht verheiratet, aber er hatte eine Beziehung zu einer zehn Jahre älteren Frau, einer seiner früheren Professorinnen in Betriebswirtschaft. Obwohl sie getrennte Wohnungen beibehielten, verbrachten sie ihre Urlaube und die meisten Wochenenden zusammen. Da keiner von beiden Kinder wollte, hatten sie die Frage einer Heirat, obwohl sie gelegentlich zur Sprache kam, nie weiterverfolgt; beide schienen ihre Unabhängigkeit zu schätzen. Dies war ein weiteres ermutigendes Zeichen. Mr. Rausen war imstande, eine Beziehung aufrechtzuerhalten und daraus Gewinn zu ziehen, wenn sich der Grad an Intimität in erträglichen Grenzen hielt.

Ebenso wie Warren Dale schien Grant Rausen im Bindungssektor der Entwicklung ernsthaft traumatisiert worden zu sein, aber er hatte sich an die emotionale Deprivation in ganz anderer Weise angepasst. Warren Dale hatte sich eine affektive Flexibilität bewahrt, die es ihm gestattete, viel mehr aus sich herauszugehen als Grant Rausen, der isolierter war und unter Stress keine effektive Kommunikation zustande brachte. Doch wenn man seine Stärken und Schwächen gegeneinander aufrechnete, war Mr. Rausens Fähigkeit, Ratschläge, die ihm sinnvoll erschienen, anzunehmen und zu befolgen, ein unbezweifelbares Plus.

Als sei es ihm eben erst eingefallen, fügte Mr. Rausen hinzu, dass er mit sechzehn Jahren zu trinken begonnen habe und bald zum Alkoholiker geworden sei. Jahrelang habe er sich selbst vorgemacht, dass das kein Problem für ihn sei, weil er immer imstande war, seinen Aufgaben nachzukommen, obwohl er sich an den meisten Abenden bis zur Bewusstlosigkeit betrank. Vor etwa fünf Jahren merkte er, dass er Gedächtnislücken hatte, und der Arzt, den er konsultierte, machte ihm klar, dass er entweder sein Leben verlieren oder als dahinvegetierendes Bündel enden werde, wenn er weiter so trinke wie bisher. Er bekam den Rat, den Anonymen Alkoholikern (AA) beizutreten und sich auf diese Weise zu retten.

Mr. Rausen nahm sich diese Warnungen und Empfehlungen zu Herzen. Er verzichtete auf jeglichen Alkohol und nahm mindestens fünfmal wöchentlich an den AA-Versammlungen im Untergeschoss einer Kirche in der Nähe seiner Wohnung teil; außerdem ließ er oft das Mittagessen ausfallen und benutzte die Zeit, um zu den Mittagsrunden der AA zu gehen, die unweit seines Büros stattfanden. Als er mir über seine Bekehrung zur Nüchternheit erzählte, ließ er erstmals eine gewisse Lebhaftigkeit erkennen, aber bald verfiel er in einen eifernden Ton und begann, mich auf herablassende Weise zu belehren. Er klärte mich über Ziel und Zweck von AA auf, schilderte, wie die Zusammenkünfte verlaufen, und beschrieb die zwölf Schritte des Programms. Er schien nie auf den Gedanken zu kommen, dass ich als Psychiater schon andere Patienten mit Alkoholproblemen behandelt haben und deshalb mit AA vertraut sein könnte. Er versicherte mir, dass er in Einklang mit dem Programm alles in seiner Macht Stehende tue, um seine Schuld bei allen jenen abzutragen, die in der Vergangenheit durch ihn gelitten haben mochten. Jetzt wolle er einen Weg der Vergebung gegenüber allen Menschen beschreiten, die ihm unrecht getan hatten. Er plane, bei seinen Geschwistern und seinen Eltern damit zu beginnen.

Ich vermutete, dass Mr. Rausens Alkoholismus als Reaktion auf die Einsamkeit eines Heranwachsenden begonnen haben könnte, der jeder emotionalen Unterstützung entbehrte, und ich betrachtete es als weiteren Beweis einer inneren Stärke bei seinem Streben nach Kompetenz, dass es ihm nunmehr gelungen war, sein selbstzerstörerisches Verhalten abzulegen, indem er eine chemische Abhängigkeit durch die verwandtschaftliche Zugehörigkeit zu AA ersetzte. Die verzweifelte Abhängigkeit war zwar immer noch evident, aber Abhängigkeit von anderen Menschen und ein gemeinsames Ziel können sich als Weg zur Reife erweisen, während Abhängigkeit von Alkohol auf jeden Fall eine Sackgasse ist. Obwohl ich mich von seiner selbstzufriedenen Schilderung nach wie vor abgestoßen fühlte, konnte ich würdigen, wie weit er vorangekommen war und wie viel er erreicht hatte, wenn man die Schäden bedachte, die ihm zugefügt worden waren. Als sich unsere Sitzung dem Ende näherte, sagte ich zu ihm, ich hätte noch keine spezifischen Empfehlungen abzugeben und schlüge ihm vor, dass wir auch weiterhin in wöchentlichen Abständen zusammenkommen und seine Situation sondieren sollten. »Ich bin ein Team-Spieler«, antwortete er, und wir legten den nächsten Termin fest.

In dieser ersten Sitzung war es mir nicht gelungen, mich hinreichend zu orientieren, um ein definitives Therapieziel formulieren zu können, aber ich hielt an der Vorstellung fest, dass Mr. Rausen, so verwirrt und verwirrend die Versuche, seine problematische Arbeitssituation zu klären, auch sein mochten, nach Kompetenz strebe, wie wir es alle tun. Obwohl er dabei kläglich scheiterte, konnte man daraus nur schließen, dass er im Augenblick nicht zu Besserem fähig war. Zumindest lag keine allgemeine Denkstörung vor. Seine Unverständlichkeit schien sich auf seine Versuche zu beschränken, seine berufliche Situation zu erklären; er äußerte sich durchaus verständlich, wenn er seine Kindheit und Jugend, seine Beziehung zu seiner Freundin und seinen Kampf gegen den Alkoholismus schilderte. Ich kam zu dem vorläufigen Schluss, dass sein konfuses Gerede ein Abwehrmanöver war. Etwas hatte ihm solche Angst eingejagt – das heißt, ihn so desorganisiert –, dass er zur Leugnung der wie auch immer gearteten Gefahr Verbalität – eine Pseudo-Narration – anstelle geeigneterer Bewältigungsmechanismen einsetzte.

Natürlich kann man die Situation auch umdrehen und mutmaßen, meine Beurteilung von Mr. Rausens seltsamem Verhalten – mein Versuch, einen Sinn zu entdecken, wo kein Sinn vorhanden zu sein schien – sei mein Mittel zur Beschwichtigung der Angst, die ich angesichts der wirren Kommunikationsversuche des Patienten zu verspüren begann. Ich sah meine Hypothese deshalb einschränkend als provisorisch an; erst die Zeit und die Erfahrungen der weiteren Arbeit mit dem Patienten würden mir zeigen, ob sie sich als haltbar erwies. So ist es immer in unserem Beruf: zuviel Ungewissheit macht uns zu ängstlich, um produktiv handeln zu können, und zuviel Angst vor der Angst kann uns verleiten, einen Ordnungsversuch zu unternehmen, der unproduktiv ist. Die letztgenannte Haltung schrieb ich Mr. Rausen zu, und ich musste mich in Acht nehmen, nicht in dieselbe Falle zu tappen.

Am Ende der ersten Sitzung erblickte ich Mr. Rausens Hauptschwäche in seiner Unfähigkeit, einen Schritt zurückzutreten und sowohl sich selbst als auch andere mit einiger Objektivität zu betrachten, verbunden mit einem Mangel an Flexibilität, sich in geeigneter Weise zu wehren, wenn seine Kompetenz in Frage gestellt wurde. Auf der Plusseite war er durch seine Kindheitserfahrungen nicht so sehr geschädigt worden, wie es hätte sein können; er reagierte positiv, wenn ihm Interesse entgegengebracht wurde, und war fähig zu wachsen, wenn er in einer Weise angeleitet wurde, die er akzeptieren konnte. Bis vor einigen Jahren musste er gute Leistungen erbracht haben, sonst hätte er im Beruf nicht seine gegenwärtige Position erreicht. Er war imstande gewesen, eine persönliche Beziehung, wenn auch begrenzter Art, aufrechtzuerhalten, und er hatte es geschafft, Hilfsangebote zu nutzen, um ein schweres Suchtproblem unter Kontrolle zu bringen, wobei er die Abhängigkeit von chemischen Substanzen durch menschliche Unterstützung ersetzte. Die Herausforderung bestand wie in jedem Fall darin, wie Mr. Rausens Stärken zu mobilisieren und wirksam einzusetzen waren.

Aus der Perspektive der Entwicklungsspirale betrachtet, hatte dieser Patient die unbewusste Entscheidung getroffen, seine Selbstachtung durch jene Art von konfusem Gerede zu beschützen, das ihn befriedigte, aber alle anderen verwirrte und frustrierte. Warum musste er wohl zu so extremen Maßnahmen greifen? Nach seiner Vorgeschichte zu urteilen, kam Grant Rausen ganz gut zurecht, wenn er in einer Weise angeleitet wurde, die er verstehen und akzeptieren konnte. Unter der Führung seines Mentors in der Armee hatte er es geschafft, seinem Leben eine positive Wendung zu geben; er hatte sich in der strukturierten Atmosphäre der Universität bewährt und einen höheren Abschluss erworben; seine berufliche Laufbahn war bis zu einem bestimmten Punkt erfolgreich gewesen. Vielleicht hatte er mit seiner Annahme Recht, dass seine Schwierigkeiten einsetzten, als er einen neuen Chef bekam. Aber vielleicht bestand das Problem nicht darin, dass ihm sein Chef Steine in den Weg legen wollte, sondern dass zwischen den beiden ein Kommunikationsproblem bestand, das es Mr. Rausen unmöglich machte, seine Fähigkeiten produktiv zu nutzen. Sein Unvermögen, mit dieser Situation flexibel umzugehen und sich an das neue Management anzupassen, war natürlich ebenfalls eine Tatsache, die der Erklärung bedurfte.

Wenn man Kompetenz als die Fähigkeit definiert, die eigenen Bedürfnisse im Kontext der Anpassung an die Umwelt zu befriedigen, dann befand sich Mr. Rausen in der entgegengesetzten Situation wie Mr. Dale. Mr. Dale funktionierte perfekt, so groß die Herausforderungen auch sein mochten, aber seine Leistungen vermochten nicht, sein Selbstwertgefühl zu steigern. Grant Rausens Selbstachtung schien dagegen intakt zu sein, er bezahlte sie aber mit einer Fehlanpassung, die sich in seinen mangelhaften Leistungen niederschlug und zu ernsten Konsequenzen führen konnte.

Obwohl ich glaubte, den Patienten jetzt besser zu verstehen, war es mir noch schleierhaft, wie ich ihm denn nun helfen konnte, seine Vorzüge richtig einzusetzen, um seine Schwierigkeiten zu überwinden. Ich dachte mir, wenn ich mehr über Entstehung und Charakter der Kommunikationsprobleme zwischen Mr. Rausen und seinem Chef erfahren könnte, dann hätte ich eine viel bessere Vorstellung, wie wir in der Therapie vorankommen könnten.

Zweite und dritte Sitzung

Mr. Rausen berichtete, dass er schriftliche Kommentare über eine Konferenz erhalten habe, die er geleitet hatte. Die Teilnehmer hätten ihn besserwisserisch und selbstgerecht gefunden. Sie legten ihm nahe, etwas lockerer und entspannter und nicht so verbissen aufzutreten. Auf meine Frage, wie er auf diese Bemerkungen reagiert habe, sagte er, es frustriere ihn einfach, wenn nichts zuwege gebracht werde. Er erzählte mir dann des Langen und Breiten von den unproduktiven Konferenzen, die sein Chef leitete.

Mr. Rausen wollte als aufgeschlossen, herzlich und fürsorglich gelten, aber so wurde er von seinen Kollegen nicht empfunden. Im Gegensatz dazu war er sehr erfreut über die Resonanz, die er beim letzten Treffen der Anonymen Alkoholiker gefunden hatte. Die anderen Teilnehmer hätten festgestellt, dass er emotional viel freier geworden sei. Sie sagten zu ihm, »früher habe er vom Kopf her gesprochen und jetzt spreche er aus dem Herzen«. Bei den Anonymen Alkoholikern fühle er sich geliebt.

Diese letzte Bemerkung machte er in einem selbstzufriedenen, aber emotionslosen Ton. Ich fühlte mich an den Protagonisten von Richard Condons Roman *The Manchurian Candidate* erinnert, einen Mann, der einer Gehirnwäsche unterzogen worden war und wie ein Automat funktionierte. Mit anderen Worten, Mr. Rausens Feststellung fehlte die affektive Komponente, von der ein solches Bekenntnis eigentlich gefärbt sein müsste. Ich war inzwischen überzeugt, dass Mr. Rausen ebenso wie Mr. Dale in seiner Kindheit ein affektives Entwicklungsdefizit erlitten hatte. Heute besteht weitgehende Einigkeit darüber, dass die intellektuellen Fähigkeiten ohne entsprechende Anregungen in ihrer Entwicklung zurückbleiben – oder zumindest in Gefahr sind, in Rückstand zu geraten. Weniger allgemein bekannt ist, dass dasselbe für die Entwicklung des Affekts gilt.

Ich machte eine Bemerkung über das Bedürfnis des Patienten, akzeptiert zu werden, und dem konnte er zustimmen. Zum ersten Mal in unseren Sitzungen sah er mich offen an, und er antwortete in einer verständlichen und direkten Weise: »Ich weiß, dass ich Probleme habe; ich habe immer das Gefühl, mich beweisen zu müssen; ich habe zu Hause niemals Anerkennung für das erhalten, was ich getan habe.« Dann fügte er hinzu: »Mein Chef, mein Vater und ich, wir haben alle dasselbe Problem: wir sprechen Anerkennung nicht so aus, wie man es tun sollte.«

Ich fragte ihn, inwiefern er anderen nicht entsprechend Anerkennung spende. Mr. Rausen drückte sich wiederum vage aus: »Ich sollte zu den Leuten im Büro einen besseren Draht haben«; er konnte keine bestimmten Beispiele nennen, auch nicht auf mein Drängen hin. Ich wertete diese Antwort – oder vielmehr deren Fehlen – als tendenzielle Bestätigung meiner Hypothese bezüglich seines affektiven Handicaps. In Gefühlsdingen gab er Platitüden von sich, ohne dass diese eine echte Bedeutung für ihn hatten, die er ausdrücken konnte.

Mr. Rausen war gekränkt, dass sein Chef den Geburtstag einer seiner Sekretärinnen im Büro mit Blumen und Glückwünschen feierte, während sein Geburtstag ein paar Wochen zuvor übergangen worden war. Er stimmte meiner Vermutung nicht zu, dass sein Chef ihn wahrscheinlich nicht zurücksetzen wollte, sondern ihn vielmehr aufgrund der Unterschiede ihrer Stellung in der Firma anders behandele als die Sekretärin. Wir sollten alle gleich behandelt werden, beharrte er. Ich stellte die Frage in den Raum, ob dieses Bedürfnis nach Gleichbehandlung möglicherweise mit seiner

Kindheit und der Notwendigkeit zusammenhänge, mit acht Geschwistern um Zuneigung und Aufmerksamkeit zu konkurrieren. Diese Vermutung verärgerte ihn bloß. »Warum bezeichnen Sie mich als Kind?«, wollte er wissen. Was so häufig wirkt, funktionierte hier offensichtlich nicht. Frühere emotionale Erfahrungen mit gegenwärtigen zu verknüpfen, half diesem Patienten nicht. Er ließ sich durch meine Entschuldigung in Form einer Klarstellung des Vergleichs zwar besänftigen, aber er verstand die Analogie nicht besser.

Mr. Rausen brachte dann ein weiteres Beispiel für Ungerechtigkeit vor. Sein Chef wolle nicht gestört werden, zögere aber seinerseits nicht, Mr. Rausen in seiner Arbeit zu unterbrechen, wenn er beschäftigt sei. Es fiel mir schwer zu glauben, was ich gehört hatte, und ich sagte deshalb halb im Scherz: »Ihr Chef bittet Sie nicht um einen Termin?«

»Bei den Anonymen Alkoholikern habe ich gelernt, dass wir alle gleich sind«, antwortete Mr. Rausen. »Wir sind alle Menschen. Ich habe kein Recht, Macht über andere auszuüben, und sie ebensowenig über mich.« Ich gab ihm zu bedenken, dass das Büro kein AA-Treffen sei. Bei den Anonymen Alkoholikern seien alle durch ihre Krankheit vereint und auf eine Stufe gestellt, aber im Büro sei eine hierarchische Situation gegeben. Mr. Rausen betete als Antwort darauf aus dem Gedächtnis und wie eine Litanei einen entsprechenden Absatz aus dem Großen Buch herunter, der Bibel der Anonymen Alkoholiker, der seinen Standpunkt untermauerte.

Vor ein paar Wochen arbeitete ich an meinem Computer, als plötzlich die Meldung auf dem Bildschirm erschien: »Dieses Dokument ist kontaminiert.« Ich versuchte, die Sache in Ordnung zu bringen, aber es gelang mir nicht einmal, das Fenster freizubekommen. Nichts, was ich tat, hatte irgendeine Wirkung auf die von mir als vorwurfsvoll empfundene Botschaft. Ich fühlte mich hilflos und irgendwie schuldig. Meine Versuche, Mr. Rausen zu helfen, gaben mir das gleiche Gefühl. In welche Richtung ich auch vorstieß, nichts, was ich tat, schien eine greifbare Wirkung zu zeitigen. Wie ein Wild, geblendet vom Scheinwerfer eines herannahenden Autos, war Mr. Rausen außerstande, sich zu retten, und hatte mir bisher noch keinen Wink gegeben, wie ich ihm dabei helfen könnte.

Vierte bis neunte Sitzung

Da sich Mr. Rausen bei den AA-Zusammenkünften einigermaßen wohl fühlte, ermunterte ich ihn, mir mehr über seine Beteiligung an diesen Treffen zu erzählen und darüber nachzudenken, was es für ihn bedeute, der Gruppe anzugehören. In seiner Antwort hob er die Anteilnahme und das Mitgefühl hervor, die die Mitglieder füreinander aufbrachten. Dieser Gedanke veranlasste ihn dann, mir mehr über seine Kindheit und die seelischen Entbehrungen zu erzählen, die er erlitten hatte. Nicht nur hatte niemand Zeit für ihn gehabt, sondern man erwartete von ihm, fehlerlos zu sein und seiner überarbeiteten Mutter keine Probleme zu bereiten. Sie war erst sechzehn Jahre alt gewesen, als sie ihr erstes Kind bekam, und danach hatte sie im Abstand von jeweils einem Jahr acht weitere Kinder geboren. Anschließend erlitt sie mehrere Aborte, bis schließlich ihre Gebärmutter entfernt wurde. Einige Wochen nach der Operation wurde seine Mutter wieder in das Krankenhaus gebracht – zur Behandlung einer Depression, wie Mr. Rausen vermutete. Als sie einen Monat später zurückkehrte, kam niemand je darauf zu sprechen; das Leben ging einfach weiter, als ob nichts geschehen sei. Seine Mutter wirkte immer erschöpft und abgespannt, sowohl vor der Hysterektomie als auch danach. Ich bemerkte dazu: »Sie haben damals nie das Maß an Aufmerksamkeit bekommen, das Ihnen zustand, und es klingt so, als ob Sie bei der Arbeit immer noch dasselbe Gefühl hätten.«

»Jetzt ist mir gerade ein Licht aufgegangen«, sagte er, fügte aber gleich hinzu, da er bei den AA-Versammlungen bereits über seine Kindheit gesprochen habe, sei es nutzlos, diesen Abschnitt seines Lebens nochmals durchzukauen.

Ich fragte ihn nach seinem ehemaligen Chef, und aus seinen Mitteilungen wurde mir klar, dass diese frühere Beziehung sein Bedürfnis nach Unterstützung in einer Weise erfüllt hatte, die er brauchen konnte; ebenso wie sein Mentor beim Militär hatte ihm sein früherer Chef Orientierungshilfe im Rahmen des aufbauenden elterlichen Ambientes geboten, nach dem er sich sehnte. Ich wies ihn auf den Unterschied zwischen der gegenwärtigen Enttäuschung und der früheren stützenden Erfahrung hin. Dieser Gegensatz bedeute ihm nichts, sagte er. Er sei froh darüber, dass er seinen Untergebenen helfen und sie unterstützen könne, und er benötige keine Anerkennung von seinem Chef. Er habe bei AA gelernt, sich diese selbst zu geben.

Als Mr. Rausen zu seiner jährlichen Beurteilung einbestellt wurde, war er sehr enttäuscht, nur eine minimale Gehaltserhöhung zu bekommen, obwohl sein Chef mit seiner Arbeit zufrieden war. »Ich habe mich krumm geschuftet«, klagte er. Roger habe ihm zugestimmt, dass er sehr fleißig sei, und der Vizepräsidentin die Schuld für die geringe Gehaltserhöhung gegeben. Mr. Rausen war wütend darüber, dass ihm niemand sage, was nicht in Ordnung sei bzw. was er besser machen könnte. Er war überzeugt, dass Roger ihm gegenüber Zufriedenheit bekunde und ihn dann bei der Vizepräsidentin anschwärze.

Er berichtete mir, er habe das Gefühl, seine Kommunikationsfähigkeit habe sich gebessert. Er hatte sich über seine Freundin geärgert, als sie eine Verabredung absagte, die sie für das Wochenende getroffen hatten, aber er war imstande gewesen, mit ihr darüber zu sprechen, und sie waren zu einem akzeptablen Kompromiss gelangt. Er merkte, dass sein Ärger verflog, sobald es ihm gelang, ein Gespräch darüber in Gang zu bringen. Daraus lasse sich ablesen, erklärte ich ihm, dass sein Ärger die Folge von Frustration über ein Unvermögen, kompetent zu handeln, sei; sobald er das Gefühl habe, sich angemessen zu verhalten, lasse diese Verstimmung nach. Ich fügte hinzu, das bedeute nicht, dass kein Grund zur Verärgerung vorhanden sei. Dass sich das Problem so gut aus der Welt schaffen ließ, sei natürlich sehr befriedigend, aber die Erleichterung, die er empfinde, sei unabhängig von diesem Ausgang.

Der Patient berichtete, er habe es bei seinem Chef mit dem gleichen offenen Vorgehen versucht und zu Roger gesagt, er sollte offen über seine Gefühle sprechen. Roger habe ihm zugestimmt, aber eingeräumt, dass ihm das sehr schwer falle. Bei einer kurz danach anberaumten Personalversammlung habe Roger vergessen, dass Grant auch da sein werde, und Sandwiches nur für sich selbst und die anderen Teilnehmer bestellt. Als ihn Mr. Rausen auf sein Versehen hinwies, habe Roger zu ihm gesagt, er solle es nicht persönlich nehmen, und ihm vorgeworfen, zu empfindlich zu sein. Ich versuchte erneut, eine Brücke von der Vergangenheit zur Gegenwart zu schlagen: vergessen zu werden, sei für jeden von uns schmerzlich, aber da er in der Kindheit ständig die Erfahrung gemacht hatte, übersehen zu werden, habe dies für ihn um so größere Bedeutung. Mr. Rausen dachte, ich stimmte Roger zu und ermahnte ihn, nicht so empfindlich zu sein. Es kostete mich einige Mühe, mich von dem Fliegenpapier dieses Missverständnisses so gut es ging zu befreien.

Während einer Sitzung lehnte sich Mr. Rausen eifrig in seinem Stuhl vor, um mir eine Beurteilung durch seine Kollegen nach einem Wochenendseminar zu zeigen, an dem er teilgenommen hatte. Jedes Gruppenmitglied war aufgefordert worden, einen Fragebogen auszufüllen, in dem die eigenen Beiträge und die der anderen Teilnehmer zu den Zielen des Workshops bewertet wurden. Dieses Schriftstück werde mir nach seiner Überzeugung beweisen, dass er beliebt und geachtet war und deshalb für seine missliche Lage nicht verantwortlich gemacht werden konnte. Als ich es mir ansah, musste ich jedoch feststellen, dass das Urteil, das andere über ihn abgaben, per Saldo immer noch negativ ausfiel. Wie üblich wurden ihm sein Fleiß und Engagement zugute gehalten; dies waren die Punkte, auf die er sich konzentrierte, als er mir das Papier zeigte. Er wurde jedoch übereinstimmend wegen seines unablässigen Gierens nach Aufmerksamkeit und Zustimmung und wegen seiner Unfähigkeit kritisiert, sich den Anforderungen der Aufgabe und den Zielsetzungen des Teams unterzuordnen. Als ich ihn so behutsam wie möglich auf meinen Eindruck hinwies, dass diese Beurteilung nicht gerade günstig sei, schien er mich nicht zu hören. Stattdessen äußerte er die Überzeugung, Roger versuche, ihn auszuquetschen, statt ihm zu sagen, was er noch besser machen könnte. Ich wandte ein, dass er auch in diesem Fall so empfinden könnte: ich sagte ihm zwar, dass ihn seine Kollegen in einer Weise wahrnähmen, die auf ein Problem hinweise, ich könne ihm aber nicht sagen, was er dagegen tun solle. Er sah mich verständnislos an und redete über andere, neutrale Dinge.

Auch in späteren Sitzungen blieb Mr. Rausen unzugänglich für Selbsterforschung. Er wisse, dass er gute Leistungen erbringe, das werde er sich von niemandem streitig machen lassen. Er bezweifelte, ob er die Therapie bei mir fortsetzen solle. Sein Sponsor bei AA höre ihm nicht nur zu, sondern hätte ihm mehr Ratschläge zu bieten. Auf meine Frage, zu welchen Überlegungen ihn seine Gespräche mit seinem Sponsor veranlasst hätten und welche Ratschläge er von ihm bekommen habe, war Mr. Rausen außerstande, mir irgendetwas Konkretes zu nennen. Statt die Therapie fortzusetzen und weiter zu versuchen, in seiner Firma zurechtzukommen, halte er es für besser, sich nach einer anderen Stelle umzusehen: »Wenn ein Mensch gegen mich ist, dann kann ich nichts anderes tun, als mich anderswo umzusehen.«

Zehnte Sitzung

Es trat eine Unterbrechung von einer Woche ein, da Mr. Rausen an einer wichtigen Konferenz in einer anderen Stadt teilnahm. Ursprünglich hatte Roger selbst hinfahren wollen, aber als ihn andere Aufgaben davon abhielten, das Büro zu verlassen, beauftragte er Mr. Rausen, an seiner Stelle zu fahren. Ich sah den Patienten am Tag seiner Rückkehr nach Chicago. Er war mit seinem Auftreten bei der Konferenz sehr zufrieden. Ich fragte ihn, worum es bei dieser Dienstreise gegangen sei und was er daraus gelernt habe.

Mr. Rausen war immer noch imstande, mich mit seiner Unfähigkeit zu schocken, Worte so zu gebrauchen, dass ein sinnvolles Ganzes entstand. Er verbrachte eine Viertelstunde damit, zuerst das Gebäude zu beschreiben, wo die Konferenz stattfand, und dann, wie er im falschen Stockwerk ausgestiegen und auf der Suche nach dem Konferenzsaal herumgeirrt sei. Er musste mir erklären, wie es zu diesem Versehen kam und wie wütend er auf die Person war, die ihm die irreführende Auskunft gegeben hatte. Er schilderte seine Reaktion, als er, endlich im richtigen Saal angekommen, feststellte, dass die anderen viel legerer gekleidet waren, während er einen korrekten Anzug trug, wie er es unter diesen Umständen für angezeigt hielt. An dieser Stelle unterbrach ich ihn.

Therapeut: Haben Sie vor, das zu Roger zu sagen, wenn Sie ihm Bericht erstatten?

Mr. Rausen: Ja, ich glaube schon.

Therapeut: (Ungläubig) Wirklich? Warum sollte es Roger interessieren, dass Sie Mühe hatten, den Saal zu finden?

Mr. Rausen: Ich finde es wichtig, die Umstände zu schildern. All diese Dinge hatten einen Einfluss darauf, mit welchen Gefühlen ich in die Konferenz ging.

Therapeut: Ich glaube wirklich nicht, dass sich Roger im Mindesten um Ihre Gefühle schert.

Mr. Rausen: Ich bin ein Mensch …

Therapeut: *(Fällt ihm ins Wort)* Nein, das sind Sie nicht. Bei dieser Konferenz waren Sie ein paar zusätzliche Augen und Ohren für Roger.

Mr. Rausen: *(Verblüfft)* Ich verstehe nicht …

Therapeut: Wollte Roger nicht selbst hinfahren?

Mr. Rausen: Ja.

Therapeut: Was wollte er dort erfahren?

Mr. Rausen: Um wieviel sie die Kosten ihres Produkts erhöhen wollen und ob noch ein Verhandlungsspielraum vorhanden ist.

Therapeut: Und haben Sie das herausgefunden?

Mr. Rausen: *(In aggressivem, defensivem Ton)* Mit Sicherheit. Die wollen uns linken, und jetzt wissen sie, dass ich es weiß. Und sie werden einknicken, wenn sie merken, dass wir da nicht mitspielen.

Therapeut: Na also, prima. Ist das nicht genau das, was Roger wissen möchte?

Mr. Rausen: Logisch.

Therapeut: Warum sagen Sie ihm das nicht gleich: Auftrag erledigt. Sie sind der Held.

Mr. Rausen: Aber das kommt am Schluss.

Therapeut: Genau. Und das ist wahrscheinlich alles, was er wissen will und zu wissen braucht. Oder ist sonst noch was Wichtiges passiert?

Mr. Rausen: Ich bin nicht sicher; da könnten noch ein paar Dinge sein.

Therapeut: Sie sind nicht sicher?

Mr. Rausen: Wahrscheinlich nicht. Nein.

Therapeut: Haben Sie noch keinen Bericht geschrieben? Eine Zusammenfassung der Punkte, die Sie darlegen wollen?

Mr. Rausen: Nein. Sollte ich das?

Therapeut: Wann ist die Besprechung mit Roger?

Mr. Rausen: Heute nachmittag.

Therapeut: Sie sind im Grunde noch nicht vorbereitet, oder?

Mr. Rausen: Was soll ich tun?

Therapeut: Also, ich an Ihrer Stelle würde Roger anrufen und die Besprechung verschieben. Ich würde ihm offen sagen, dass ich noch nicht vorbereitet bin und etwas Zeit brauche, um die Dinge auf den Punkt zu bringen. Dann würde ich heute Abend nach Hause gehen und meine Notizen durchsehen, immer im Hinblick auf Roger – indem ich mich in ihn hineinversetze. Nicht: »Was will *ich* von ihm?«, sondern: »Was will er von *mir*? Wenn ich Roger wäre, was würde ich wissen wollen?« Das würde ich auf einem Blatt Papier notieren. Das wäre mein Bericht. Wenn das mehr als eine Seite eines Blattes füllte, würde ich noch mal von vorne anfangen und mich kürzer fassen, bis ich ihm alle wesentlichen Punkte in zehn Minuten oder noch weniger sagen könnte.

Während dieses letzten Gesprächs hatte Mr. Rausen seine Feder herausgenommen und eifrig in sein Notizbuch geschrieben.
Ich denke, hier wurde mir zum ersten Mal klar, dass sein Bedürfnis nach Bestätigung und seine Unfähigkeit, sie zu erhalten, die Wurzel seiner Inkompetenz bildeten, die seine Stellung gefährdete. Meine Versuche, seine Vorgeschichte mit seiner gegenwärtigen Suche nach Liebe und Zustimmung zu verknüpfen, hatten seine Art, Entscheidungen zu treffen, nicht zu beeinflussen vermocht. In dieser Sitzung beschloss ich, mein Vorgehen zu verändern und sein Zögern, sich mir anzuvertrauen, zu überwinden, indem ich die Chance nutzte, die er mir gab, auf der Verhaltensebene in die Entwicklungsspirale einzugreifen. Meine Überzeugung, Mr. Rausens Entwicklungsproblematik jetzt besser zu verstehen – das heißt, ich war jetzt orientiert –, ermöglichte mir einen dramatischen Eingriff in sein Leben. Ich weiß, dass er mir wirklich leid tat. Seine Leistungen waren tatsächlich gut, wie er es immer behauptete, und ich hoffte wirklich, dass er sich nicht ein weiteres Mal mit einem konterproduktiven Versuch, Bestätigung zu erlangen, selbst schaden musste. Hier war ebenso wie bei Mr. Cane eine Situation, in der ich es nicht rückblickend mit einem Misserfolg zu tun hatte, dessen Bedeutung er leugnen und/oder jemand anderem in die Schuhe schieben konnte, sondern mit einem Desaster, das noch vor der Tür stand. Statt ihn bloß zu orientieren, ging ich zum nächsten Schritt des Problemlösens über – dem Erwerb von Fertigkeiten – und gab ihm einen konkreten, hilfreichen Rat, wie er Kompetenz erlangen könne.

Indem ich ihm half, sich in seiner beruflichen Situation zu reorientieren, erfüllte meine Anregung ein reifes Selbstobjektbedürfnis, nämlich, ein funktionsfähiges Selbst wiederherzustellen. Und indem ich die Position des Vaters einnahm, dem sein Wohlergehen wirklich wichtig ist, befriedigte ich gleichzeitig ein Verlangen des Patienten, das ich für dessen unausgesprochenes archaisches Selbstobjektbedürfnis hielt. Seine Beziehungen zu seinem Vorgesetzten in der Armee und zu seinem früheren Chef hatten gezeigt, dass er einen Rat annehmen und guten Nutzen daraus ziehen konnte. Falls er meinen Vorschlag befolgte und es ihm gelang, Roger zufrieden zu stellen, dann, so hoffte ich, werde ihn diese Demonstration von Kompetenz in die Lage versetzen, sich erfolgreicher anzupassen. Er hatte gezeigt, dass er sich in einem Umfeld, in dem er der »Sohn« eines interessierten »Vaters« war, wohl fühlte, sich bewährte und über sich hinauswachsen konnte. In seiner gegenwärtigen Situation schien sein Chef hingegen ähnliche Probleme zu haben wie er, nämlich eine affektive Blockade und die daraus resultierende Unfähigkeit, sich in ihn einzufühlen, damit die Beziehung funktionierte. Das langfristige, begrenzte Ziel, das ich mir während dieses Gesprächs setzte, war, ihm ein Gefühl von Sicherheit im Umgang mit Beziehungen zu verschaffen, das ihm vielleicht mit der Zeit genügend Selbstbewusstsein verleihen würde, damit sich sein Gefühlsleben entfalten konnte. Mein unmittelbares Ziel bestand darin, ihn in die Lage zu versetzen, den Teufelskreis zu durchbrechen, der zwischen ihm und Roger in Gang gekommen war, so dass seine gegenwärtige Situation erträglicher wurde.

Mr. Rausens Bedürfnis, sich meiner Führung anzuvertrauen, tauchte in unserer Beziehung erstmals auf, als ich ihn mit seinem konterproduktiven Verhalten konfrontierte und er mich fragte: »Was soll ich tun?« Wir hatten einen wichtigen Schritt getan; es dämmerte ihm jetzt, dass er Hilfe brauchte, und er begann zu hoffen, dass ich sie ihm geben könnte. Dabei achtete ich darauf anzuerkennen, was Anerkennung verdiente, indem ich hervorhob, dass er seinen Bericht an Roger zwar in selbstsabotierender Weise plane, im Grunde jedoch gute Arbeit geleistet habe; er sei ein »Held«, sein »Auftrag ausgeführt«. Ich konnte nur hoffen, dass er meine Worte vernahm. Rückblickend schien mir, dass er, sein Notizbuch immer in der Hand, stets in der Erwartung zu mir gekommen war, die elterlichen Ratschläge aus mir herauszukitzeln und nach Hause zu tragen, die er benötigte, um die Dinge besser in den Griff zu bekommen. Dass er sich am Ende dieser Sitzung Notizen machte, zeigte mir, dass etwas zwischen uns geschehen war, womit er etwas anfangen konnte. Damit war eine, wenn auch sehr begrenzte, positive Übertragung hergestellt.

Elfte Sitzung

Mr. Rausen: Ich möchte Ihnen für letzte Woche danken. Sie haben mir klargemacht, dass es besser ist, es zuzugeben, wenn man nicht vorbereitet ist und noch etwas Zeit braucht, um sich die Dinge zu überlegen.

Therapeut: (*Hält, innerlich konsterniert über die andauernde Begriffsstutzigkeit des Patienten, den Impuls unter Kontrolle, ihn zu erwürgen*) Wie ist es gelaufen?

Mr. Rausen: Sehr gut. Ich habe getan, was Sie mir geraten haben – an ihn gedacht und nicht an mich. Offenbar habe ich gesagt, was er hören wollte, denn er machte mir große Komplimente. Er sagte, er hätte es nicht besser machen können.

Therapeut: Wie lang hat Ihre Besprechung mit Roger gedauert?

Mr. Rausen: Wir hatten eine halbe Stunde vorgesehen, ich war in fünf oder zehn Minuten fertig. Die übrige Zeit redeten wir bloß über allgemeine Dinge. Er schien echt zufrieden.

Therapeut: Und das ist das Resultat, das Sie wollten, oder?

Mr. Rausen: Das war das erste Mal, dass er Anerkennung äußerte. Ich weiß nicht, warum – ich setze mich immer ein und ich arbeite gut. Ich möchte einfach, dass meine Leistungen anerkannt werden. Ich habe mich nicht verändert.

Therapeut: O doch, das haben Sie. Wie Sie es anstellen, diese Anerkennung zu kriegen, hat sich verändert. Es ist der Unterschied zwischen »mit dem Kopf gegen die Wand laufen« und »die Tür suchen, durch die man eintreten kann«. Diese Tür heißt »Empathie«. Indem Sie sich an Rogers Stelle setzten und sich darauf konzentrierten, was der Chef braucht, statt darauf, was Sie sich wünschen und worauf Sie ein Anrecht zu haben glauben, haben Sie das Spiel für sich entschieden.

Mr. Rausen: Vielleicht hat *er* sich verändert.

Therapeut: Versuchen Sie es wieder auf die alte Weise, dann werden Sie es merken. Statt sich darauf zu konzentrieren, was er von Ihnen braucht, weisen Sie ihn darauf hin, wie sehr Sie sich einsetzen und warum er Sie mehr zu schätzen wissen sollte. Er wird Ihnen erneut eine Abreibung verpassen.

Obwohl der Patient das Konzept immer noch nicht begriffen zu haben schien, war er imstande, aus meinen Anregungen guten Nutzen zu ziehen. Mit dem Vorgefallenen hatten wir eine Erfahrung, auf die man Bezug nehmen konnte, eine Ausgangsbasis für künftige Gespräche.

Mr. Rausens Schwierigkeit schien im Bindungssektor der Entwicklung zu liegen. Bestätigung war ihm deshalb so wichtig, weil ihm die Zuversicht fehlte, dass er sie sich verschaffen könne. Aber das Bedürfnis eines Patienten nach Bestätigung lässt sich nicht befriedigen, indem ihm der Therapeut versichert, dass er ein wertvoller Mensch ist, so gut gemeint dieser ermutigende Zuspruch sein mag. Die Bestätigung muss auf bestimmte Aspekte seines Verhaltens gerichtet werden, die den Therapeuten wirklich als echte Leistungen beeindrucken; erst dann ist der emotionale Ton des Therapeuten so, dass sich der Patient wirklich bestätigt fühlt. Von frühester Kindheit an merken wir alle auf irgendeiner Ebene den Unterschied zwischen aufrichtiger und verdienter Zustimmung und hohlen Komplimenten und wertlosen Beschwichtigungen.

Sobald ich erkannte, dass Mr. Rausen ernste Schwierigkeiten hatte, Bindung zu fördern, betonte ich Autonomie und intervenierte auf der Verhaltensebene der Entwicklungsspirale, um ihm zu helfen, Kompetenz zu erlangen. Ich erwartete – wie es tatsächlich geschah –, dass er von einem angenehm überraschten Roger bestätigt werden würde. Diese positive Erfahrung würde seine Selbstachtung steigern, und er würde daraus lernen, wie es in der Vergangenheit geschehen war. Von der kognitiven Seite her konnte er sich eine Technik zum Verständnis der Bedürfnisse seines Gegenübers aneignen, obwohl ihn sein Mangel an Verwandtschaftsgefühl und die daraus resultierenden Defizite seiner emotionalen Reifung daran hinderten, zu echter Einfühlung zu gelangen.

Mr. Rausen: Er beklagt sich jetzt über etwas anderes.

Therapeut: Was ist geschehen?

Mr. Rausen: Ein Brief ist hinausgegangen, der einen Tippfehler enthielt. Ich habe ihn nicht durchgelesen, bevor ich ihn unterschrieb. Als Roger die Kopie sah, ist er an die Decke gegangen und hat mit mir geschimpft. Dabei war doch die Sekretärin schuld.

Therapeut: Sie haben unterschrieben; es war Ihr Brief.

Mr. Rausen: Niemand lobt mich für all die Briefe, die ich unterschreibe und die keine Fehler enthalten.

Therapeut: Wahrscheinlich geht man davon aus, dass Sie dafür bezahlt werden.

Mr. Rausen: Bill (sein Chef vor Roger) war anders; er war immer positiv. Er hat das Gute gesehen, nicht nur das Problem.

Therapeut: Sie hatten Glück, genau wie mit Ihrem Vorgesetzten in der Armee. Diese Leute interessierten sich für Sie als Individuum über Ihre Rolle in der Organisation hinaus. Aber Sie können nicht immer mit einer solchen Behandlung rechnen.

Mr. Rausen: Was, glauben Sie, sollte ich tun?

Therapeut: In welcher Hinsicht?

Mr. Rausen: Wegen dieses Briefs. Er ist ganz schön wütend.

Therapeut: Möchten Sie ein Minus in ein Plus verwandeln?

Mr. Rausen: Wie? Der Brief wurde abgeschickt.

Therapeut: Nun, falls Sie den Fehler der Sekretärin gesehen und sie darauf aufmerksam gemacht hätten, was würden *Sie* als angemessene Reaktion *ihrerseits* ansehen?

Mr. Rausen: Wahrscheinlich, dass sie sich entschuldigt und ihn korrigiert.

Therapeut: Und vielleicht, dass sie verspricht, künftig besser aufzupassen?

Mr. Rausen: Das hat noch keine gesagt. Die versuchen, einen als blöd hinzustellen, wenn man sie auf das Problem aufmerksam macht, das sie verursacht haben.

Therapeut: Genau. Indem sie die Berechtigung der Beschwerde in Frage stellen, versuchen sie, einen zu beschämen. Da fühlt man sich nicht gut, oder?

Mr. Rausen: Nein.

Therapeut: Ich denke, Sie empfänden eine Sekretärin als viel angenehmer, die vernünftig reagiert, sich entschuldigt und aus ihren

Fehlern lernt, als eine, die bestreitet, dass es ihr Fehler war oder dergleichen.

Mr. Rausen: Sicherlich.

Therapeut: Drehen Sie die Sache also um und versetzen Sie sich an Rogers Stelle. Er hat Sie bei einem Fehler ertappt. Was, meinen Sie, sollte er von *Ihnen* zu hören bekommen?

Mr. Rausen: Ich hab's kapiert.

Therapeut: Okay, gut.

Ich merkte eine definitive Veränderung in Mr. Rausens Auftreten. Er hatte seine Abwehrhaltung aufgegeben und schien zu akzeptieren, dass ich imstande war, ihm zu helfen. Eine Schwalbe macht zwar noch keinen Sommer, aber ich glaubte, ein unbestreitbares Quäntchen von Vertrauen aus Mr. Rausens »Was, meinen Sie, sollte ich tun?« herauszuhören. Deshalb konnte er sich jetzt gestatten, meine Worte zu vernehmen, wie aus dem letzten Teil unseres Gesprächs hervorgeht.

Hier ist auch zu erkennen, dass der Patient im Bereich der Autonomie Fortschritte macht. Natürlich sind die Entwicklungssektoren, die ich zu didaktischen Zwecken unterschieden habe, nicht strikt voneinander getrennt; sie überlappen sich. Ich bezweifelte nicht im Geringsten, dass Mr. Rausens Gefühl von Bindung an mich ebenfalls zunahm, als ich ihm meine Nützlichkeit demonstrieren konnte, obwohl er sich nicht sonderlich bewusst zu sein schien, was vor sich ging. Ich fühlte mich sehr ermutigt, als er, nachdem ich einen Vergleich zwischen seiner Beziehung zu seiner Sekretärin und der Beziehung seines Chefs zu ihm gezogen hatte, antwortete: »Ich hab's kapiert.«

Man beachte, dass ich ihn dann nicht ersuchte zu erklären, was er »kapiert« hatte. Verstand er wirklich, was ich ihm zu sagen versuchte? Angesichts meiner Erfahrungen mit ihm sind Zweifel daran sicherlich angebracht. Dennoch kommt eine Zeit in der Therapie, in der es wichtiger ist, Vertrauen zum Wachstum des Patienten zu zeigen und sich nicht wie ängstliche Eltern zu verhalten, die sich zu vergewissern suchen, dass ein Kind wirklich in beide Richtungen schaut, wenn es die Straße überquert. Zur Stärkung des berechtigten, gewachsenen Vertrauens des Patienten zu seiner Fähigkeit, sein Problem zu meistern, war es besser, eher als Partner von

Mr. Rausen zu agieren, als den klugen Onkel zu spielen, der alles besser weiß.

Zwölfte Sitzung

Mr. Rausen: Roger sagte: »Ich bin in jeder Hinsicht mit allem zufrieden, was Sie tun.«
Therapeut: Erzählen Sie mir darüber.
Mr. Rausen: Ich habe ihm gesagt, dass es mir leid tut, dass ich einen fehlerhaften Brief nicht hätte hinausgehen lassen sollen, speziell an jemand so Wichtigen; das wirft kein gutes Licht auf die Firma. Ich sagte, ich sei froh, dass er mich auf das Problem hingewiesen habe, so dass ich künftig besser achtgeben könne. Er lächelte und antwortete, er wisse, dass die Sekretärinnen immer nachlässiger werden, und das ärgere ihn auch; es mache uns allen eine unnötige Menge Arbeit.
Therapeut: Sehen Sie also, indem Sie sich an seine Stelle versetzten und an ihn und nicht an sich dachten, haben Sie Punkte gutgemacht.
Mr. Rausen: Ich stand an seinem Schreibtisch, als ich mich bei ihm entschuldigte. Ich wollte schon gehen, aber er forderte mich auf, mich zu setzen, damit wir andere Dinge besprechen konnten. Dann sagte er, er sei in jeder Hinsicht mit mir zufrieden.
Therapeut: Gut. Es hat geklappt – aus dem Minus ist ein Plus geworden. Finden Sie rückblickend gesehen, dass es falsch von Roger war, Sie zu kritisieren? Was hätten Sie in seiner Position getan?
Mr. Rausen: Wahrscheinlich hätte ich etwas gesagt. Aber ich wäre nicht explodiert.
Therapeut: Keine Frage, dass Ihre Methode besser ist. Aber da Roger Ihr Chef ist, tun Sie gut daran, die Klippe zu umschiffen, was Sie ja tun. Er behandelt Sie nicht so, wie Sie behandelt werden möchten, also behandeln Sie ihn so, wie man ihn behandeln muss, und, wer hätte das gedacht, Sie kriegen am Ende, was Sie wollten.
Mr. Rausen: Das kommt mir zu leicht vor.
Therapeut: Sobald man weiß, was man zu tun hat, geht alles viel leichter.
Mr. Rausen: Da hätte ich selbst draufkommen müssen.
Therapeut: Ich glaube, das wären Sie auch, wenn Ihnen die Scham

nicht im Weg gestanden hätte. Wenn man in einer Atmosphäre aufgewachsen ist, wie es nach Ihren Erzählungen bei Ihnen der Fall war, wo Schuldzuweisungen und Lächerlichmachen dazu benutzt werden, um Disziplin zu erzwingen, ist es ziemlich schwierig, aus seiner Abwehrhaltung herauszukommen. Man ist ständig damit beschäftigt, den Leuten zu beweisen, dass man nicht wertlos ist, selbst wenn das längst überflüssig ist.

Mr. Rausen: Genau das verdanke ich den Anonymen Alkoholikern. Sie haben mir gezeigt, dass ich nicht wertlos bin.

Therapeut: Ja, und jetzt müssen Sie lernen, es zu glauben. Oder zumindest so zu handeln, als ob Sie es glaubten, bis Sie sich selbst überzeugt haben, dass es stimmt. Vor zwei Wochen, als wir über Ihre Dienstreise sprachen, da wollten Sie mit dieser langen Einleitung, wie schwierig es war, den Saal zu finden, und dass Sie im Gegensatz zu den anderen korrekt gekleidet waren, auf Ihre Weise zum Ausdruck bringen: »Sehen Sie, ich bin nicht wertlos, ich verdiene nicht, beschämt zu werden.« Aber darum geht es jetzt nicht mehr. Roger ist nicht Ihr Vater, dessen Respekt und Zuneigung Sie sich wünschten und nicht bekamen.

Mr. Rausen: Er benimmt sich so.

Therapeut: Jetzt nicht mehr.

Mr. Rausen: Doch, hat er.

Therapeut: Wie Sie bewiesen haben, können Sie es steuern, wie er auf Sie reagiert, zumindest weitgehend.

Mr. Rausen: Sie meinen, es ist meine Schuld.

Therapeut: Sehen Sie – jetzt erwarten Sie, von mir beschämt zu werden, während ich mir die ganze Zeit denke, wie gut Sie vorankommen.

Mr. Rausen: Alles ist ein Kampf.

Therapeut: Man kann ein Tauziehen beenden, indem man das Seil loslässt. Als Roger Sie kritisierte, weil Sie den unkorrigierten Brief abschickten, war er darauf vorbereitet, dass Sie mit ihm streiten würden. Als Sie wie ein vernünftiger Mensch mit Selbstachtung reagierten, der sich nicht scheut, einen Fehler zuzugeben, hat er sie nicht beschämt, sondern reagierte mit Erleichterung und seinerseits mit Großzügigkeit.

Mr. Rausen: Vielleicht nehmen wir die ganze Sache zu wichtig. Es war nur ein Brief.

Therapeut: Nein, es ist wichtig. Die großen Lebenskrisen und -dramen sind die Ausnahme. Im Alltag haben wir es mit einer ständigen Kette von Transaktionen zu tun, die an und für sich nicht besonders weltbewegend erscheinen; dennoch schwingt unterschwellig ständig die unausgesprochene Frage mit: »Wird meine Selbstachtung bei dieser Begegnung gestärkt oder geschwächt werden?« Die Selbstachtung steht in gewissem Maß immer auf dem Spiel. Der Kellner, der nicht »danke sehr« sagt, wenn Sie Ihre Rechnung bezahlen, hat eine andere Wirkung auf Sie als derjenige, der das tut. Und wenn man Ihnen dankte, war es pro forma oder echt?, und so weiter. Die einzige Frage ist, wieweit steht es in unserer Macht, diese Situationen als Geber und Empfänger zu beeinflussen? Als Sie sich bei Roger für den fehlerhaften Brief entschuldigten, haben Sie seine Position und Ihre Verantwortlichkeit ihm gegenüber als Ihrem Chef anerkannt. Sie haben keinen Versuch der aggressiven Selbstrechtfertigung unternommen. Rogers Selbstachtung und sein Gefühl von Kompetenz wurden nicht in Frage gestellt – ganz im Gegenteil – und so fiel es ihm leicht, Sie und Ihren Beitrag in positivem Licht zu sehen und sich seinerseits von seiner besten Seite zu zeigen.

Mr. Rausen: Gibt es darüber etwas, was ich lesen könnte?

Therapeut: Ja. *(Gibt ihm ein Exemplar von* Die Kunst der Psychotherapie*)* Schauen Sie, ob Sie damit etwas anfangen können.

Nunmehr schien die Bereitschaft des Patienten, sich meiner Führung anzuvertrauen – seine Zuversicht, dass ich ihm bei seinem Streben nach Kompetenz helfen und ihn unterstützen könne –, gefestigt. Sobald er imstande war, sich auf seine Situation neu zu orientieren und entsprechende Bewältigungsmechanismen zu entwickeln, zeigte er, wie es oft der Fall ist, eine Tendenz, das Erreichte abzuwerten. »Da hätte ich eigentlich selber draufkommen müssen« oder »Das hätte ich eigentlich längst können müssen« sind typische Äußerungen, die er um diese Zeit machte. In solchen Augenblicken ist es wichtig, dem Patienten die Bestätigung zu geben, die er sich unbewusst wünscht.

Es war jetzt möglich, frühere Sitzungen mit Mr. Rausen durchzugehen, seine Fehlhaltungen zu besprechen und sie seinen jetzigen Erfolgen gegenüberzustellen. Diese Art von Rückblende mit einer Erklärung der früheren Vorgänge dient dem Zweck, das Bewältigungsvermögen des Patienten zu stärken und seine Fähigkeit zu fördern, darüber nachzudenken, was damals geschah und was jetzt passiert. Mit anderen Worten, es gestattet dem Patienten, Einsicht in den Entwicklungsprozess zu gewinnen, da es ihm eine objektivere Betrachtung seines subjektiven Erlebens ermöglicht. Dass ich Mr. Rausen ein Exemplar meines Buches zu lesen gab, sollte ihn in seiner Entwicklung bestätigen und ihm das Gefühl geben, dass wir in dieser therapeutischen Arbeit Partner waren. Gleichzeitig wurde dadurch der Bindungssektor angesprochen. Er hatte verständlicherweise Schwierigkeiten in diesem Bereich, und es würde ihm vielleicht leichter fallen – das heißt, weniger Scham auslösen –, eher indirekt als direkt von mir zu lernen.

Dreizehnte Sitzung

Mr. Rausen: Der Abschnitt über Scham hat wirklich ins Schwarze getroffen.
Therapeut: Haben Sie sich selbst wiedererkannt?
Mr. Rausen: Dieses Verlangen, gemocht zu werden, und dieses niederschmetternde Gefühl, wenn man wieder alles vermurkst hat.
Therapeut: Aber bedenken Sie, dass Sie nicht der Einzige sind.
Mr. Rausen: Ist jeder Mensch so?
Therapeut: Bis zum Nachweis des Gegenteils. Mit dieser Annahme werden Sie nicht fehlgehen.
Wir sprachen dann über die Notwendigkeit, sich der eigenen Furcht, beschämt zu werden, zu stellen, so dass man darüber hinausgelangt und die Hoffnungen, Erwartungen und Befürchtungen seines Gegenübers einschätzen kann, bevor man sich entscheidet, welchen Weg man einschlägt.
Mr. Rausen steuerte jetzt viele Beispiele aus seiner Kindheit bei, die bestätigten, wie er so schamanfällig geworden war und wie ihn das bei seinem Streben nach Kompetenz behindert hatte. Er verstand jetzt, warum ihn seine Kollegen in dem Fragebogen des Workshops als egozentrisch bezeichnet hatten; sein krampfhafter Versuch zu zeigen, dass er ein »braver Junge« war, der Anerkennung verdiente, gestattete ihm nicht, sich hinreichend zu entspannen, um ein guter Team-Spieler zu sein, der auf die Bedürfnisse anderer Rücksicht nahm.

Vierzehnte bis siebzehnte Sitzung

Sobald Mr. Rausen einfühlsamer mit anderen umgehen konnte, wurde er von Kollegen und Mitarbeitern, die er bisher als unfreundlich erlebt hatte, akzeptiert und ins Vertrauen gezogen. Er erfuhr, dass auch seine Kollegen Roger als arrogant, übermäßig fordernd und wenig entgegenkommend empfanden. Aber wie er sagte: »Das ist sein Problem, nicht meines.«

»Jetzt nicht mehr«, bemerkte ich. »Es war Ihr Problem, solange Sie sich als hilfloses Opfer betrachteten; das hat sich geändert.«

Ja, sagte er, Roger und er kämen jetzt wirklich gut miteinander aus. Sein Chef habe seine Leistungen mehrmals als »fabelhaft« bezeichnet, und während Roger ihm früher aus dem Weg gegangen sei, suche er jetzt seine Nähe, um Dinge mit ihm zu besprechen.

Mr. Rausen versicherte mir, dass er die Bedürfnisse anderer jetzt in Betracht ziehe und verschiedene zwischenmenschliche Situationen erfolgreich gedeichselt habe. Das Erlernte wende er auch auf die Beziehung zu seiner Freundin an und stelle fest, dass das ihrem Verhältnis sehr zugute komme.

Er ersuchte um eine mehrwöchige Unterbrechung der Sitzungen, weil berufliche Aufgaben seine Zeit stärker beanspruchten. Als er wiederkam, berichtete er, dass er die Dinge, die wir besprochen hatten, weiterhin erfolgreich anwende. Roger hatte der Vizepräsidentin einen Bericht über Mr. Rausens Fortschritte erstattet, und dieser war offenbar sehr lobend ausgefallen, denn sie hatte sein Gehalt erhöht und ihm bei einem späteren Gespräch eröffnet, dass er seine Stelle behalten könne, solange er wolle.

Mr. Rausen teilte mir jetzt mit, dass er keine Psychotherapie mehr benötige und sie beenden wolle. Ich stimmte ihm zu, dass er erreicht habe, weshalb er zu mir gekommen sei, schlug ihm aber vor, mich weiterhin in Abständen von zwei oder drei Monaten aufzusuchen, damit wir seine Situation besprechen könnten. Dieses Angebot lehnte Mr. Rausen ab; sollte es nötig sein, werde er mich anrufen. So trennten sich unsere Wege. Er hat sich nicht mehr gemeldet.

Die richtige Intervention wählen

Schwierige Fälle sind gewöhnlich lehrreicher als solche, die reibungslos verlaufen, und Mr. Rausens Situation stellte mich zweifellos vor einige Probleme. Man hat uns beigebracht, so lange nicht zu intervenieren, bis wir uns im Klaren darüber sind, was wir eigentlich zu erreichen versuchen, und wir den Eindruck haben, dass der Patient bereit ist zu hören, was wir ihm sagen wollen. In der Praxis ist es oft nicht so leicht, sich zu zügeln und keinen Versuch zu unternehmen, Hilfe zu leisten, speziell, wenn der Therapie äußere Beschränkungen auferlegt sind. Übereilte Versuche zu intervenieren sind jedoch bestenfalls nutzlos und schlimmstenfalls komplizieren sie die Dinge.

Ich glaubte zu wissen, dass Mr. Rausens Unfähigkeit, sich verständlich über seine Arbeitssituation zu äußern, eine Reaktion auf den Verlust seines früheren Chefs sei. Sein neuer Vorgesetzter, Roger, eignete sich nicht für die Rolle eines Mentors und Lehrers, und der Patient geriet in Panik. Aber meine anfänglichen Bemühungen, mit diesem Problem umzugehen, indem ich Kindheitsentbehrungen mit den gegenwärtigen Umständen verknüpfte, schlugen fehl, und ich musste Zeit und Geduld aufbringen, bis ich die Rolle des Mentors übernehmen konnte.

Was dann geschah, illustriert ein weiteres Mal, wie fruchtlos es ist, Psychotherapie in dynamische, kognitive und verhaltensrelevante Formen aufzuspalten. Gelegentlich kommt es zwar vor, dass eine Modalität dominiert; in Mr. Willinghams Fall genügte ein kognitives Vorgehen – das ihr half, in ihr Denken Klarheit zu bringen und es zu fokussieren –, um sie in die Lage zu versetzen, die entscheidenden Entschlüsse zu fassen, die ihr Verhalten änderten und kompetentes Handeln förderten, und Mr. Dale bedurfte nur einer Klärung seiner affektiven Dynamik, um eine signifikante Änderung in Gang zu bringen. In der Mehrzahl aller Fälle bedient sich eine wirksame Therapie jedoch aller drei Ansätze in entsprechender Verbindung. In Mr. Rausens Fall bot sich die Gelegenheit zu verhaltensrelevanter Intervention, und ich ergriff sie. Seine Vorgeschichte hatte mir bereits gezeigt, dass er überaus empfänglich für diese Art von Hilfe war. Aber sobald er das, was ich ihm beigebracht hatte, mit gutem Erfolg anwandte, war es möglich, mit ihm zu besprechen, was geschehen war, und ihm zu erklären, warum sich dieses Verhalten bewährte; auf diese Weise verstärkte ich die Erfahrung kognitiv. Und sobald seine Selbstachtung durch Rogers Bestätigung seiner Kompetenz wiederhergestellt war, bestand die Chance, tiefenpsychologische Vorstöße zu unternehmen. Er konnte sich jetzt erlauben, die Zusammenhänge zwischen seinen frühesten Erlebnissen und seiner gegenwärtigen Anfälligkeit für Scham zu verstehen.

Das therapeutische Ergebnis war bei diesem Patienten in vieler Hinsicht begrenzt. Doch angesichts seiner tiefsitzenden charakterlichen Probleme und meines anfänglichen Pessimismus, ob bei einem so geschädigten und unansprechbaren Menschen etwas erreicht werden könne, war ich mehr als zufrieden. Beim Rückblick auf meine Erfahrungen mit Mr. Rausen bin ich beeindruckt, nicht nur davon, was mit dem Patienten vorging, sondern auch, was bei dieser Arbeit mit mir vorging. Das entwicklungsbezogene Modell gilt natürlich für TherapeutInnen genauso wie für unsere PatientInnen. In meinem Fall empfand ich mich anfangs als recht inkompetent, und diese Bedrohung meines Selbstwertgefühls als Therapeut löste zunächst einige Irritation aus. Meine Erkenntnis, dass ich mich zunächst damit begnügen müsse, mich auf den Fall dieses Patienten zu orientieren, und dass ich mir so viel Zeit lassen müsse, wie dies erforderte, bevor ich weitere Schritte ins Auge fasste, war hilfreich. Erst in der zehnten Sitzung hatte ich das Gefühl, dieses Ziel erreicht zu haben, als es mir dank meiner theoretischen Position und klinischen Erfahrung gelang, gegen seine Schwierigkeit anzugehen. Dann konnte ich weiter über die Situation reflektieren und ihn in geeigneter narrativer Form an meinen Gedanken über seinen Zustand teilnehmen lassen.

Ich habe es immer sehr hilfreich gefunden, über das, was mir begegnet und was ich tue, in Kategorien des Entwicklungsmodells nachzudenken. Eine solche persönliche Erfahrung, sich in seiner eigenen Theorie wiederzufinden, macht sie zu einem viel angenehmeren und flexibleren therapeutischen Werkzeug.

William Semics Internist hatte ihn schon mehrere Monate, bevor sich der Patient selbst bei mir meldete, an mich überwiesen. Als Mr. Semic meine Praxis betrat, war sein Gesicht fast so grau wie sein Anzug. Seine zusammengesunkene Haltung und sein schleppender Gang verrieten, dass er sich als Verlierer fühlte. Er wirkte wesentlich älter als seine 52 Jahre.

Mr. Semic gab mir zu verstehen, dass er, der noch nie zuvor bei einem Psychiater gewesen war, sich bei diesem Besuch sehr unbehaglich fühle. Er sei trotz seiner inneren Vorbehalte gekommen, sagte er, aber nur deshalb, weil ihm sein Hausarzt wiederholt dazu geraten habe. Er hatte zunächst seinen Internisten konsultiert, weil er in letzter Zeit schlecht schlief und das Gefühl hatte, dass ihm der gewohnte Schwung fehle und er nicht mehr so gern zur Arbeit gehe wie früher. Sein Arzt habe eine Depression bei ihm festgestellt und ihm entsprechende Medikamente verschrieben, die ihm jedoch nicht halfen. Er betrachte sich selbst nicht als krank, sondern als verwirrt. Seit einiger Zeit spiele er bereits mit dem Gedanken, aus seiner Anwaltskanzlei auszuscheiden, sagte er, obwohl er erst 52 Jahre alt war. Er sah mich jetzt zum ersten Mal offen an und fragte mich in herausforderndem Ton, ob ich dächte, diese Entscheidung für ihn treffen zu können. Ich antwortete, dass ich mir nicht anmaßen würde, etwas Derartiges zu versuchen, aber wenn ich ihm helfen könnte, das Pro und Kontra einer so wichtigen Entscheidung abzuwägen, wäre ich gern dazu bereit. Bevor ich jedoch in irgendeiner Weise helfen könnte, fügte ich hinzu, müsse ich mehr über ihn im Allgemeinen sowie über seine Arbeit im Besonderen wissen.

Wie Mr. Semics Gesichtsausdruck verriet, hatte ich seinen Verdacht bestätigt, dass sein Besuch bei mir sinnlos sei; dennoch berichtete er mir mehr über die Hintergründe seines gegenwärtigen Dilemmas. Viele Jahre lang habe er ein ausgezeichnetes Renommee in seinem Beruf genossen, aber dann habe er es versäumt, sich hinsichtlich der Veränderungen in den Steuergesetzen, durch die seine Arbeit komplexer wurde, auf dem Laufenden zu halten. Er hätte wohl sein Wissen durch Lehrgänge in Steuerrecht oder Rechnungswesen auffrischen sollen, aber das habe er nicht getan;

die Folge war, dass sein Aufgabenbereich in der Kanzlei schrumpfte. Letztes Jahr habe er eine Bypass-Operation gehabt, die durch eine postoperative Infektion kompliziert wurde, und sei zwei Monate lang der Kanzlei ferngeblieben. Als er zurückkam, war seine Arbeit anderen zugeteilt worden. Während des größten Teils eines Jahres habe er im Grunde nichts zu tun gehabt, und es sei ihm klar, dass seine Partner sein Ausscheiden wünschten. Er sei nicht sicher, ob er zu diesem Schritt bereit sei, habe aber das Gefühl, diesbezüglich zunehmend unter Druck zu geraten. Zur Bekräftigung seiner Handlungsfähigkeit fügte er hinzu, er sei von seiner Operation und deren Komplikationen völlig genesen und fühle sich körperlich nicht beeinträchtigt. Hier verstummte er, offenkundig in Erwartung meiner Antwort.

Während ich Mr. Semic zuhörte, hatte ich nicht den Eindruck einer klinischen Depression; er wirkte befangen und verunsichert. Auf mich machte er einen gereizten Eindruck, aber ich wusste nicht, ob seine Stimmung mit seinem Besuch zusammenhing oder eine tiefere Ursache hatte. Da er offenbar nicht mehr zu sagen hatte, ersuchte ich ihn, mir mehr über sich und seine früheren und gegenwärtigen Beziehungen zu erzählen, ein Bild für mich zu entwerfen, das es mir ermöglichte, besser zu verstehen, wie er zu dem wurde, der er war. Mr. Semic antwortete, er wisse nicht, was ich über ihn hören wolle. »Warum beginnen Sie nicht am Anfang?«, schlug ich ihm vor.

Bill Semic war das dritte und letzte Kind seiner Eltern; seine Brüder waren vier bzw. zwei Jahre älter als er. Bei einem der häufigen Wutausbrüche seiner Mutter – er war damals etwa zehn Jahre alt – warf sie ihm an den Kopf, dass sie ernsthaft an eine Abtreibung gedacht habe, als sie mit ihm schwanger war. Seine Mutter hatte sich fast unmittelbar nach seiner Geburt von seinem Vater scheiden lassen. Sie heiratete erneut, als er fünf Jahre alt war, aber er kam mit seinem Stiefvater niemals gut aus; seine Brüder ebensowenig. Die finanzielle Situation der Familie war ständig angespannt, und während seiner ganzen Kindheit wurde über Geld gestritten. Sobald er sich selbst erhalten konnte, zog Bill aus. Inzwischen redete er weder mit seiner Mutter noch mit seinem Stiefvater mehr. Aus seiner Sicht wäre es sinnlos gewesen, und er empfand kein Bedürfnis, sie zu sehen. Zu seinen älteren Brüdern hatte er einen begrenzten Kontakt; ihr Umgang miteinander war freundlich, aber sie standen einander nicht nahe. Keiner der beiden Brüder hatte das College abgeschlossen, und beide übten nur untergeordnete Tätigkeiten aus.

Bill hatte den Priester seiner Gemeinde als intelligent und vielversprechend beeindruckt, und mit Hilfe dieses Mannes erhielt er Stipendien und wurde schließlich Anwalt. Obwohl er zu diesem Mentor bis zu dessen Tod ein gutes Verhältnis hatte, übte er seine Religion längst nicht mehr aus. Er heiratete auch nicht kirchlich.

Seiner Frau, mit der er seit 28 Jahren verheiratet war, falle es schwer, Gefühle zu zeigen; sie habe ihn sexuell immer darben lassen. Beischlaf erfolge selten und sei phantasielos. Gelegentlich sei er versucht gewesen, sich auf eine außereheliche Affäre einzulassen, aber er habe auf diese Gelegenheiten verzichtet, da sie mehr Probleme bereiten würden, als sie wert seien. Einige seiner Anwaltspartner hätten solche Affären gehabt, und nach seinem Eindruck brächten solche Seitensprünge nichts als Scherereien mit sich. Trotz der Enttäuschung über sein Sexualleben schätze er seine Ehe und habe nie an Scheidung gedacht. Er und seine Frau unternähmen viele Dinge gemeinsam und fühlten sich in Gesellschaft des anderen wohl. Beide hätten Freude an Reisen, Gartenarbeit, Kino und Theater. Sie seien mit einigen anderen Paaren befreundet.

Jill, ihre Tochter, sei ihr einziges Kind; seine Frau habe sich kurz nach Geburt des Kindes die Gebärmutter entfernen lassen müssen. Vor zwei Jahren habe Jill gegen die Wünsche der Eltern einen Nichtsnutz geheiratet. »Dies bedrückt uns beide sehr«, fügte er hinzu.

Am Ende der Sitzung sagte ich zu Mr. Semic, ich hätte noch kein klares Bild von seinem Problem und schlüge deshalb ein weiteres Treffen vor. Als er merkte, dass ich ihm keinen bestimmten Rat zu geben hatte, war er sichtlich enttäuscht. Er sagte, er wolle zum jetzigen Zeitpunkt noch keinen Termin vereinbaren, werde aber über einen weiteren Besuch nachdenken.

Mr. Semic hatte unbehaglich gewirkt, als er kam, und ich fühlte mich unbehaglich, als er ging. Gewöhnlich stört es mich nicht, wenn ich nach der ersten Sitzung noch im Dunkeln tappe, worin die Probleme eines Patienten bestehen und welches meine Rolle

im Leben dieses Menschen sein soll. Eine – wenn auch vorläufige – Orientierung ist unerlässlich für die therapeutische Intervention, und wie im Fall von Mr. Rausen kann es eine Weile dauern, sie zu erlangen. Bei der Analyse eines psychoneurotischen Patienten kann es Jahre in Anspruch nehmen. Es war also nicht mein mangelndes Verständnis, wie ich Mr. Semic helfen könnte, was mich bedrückte. Ebensowenig wäre ich über mich selbst ärgerlich gewesen, wenn ich getan hätte, was ich für richtig hielt, und der Patient meine Empfehlung, wiederzukommen, in den Wind geschlagen hätte; ich bin auch daran gewöhnt. Hier hatte ich jedoch nicht getan, was ich hätte tun sollen, und ich hatte deshalb guten Grund, beunruhigt zu sein. Mr. Semic hatte eindeutig begonnen, im Autonomiesektor der Entwicklung einen Bereich von Inkompetenz zu umreißen. Er schilderte sich als einen Anwalt, der früher gern in die Kanzlei gegangen war, der aber – wie er selbst zugab – nicht getan hatte, was nötig gewesen wäre, um sich seine professionelle Kompetenz zu erhalten. Diese Diskrepanz war merkwürdig; ich hätte darauf fokussieren und herausfinden sollen, wie sich der Patient das selbst erklärte. Ich wusste im Grund noch nichts über den Charakter seiner Arbeit. Dass er als Anwalt offenbar mit Steuerfragen zu tun hatte, war keinesfalls eine ausreichend konkrete Information, um mir ein Urteil über seine beruflichen Schwierigkeiten erlauben zu können. Welche Art von Arbeit machte er denn eigentlich? Vertrat er Klienten vor dem Finanzamt? War er an Fusionen und Übernahmen beteiligt? Oder was sonst? Ich wusste am Ende der Sitzung nicht mehr darüber als am Anfang, als er meine Praxis betrat. Wie viele Partner hatte er in seiner Kanzlei? Welche Signale veranlassten ihn zu glauben, dass seine Partner sein Ausscheiden wünschten? Hatte er mit irgendjemandem über seinen Eindruck gesprochen?
Wie viele der früheren Fälle zeigen, kommen potentielle Patienten oft ohne die Erkenntnis zu uns, dass ihre Probleme mit irgendeiner gravierenden Inkompetenz zusammenhängen, die die Kohäsion des Selbst untergräbt; wir müssen sie auf das fokussieren, was einer weiteren Klärung bedarf. So wie sich Mr. Semic präsentierte, musste einem die Entwicklungsspirale förmlich ins Auge springen. Er war als inkompetent erklärt worden und stand vor einer Entscheidung, die seine Selbstachtung zu unterminieren drohte, näm-

lich, ob er aus seiner Kanzlei ausscheiden sollte oder nicht. Und was tat ich? Ich veranlasste den Patienten zu einem historischen Rückblick, der, obwohl er mir viele interessante Fakten über seine Entwicklung im Bindungssektor einbrachte, insofern therapeutisch nutzlos war, als sein Problem im Autonomiesektor zu liegen schien.

Wie hatte ich mich in dieses Schlamassel gebracht? Durch das Retrospektoskop betrachtet und um die freundlichste Deutung bemüht, kam ich zu dem Schluss, was mich aus der Spur geworfen habe, sei Mr. Semics demonstrativer Mangel an Vertrauen gewesen, dass ich ihm in irgendeiner Form nützlich sein könnte. Ohne dieses Vertrauen wäre jede mögliche Intervention fruchtlos geblieben, deshalb hatte ich einen Fischzug gestartet, um den Grund für dieses Defizit herauszufinden. Am Ende war ich freilich nicht klüger als zuvor. Seine Kindheit war zwar schwierig gewesen, um es milde auszudrücken, aber sie hatte ihn nicht daran gehindert, seinem Pfarrer und später seiner Frau zu vertrauen. Hätte ich getan, was angezeigt gewesen wäre und was ich gewöhnlich tue, nämlich, ihm durch meine Fragen gezeigt, dass ich wirklich an den Einzelheiten seiner Situation interessiert war und mir ein so plastisches Bild wie möglich von seiner Sicht seines gegenwärtigen Dilemmas verschaffen wollte – dann hätte er wahrscheinlich seine Fähigkeit, ein wenn auch begrenztes Vertrauen zu fassen, mobilisiert, und das führt immer zu einem Ergebnis.

Wie sich herausstellte, hatte ich mehr Glück, als ich verdiente. Mr. Semic rief mich drei Wochen nach unserer ersten Sitzung an und vereinbarte einen weiteren Termin. Diesmal machte er einen besseren Eindruck auf mich als beim ersten Mal. Er berichtete mir, der geschäftsführende Teilhaber seiner Kanzlei habe ihm eröffnet, dass seine Kündigung beschlossen sei und er zum Jahresende ausscheiden müsse. Seine Stimme klang jedoch nicht besonders bedrückt oder ärgerlich, als er mir das erzählte.

Therapeut: Wie fühlen Sie sich angesichts dieser Entwicklung?
Mr. Semic: In gewisser Weise ist es eine Erleichterung, ein Ende der Ungewissheit. Ich sehe das Glas immer halb voll; ich lande schon wieder auf den Füßen.
Therapeut: Wie wollen Sie das anstellen?

Mr. Semic: Jetzt werde ich Zeit haben, einige der Dinge zu tun, die ich immer tun wollte. Vielleicht gehe ich an die Universität zurück und höre Vorlesungen in Literatur und Kunstgeschichte. Ich wollte das immer studieren und hatte nie die Zeit dazu.

Therapeut: Klingt gut. Wie steht es mit Geld? Wie wird sich das auf ihren Lebensstil auswirken?

Mr. Semic: Keine Veränderung. Ich stehe gut da. Ich habe günstig investiert. Am Aktienmarkt habe ich mich immer ausgekannt und hatte Glück dabei. Nach meiner ursprünglichen Planung wollte ich sowieso mit 55 aufhören. Ich brauche nur noch ein paar Jahre lang ein Einkommen, um meine Lebenshaltungskosten zu decken, dann habe ich es geschafft.

Therapeut: Wie wollen Sie das erreichen?

Jetzt kamen einige Informationen ans Licht, die ich schon in der ersten Sitzung hätte bekommen sollen – und bekommen können. Als Mr. Semic nach seiner Krankheit an die Arbeit zurückgekehrt war, hatte der geschäftsführende Teilhaber mit ihm gesprochen und ihm vorgeschlagen, nachdem nicht genügend Arbeit vorhanden sei, um das Einkommen eines Teilhabers für ihn zu rechtfertigen, solle er seine Anteile abstoßen und auf Stundenhonorarbasis für die Kanzlei als Berater tätig werden. Im Bereich der Nachlassverwaltung sei seine Fachkenntnis immer noch gefragt und willkommen. Das vorgeschlagene Arrangement war Mr. Semic tatsächlich ideal erschienen; er würde ein Einkommen haben, sich nicht nutzlos fühlen, und trotzdem würde ihm Zeit für andere Dinge bleiben. Als er diesen Plan seinem besten Freund in der Kanzlei anvertraute, hatte dieser Freund jedoch geantwortet: »Bill, sag ihnen, sie können dir den Buckel runterrutschen! Warum solltest du dich nach all diesen Jahren als Teilhaber auf ein Angestelltenverhältnis einlassen? Sie wollen dich nicht, also mach ihnen klar, dass du sie nicht willst.«

Ich fragte ihn nach diesem Kollegen. Es stellte sich heraus, dass dieser Mann seit langem einen Groll gegen die Sozietät hegte, weil er das Gefühl hatte, er müsste die führende Rolle spielen, die man ihm nie zugestanden hatte. Ich gab dem Patienten zu bedenken, ob sein Freund nicht möglicherweise davon ausgehe, dass Bill dieselben Gefühle hege wie er selbst, und ihm im Grunde rate, die Entscheidung zu treffen, die er an Bills Stelle treffen würde. Wir stellten dann fest, dass Bill diese Empfindungen nicht teilte und sein Problem nicht Wut auf seine Partner war, sondern eine gewisse Sorge, auf Einkommen zu verzichten, bevor er absolut sicher war, dabei nichts zu riskieren. Wie er mir erklärte, neige er zu übergroßer Vorsicht, da er wisse, dass außer ihm niemand da sei, der die Brötchen verdiene. Das vorgeschlagene Arrangement wäre ihm durchaus recht, aber, fragte er, würde er sich selbst tatsächlich degradieren, wenn er es annahm, wie sein Freund meinte? Ich erklärte nachdrücklich, dass mir das keineswegs so erscheine; ich hielte es für eine rein geschäftliche Abmachung. »So sehe ich das auch«, antwortete Mr. Semic. Beim Abschied lächelte er mir zum ersten Mal echt zu und schüttelte mir kräftig die Hand (was mich an Mr. Dale erinnerte). »Ich bin sehr zufrieden«, erklärte er.

In der dritten Sitzung ließ Mr. Semic keine Anzeichen von Stress, Angst oder Depression erkennen. Er hatte das ihm vorgeschlagene Arrangement akzeptiert und erzählte mir stolz, dass es ihm gelungen sei, ein erheblich höheres Stundenhonorar herauszuschlagen, als für Berater üblich war. Er habe jetzt das Gefühl, dass wir erreicht hätten, weswegen er zu mir gekommen war; er wiederholte, wie gut er sich in Bezug auf sich und unsere Arbeit fühle. Ich billigte seinen Entschluss, und wir verabschiedeten uns voneinander. Obwohl ich drei Sitzungen benötigte, um zu erreichen, was in zwei hätte geschafft werden können, war das Ergebnis befriedigend. Aber mein anfänglicher Fehltritt wurmte mich weiterhin. Vermutlich hatte ich angenommen, dass Mr. Semics Schwierigkeiten auf die Voreingenommenheit seiner Mitgesellschafter gegenüber seinem Beitrag zurückzuführen seien. Deshalb hatte ich dem Patienten die Gefühle unterstellt, die ich unter ähnlichen Umständen gehabt hätte. Aber diese Annahme war völlig ungerechtfertigt, wie das gewöhnlich der Fall ist. Zwar hatte er ein Problem mit der Selbstachtung, aber es kam nicht von innen, sondern wurde ihm von außen aufgenötigt. Sein Entschluss, ein auf Stundenhonorar basierendes Arbeitsverhältnis zu akzeptieren, war durchaus sinnvoll, er fügte sich dadurch in seine Umgebung ein und befriedigte gleichzeitig seine Bedürfnisse. Nur die subjektive Ansicht seines Freundes, dass er zwangsläufig sein Gesicht verlieren werde, hatte ihn zögern lassen. Als Mr. Semic zu mir kam, wusste er bereits, was er tun wollte, und sobald ich ihm geholfen hatte, seine Entscheidung und den Hintergrund, vor dem sie zustande kam, zu artikulieren, bedurfte er nur der Bestätigung, um seine Verstimmung zu beheben.

Zum Glück kam er ein zweites Mal zu mir und gab mir die Chance, meinen Irrtum zu korrigieren. Wenn die innere Verwandtschaft kein Problem ist, wird durch das Interesse und die Hilfsbereitschaft des Therapeuten gewöhnlich genügend Vertrauen mobilisiert, damit der Patient weitermacht bzw. wie im Fall von Bill Semic zurückkehrt, selbst wenn der Therapeut zunächst einer falschen Fährte folgte. In der Mehrzahl der Fälle geben uns unsere Patienten, in der Hoffnung, gehört und verstanden zu werden, eine zweite, dritte und vierte Chance. Die Beziehung zwischen Therapeut und Patient stellt als solche jedoch noch keine Psychotherapie dar. Es genügt nicht, für den Patienten in der Beziehung dazusein; man muss wissen, was man sagen muss, um die spezifischen Probleme des Patienten wirksam angehen zu können. Geleitet von einer brauchbaren Theorie, die auf unseren ständig wachsenden Kenntnissen normaler psychischer Entwicklung basiert, können wir das, was wir zu hören bekommen, so organisieren, dass die Kurzzeittherapie die Bedürfnisse des Patienten angemessen und wirkungsvoll erfüllt.

9. Wiederherstellung des Status quo ante: Nadine Nelson und Gerald Shellman

Für manche Patienten scheint der Wert einer Kurztherapie eher in der Wiederherstellung des Status quo ante zu liegen als in einer Verbesserung ihrer Methoden, Kompetenz zu erlangen. Die Begrenztheit eines solchen Zieles ist für den Therapeuten nicht leicht zu akzeptieren, aber das Kurzhalten unserer therapeutischen Ambitionen bietet uns einen gewissen Trost, wenn der Patient den einseitigen Entschluss fasst, die Behandlung zu beenden.

NADINE NELSON

Nadine Nelson, eine 37jährige Börsenmaklerin, konsultierte mich, als sie eine Reihe persönlicher Verluste zu verkraften hatte: ihr Vater war kurz zuvor gestorben; bei der Frau, die sie eingestellt und für ihre gegenwärtige Position ausgebildet hatte, war eine tödliche Herzerkrankung diagnostiziert worden; und eine langjährige Liebesbeziehung ging auseinander. Eigentlich, sagte sie, habe ihr Freund ihr schon jahrelang geraten, in Therapie zu gehen, aber sie habe sich gegen den Gedanken gewehrt. Da sie Nägel kaute, zu Fressattacken neigte, an zwanghafter und perfektionistischer Arbeitswut litt und außerstande schien, sich zu entspannen, war auch ihr klar, dass etwas nicht stimmte, aber sie hatte die Vorstellung einer Therapie immer verabscheut und unzählige Vorwande gefunden, um einer Behandlung aus dem Weg zu gehen. Jetzt kam sie nur, weil die Anspannung, unter der sie litt, sie am Schlafen hinderte und sie befürchtete, dass ihre Entscheidungsfähigkeit bei der Arbeit leiden könnte.

Ms. Nelsons Ton war herausfordernd; ich sollte ihr beweisen, dass die Therapie ihr etwas zu bieten habe. Ich beantwortete ihre Fragen ehrlich, indem ich feststellte, dass andere Menschen in ähnlichen Schwierigkeiten aus der Therapie Nutzen gezogen hätten und dass ich, ihre Bereitschaft zur Kooperation vorausgesetzt, keinen Grund sähe, weshalb das bei ihr nicht auch so sein sollte. Ihre ausbleibende Reaktion auf meine Worte und ihre anhaltenden Zweifel bezüglich der potentiellen Wirksamkeit einer Therapie, die noch kaum in Gang gekommen war, zeigten mir jedoch, dass Ms. Nelsons Bedürfnis nach Beistand keine Bereitschaft gegenüberstand, mit mir eine Beziehung einzugehen, die ihr diesen Beistand verschaffen könnte. Tatsächlich war ihr, wie ich herausfand, die Vorstellung einer Beziehung im Sinne einer wechselseitigen affektiven Bindung fremd. Was sie wollte, war ein Rezept für den Umgang mit verschiedenen Arten von Verlust, und ich glaube, sie hat den Gedanken nie akzeptiert, dass ich nicht in der Lage war, ihr derartige Anweisungen zu geben. Sie ging nur widerwillig auf meine Versuche ein, sie als Person kennenzulernen, statt ihr zu sagen, was sie tun solle.

Für mich klang es so, als ob Ms. Nelson das Gefühl von Verwandtheit fehle und ihre Widerborstigkeit den Zweck habe, sie vor einer Intimität zu schützen, mit der sie nicht umgehen konnte. Ich rechnete deshalb damit, dass es ihr schwer fallen werde, sich um der Hilfe willen, die sie benötigte, meiner Führung anzuvertrauen. Überraschenderweise schien ihre Kindheit ganz annehmbar gewesen zu sein. Ich hatte erwartet, eine ähnliche Geschichte zu hören wie von Mr. Dale oder Mr. Rausen, bei denen mangelndes elterliches Eingehen auf das Bedürfnis des Kindes nach Verständnis und Zuwendung aus Gründen des Selbstschutzes zu Distanziertheit und Misstrauen geführt hatte. Aber in Ms. Nelsons Fall hatte sich die Patientin schon als Kind zurückgezogen und Angebote zu größerer Nähe gemieden. Natürlich konnte ich mir dessen nicht sicher sein, aber ihre affektive Armut ließ mich an Untersuchungen denken, die den Schluss nahelegen, dass Temperament eine angeborene psychische Veranlagung ist. Ich bemühte mich sehr, der Patientin Reaktionen zu entlocken, die über reine Tatsachenfeststellungen hinausgingen, aber ohne Erfolg. Am Ende einer Sitzung mit ihr kam ich mir oft blöd vor; was vorging, glich dem unablässigen Versuch, sich mit jemandem anzufreunden, der sich offenkundig nicht für einen interessiert. Das soll nicht heißen, dass nichts passierte. Im Laufe von sieben wöchentlichen Sitzungen wurde sich Ms. Nelson zunehmend über die Probleme klar, die ihr zu schaffen machten. Sie betonte jedoch, dass *sie* es sei und nicht ich, die die Antworten darauf finde, und äußerte immer wieder Zweifel, ob sie die Therapie fortsetzen solle.

Die Patientin berichtete mir, dass der Tod ihres Vaters als solcher sie nicht sehr berührt habe; was sie aufregte, war, dass sie als einziges Kind jetzt für das Wohlergehen ihrer Mutter verantwortlich war. Mit der Trauer der Mutter und ihrer Hilflosigkeit in praktischen Dingen zurechtzukommen, war eine Bürde, die Ms. Nelson als lästig empfand. Ich versuchte, aus dem Gegensatz zwischen der Lebensuntüchtigkeit ihrer Mutter und ihrer eigenen hohen Kompetenz ebenso dynamisches Kapital zu schlagen wie aus meiner Annahme, dass ihre Furcht vor allem, was einer abhängigen Beziehung glich, aus ihrer Gleichsetzung von Abhängigkeit mit Hilflosigkeit herrührte, aber meine Bemühungen scheiterten kläglich.

Ms. Nelson fühlte sich viel besser, sobald sie ihre Mutter bei einer entfernten Verwandten untergebracht hatte, die bereit war, die Witwe bei sich aufzunehmen, solange Ms. Nelson für deren Unterhalt aufkam. Der Freund der Patientin zog während dieser Zeit aus ihrer Wohnung aus, und sie merkte, dass sie im Grunde die Freiheit genoß, zu kommen und zu gehen, wie es ihr beliebte. Sie schlief viel besser und benötigte die Schlafmittel nicht mehr, die ihr ihr Internist verschrieben hatte. Was die Patientin nun am tiefsten erschütterte, waren die unheilbare Krankheit und der bevorstehende Tod ihrer Mentorin. Ms. Nelson war auf diese Frau angewiesen, wie es bei niemand anderem je der Fall gewesen war; vielleicht ertrug sie diese Abhängigkeit, weil die zwei Frauen einander charakterlich sehr ähnlich zu sein schienen. Was Ms. Nelson jedoch am meisten verstörte, war nicht die Traurigkeit über den bevorstehenden Verlust, sondern die desorganisierende Wirkung, die die Krankheit ihrer Kollegin auf ihr Leben hatte. Die täglichen Gespräche beim Frühstück oder Mittagessen, bei denen die beiden die Investment-Strategien für verschiedene Klienten planten, die Geschäftspolitik der Firma besprachen und den Einfluss der Weltereignisse auf ihre Branche erörterten, hatten die Achse gebildet, um die sich ihr Leben drehte, und sie vermisste diesen Austausch sehr. Ich äußerte die Vermutung, dass sie sich ohne ihre Kollegin einsam fühle, aber das war nicht das Problem, wie sich herausstellte. Mir wurde klar, dass sie die Unterstützung durch ihre Mentorin vermisste, nicht sie als Person. Als die Tage und Wochen dahingingen, verflüchtigte sich Ms. Nelsons Beklommenheit, da sie merkte, dass sie auch allein gut zurechtkam. Obwohl sie ihre Besuche bei der sterbenden Kollegin im Krankenhaus loyal fortsetzte, merkte ich, dass sie sich von den Vorgängen dort zunehmend distanzierte.

Als sich Ms. Nelson nach der siebenten Sitzung von mir verabschiedete, wandte sie sich an der Tür um und fragte mich: »Also, weiß ich jetzt genug über mich selbst?« Ich war verblüfft über die unerwartete Frage angesichts ihres mangelnden Interesses an der Verfolgung dieser Aufgabe, und ich antwortete unverblümter, als wenn ich vorgewarnt worden wäre: »Nein, ich denke, da ist noch eine ganze Menge, was wir herausfinden müssen.« Sie lächelte geheimnisvoll und ging. Ihre Sekretärin rief in meiner Praxis an und sagte ihren nächsten wöchentlichen Termin ab; auf diese Weise beendete Ms. Nelson ihre Behandlung.

Der Verlauf dieser Therapie führte mir erneut vor Augen, wie sehr wir als TherapeutInnen auf die oft unausgesprochene positive Übertragung zählen; ohne ihr förderliches Vorhandensein verliert unsere Arbeit viel von dem Schwung und der Erregung, die beide Beteiligte beim Behandlungsprozess erleben. Im Rückblick scheint mir, dass die therapeutische Beziehung für Ms. Nelson nicht ein Angebot zu Nähe bedeutete, mit der sie schlecht umgehen konnte, sondern vielmehr Hilfe auf Distanz, das einzige, was sie ertrug. Für sie war Therapie eine unverbindliche Beziehung, die ihr dazu diente, sich zu stabilisieren, als vertraute Fixpunkte aus ihrem Leben verschwanden. Sie gab ihr Zeit, um sich selbst zu beweisen, dass ihre Art, das Leben zu bewältigen, immer noch effektiv war. Paradoxerweise, so schien es mir, war sie in die Therapie gekommen, um sich selbst zu beweisen, dass sie keinen anderen Menschen in ihrem Leben brauchte, dass sie imstande war, es im Wesentlichen allein zu schaffen.

Auf das Entwicklungsmodell bezogen vermute ich, dass Ms. Nelson schon in früher Kindheit und aus uns unbekannten Gründen eine schwere Störung im Bindungssektor der Entwicklung erlitten hatte. Wie es viele hochintelligente Kinder und Jugendliche tun, kompensierte sie das in den Sektoren Autonomie und Kreativität. Was sie an Beziehungen hatte – zu ihrer Mentorin, zu mir und, so vermute ich, zu ihrem Freund –, erfüllte schlicht und einfach

Selbstobjektfunktionen. Von jeder ihrer Bezugspersonen verschaffte sie sich, was sie benötigte, um autonom funktionieren zu können. Es überraschte nicht, dass ihr affektives Instrumentarium äußerst begrenzt war. Während unserer kurzen Begegnungen spürte ich keine Tiefe oder Intensität des Affekts, weder im Positiven noch im Negativen. Vielmehr schien sie sich laufend ihrer Funktionsfähigkeit zu vergewissern – das heißt, ob sie imstande war, allein über die Runden zu kommen oder nicht. Sobald ich sie auf die Quelle ihrer Schwierigkeiten hin orientiert hatte und sie sich in diesem Punkt beruhigt fühlte, machte ihr der bevorstehende Verlust weniger Angst. Mit anderen Worten, ihr innerer Zusammenhalt war jetzt unabhängig von ihrer Bindung an ihre Mentorin; persönliche Beziehungen schienen keine Rolle für ihr Selbstwertgefühl zu spielen. Ihre Fähigkeit, sich selbst auf Kurs zu halten, war nunmehr perfektioniert. Fix in der Anwendung meiner Erläuterungen, orientierte sie sich rasch, war imstande, die nötige Bewältigungskompetenz zu entwickeln, und lernte, sich ausschließlich auf ihre eigenen Reflexionen zu verlassen. Mein Eindruck war, dass ihr unsere gemeinsame Arbeit als Brücke zu einer komfortableren Isolierung diente.

Gerald Shellman

Gerald Shellman, ein 32jähriger Geschäftsmann, kam mit der Klage in die Therapie, dass er sich trotz einer glücklichen Ehe und einer guten Arbeitssituation merkwürdig angespannt fühle und nicht wisse, was er dagegen tun könne. Innerlich war ich skeptisch. Wenn alles so großartig war, wozu war er dann hier? Aber als ich seine frühere und gegenwärtige Lebenssituation rekapitulierte, hatte es tatsächlich den Anschein, als seien keine größeren Probleme vorhanden, die mir die Notwendigkeit einer therapeutischen Intervention signalisiert hätten. Er erwies sich als kompetent in den verschiedenen Sektoren der Entwicklung und schien die Früchte seiner Mühen zu genießen. Das Verhältnis zu seiner Frau und seinen Kindern zeugte von seiner Fähigkeit, erfolgreich an Beziehungen teilzuhaben, und er floh nicht vor Nähe. Dennoch hatte ich den deutlichen Eindruck – wenn auch nicht so krass wie bei Ms. Nelson –, dass er mich auf Distanz hielt. Als er mir über sein Leben erzählte, brachten uns mein Interesse und gelegentliche Kommentare einander nicht näher, wie es in den meisten Fällen geschieht. Ich tappte im Dunkeln, was das unmittelbare Ziel unserer Sitzungen sein könnte, und fragte mich, ob das Problem so tief vergraben sei, dass ich ihm ein psychoanalytisches Vorgehen empfehlen müsse, um es aufzudecken.

In unserem dritten Gespräch erzählte Mr. Shellman von seiner Studienzeit und einem Klassentreffen, an dem er kürzlich teilgenommen hatte. Dabei fiel ihm ein, dass er das schrecklichste Ereignis noch nicht erwähnt habe, das er je erlebt hatte. Während seines letzten Studienjahres hatte sich eine Gruppe von Ortsansässigen Zutritt zu einer Fete in seinem Wohnheim verschafft; es hatte Streit gegeben, und einer der Eindringlinge hatte ohne Vorwarnung eine Pistole gezogen und Geralds besten Freund erschossen. Der Patient erzählte diese Geschichte mit sichtlicher Erschütterung. Ich äußerte den Schock, den auch ich empfand, als ich von diesem Ereignis hörte, und wir sprachen nicht nur über die Wirkung, die der Verlust seines Freundes auf ihn hatte, sondern auch darüber, dass dieses Geschehnis deshalb so traumatisierend war, weil es ihn wie der Blitz aus heiterem Himmel traf. Aufgrund von Mr. Shellmans Reaktion in dieser Sitzung glaubte ich, dass wir uns durch die Erörterung dieser grausigen Geschichte näher gekommen seien und jetzt eine neue Phase der Therapie beginnen könne.

In der nächsten Sitzung nahm Mr. Shellman den Faden dort wieder auf, wo wir geendet hatten, und erzählte noch mehr Details dieses Gewaltaktes und sein Nachspiel. Die College-Verwaltung hatte den Zeugen empfohlen, den psychologischen Beratungsdienst in Anspruch zu nehmen, der den Studenten offenstand. Dies tat mein Patient, und außerdem nahm er an Gruppensitzungen teil, die den Studenten angeboten wurden, um ihnen bei der Verarbeitung dieses Todesfalls zu helfen. Mit Hilfe des Psychiaters, bei dem er mehrere Therapiestunden gehabt hatte, bevor er über Ostern nach Hause fuhr, sei es ihm gelungen, seine Gefühle bezüglich dieser Tragödie zu verarbeiten. Nach den Osterferien hatte er die Therapie nicht wieder aufgenommen. Ich erinnerte ihn, dass wir jetzt April hatten und das Osterwochenende eben hinter uns lag. Er reagierte, als sei er eben aus einem Traum erwacht; offenkundig war es ihm eben wie Schuppen von den Augen gefallen, und er hatte begriffen, dass unsere letzte Sitzung, bei der er mir über den Mord an seinem Freund erzählte, am Jahrestag seines Todes stattgefunden hatte. Es stellte sich heraus, dass er in den letzten zehn Jahren alljährlich in den Wochen vor Ostern die Praxis eines Psychiaters aufgesucht hatte, dem er dieselbe Geschichte erzählte wie mir. Er ging nie zweimal zum gleichen Therapeuten, sondern begann jedes Jahr von neuem und brach die Behandlung nach Ostern ab, bis sich der Jahrestag des Traumas erneut näherte.

Ich begriff, was vor sich ging, und wies ihn auf den Zyklus hin, der das zugrunde liegende Trauma unaufgelöst ließ. Jedes Jahr versuchte er sozusagen, seine Erinnerung bei einem Psychiater zu deponieren, genau wie er es beim ersten Mal versucht hatte, nur um zwölf Monate später festzustellen, dass er sich doch nicht davon befreit hatte. Ich äußerte die Vermutung, dass dies die Ursache seiner Anspannung sei; so etwas lasse sich nicht irgendwo ablegen, sondern müsse durchgearbeitet werden. Er stimmte mir im Prinzip zu, entschuldigte sich dann aber mit dem üblichen Vorwand dringender Geschäfte und der Bitte um einen neuen Termin. Ich weiß nicht, ob ihm meine Erklärung wirklich ins Bewusstsein drang, dass er jetzt in dasselbe vorhersagbare Muster verfalle wie jedes Jahr, und warum es wichtig wäre, dieses Muster zu durchbrechen. Jedenfalls habe ich nie wieder von ihm gehört. Ich war mir ganz sicher, dass ihn im nächsten Jahr, in den Wochen vor Ostern, wieder ein vages Missbehagen dazu treiben würde, einen Psychiater aufzusuchen, mit dem er erneut und zu seiner Überraschung ein weiteres Mal das grausige Ereignis des Todes seines Freundes durchleben konnte.

Eine Abwehr intakt lassen

Mr. Shellmans Versuch, mit einem seelischen Schock durch Dissoziation fertig zu werden, hatte eine Posttraumatische Belastungsstörung zur Folge (Fishman 1989; Horowitz 1988; Shore 1986). Das abgespaltene traumatische Erlebnis war offenbar so überwältigend gewesen, dass ihn seine Teilnahme daran, wenn auch nur als schockierter Zuschauer, für Gefühle von Verwandtheit unerreichbar machte, was diese abgekapselte Erinnerung betraf. Nach seiner Lebensgeschichte zu urteilen, besaß er durchaus die Fähigkeit, sich jemandem anzuvertrauen, was eine Fortsetzung der Therapie ermöglicht hätte. In seiner abwehrbedingten Isolierung benutzte er den therapeutischen Kontakt jedoch nur zur zeitweiligen Verstärkung der Abspaltung seines Erlebnisses aus dem Bewusstsein, statt dessen Bedeutung für sein Seelenleben weiter zu erforschen. Ebenso wie Ms. Nelson konnte er sich nur eine archaische Selbstobjektbeziehung zu einem Psychiater gestatten, dessen Interesse und Aufmerksamkeit ihm erlaubte, sein Selbstgefühl mit Hilfe eingefahrener Bewältigungsmechanismen erneut zu reintegrieren (Gardner 1991). Natürlich war es denkbar, dass die nötige Integration des Traumas, das Mr. Shellman erlitten hatte, zu einem künftigen Zeitpunkt, unter anderen Umständen und vielleicht mit einem anderen Therapeuten gelingen konnte.

Hätte ich, als ich einige Wochen lang nichts von ihm hörte, Mr. Shellman anrufen und versuchen sollen, ihn zu einer Fortsetzung der Therapie zu veranlassen? Ich entschied mich dagegen. Ich dachte, er habe mir so überzeugend wie er konnte zu verstehen gegeben, dass ihm, zumindest gegenwärtig, nicht mehr möglich war. Das bedeutet keineswegs, dass – sowohl im Fall von Ms. Nelson als auch von Mr. Shellman – nichts erreicht wurde. Die Kurzzeittherapie eignet sich sehr gut dazu, Patienten zu helfen, ihr Gleichgewicht wiederzugewinnen, so dass sie aus ihren Fähigkeiten wieder den besten Nutzen ziehen können. Unsere Frustration darüber, dass bei ihnen schmerzhafte oder unnötig hemmende Einschränkungen zurückbleiben, ist etwas, womit wir in diesem Beruf alle lernen müssen zu leben.

10. Problemlösen: Roger Povalente

ROGER POVALENTE

Dank einer Fehlplanung des Architekten ist mein Wartezimmer ohnehin klein geraten, aber Roger Povalentes Größe ließ seine geringen Abmessungen noch mehr ins Auge springen. Als er sich von seinem Stuhl erhob, befürchtete ich, dass er mit dem Kopf an die Decke stoßen werde. In Wirklichkeit war er wahrscheinlich nur etwas über 1,90 groß, genug, um mich neben ihm klein erscheinen zu lassen, aber keineswegs außergewöhnlich unter den heutigen jungen Männern. Was ihn so riesig – ja bedrohlich – wirken ließ, war die Spannung, die von seinem Körper ausging. Wie sein kurzärmliges Hemd und seine engen Jeans erkennen ließen, waren seine Muskeln sehr gut entwickelt und schienen sich ständig in angespanntem Zustand zu befinden. Seine gefurchte Stirn, der stechende Blick seiner eisblauen Augen und die Hände, die sich immer wieder zur Faust ballten, vermittelten den Eindruck mühsam kontrollierter Wut. Und als wir zu sprechen begannen, stellte sich heraus, dass er genau so wütend war, wie er aussah.
Der 27jährige Mr. Povalente fühlte sich in meiner Praxis äußerst unwohl und gab mir in aller Deutlichkeit zu verstehen, dass er sich von mir keine Hilfe erwarte; er bedauerte, auf eine Bekannte, eine meiner früheren Patientinnen, gehört zu haben, die ihm geraten hatte, mit mir zu sprechen. Roger hatte das College abgeschlossen und wirkte recht intelligent, aber er hatte bisher nur untergeordnete Tätigkeiten ausgeübt und gewöhnlich nur für kurze Zeit. Der größte Teil unserer Sitzung wurde von seinem wütenden Geschimpfe über die Vorgesetzten bei seinen verschiedenen bisherigen Jobs in Anspruch genommen: Niemand schien ihm eine Chance geben zu wollen, sich zu bewähren; alle anderen machten Fehler, die man ihnen durchgehen ließ, aber er wurde gefeuert, sobald er den geringsten Vorwand zur Entlassung bot. Er wollte sein Studium fortsetzen und einen höheren Abschluss in Informatik machen, aber bei seinem häufigen Stellenwechsel konnte er sich

nicht das nötige Geld für eine Weiterbildung zusammensparen. Seine Eltern, sagte er, hätten ihn inzwischen »satt«. Sie lehnten es nicht nur ab, ihn finanziell zu unterstützen, sondern hätten ihm die Tür ihres Hauses verschlossen. (Er ignorierte meine Frage, was zu dieser Entfremdung geführt habe.)

All dies wurde mir in aggressivem Ton mitgeteilt, aus dem jenes Misstrauen herauszuhören war, das für die paranoide Persönlichkeit typisch ist. Als ich die Sitzung beendete, warf er rasch hin, dass ich nichts für ihn getan hätte, fragte mich aber im gleichen Atemzug – und nicht zu meiner ungeteilten Freude – nach seinem nächsten Termin. Rückblickend wird mir klar, dass dieser Patient erhebliche Angst bei mir ausgelöst haben muss. Sonst hätte ich sein Ersuchen um einen weiteren Termin als Zeichen zu schätzen gewusst, dass er bereit war, Hilfe von mir anzunehmen. Gleichgültig, was sonst vor sich gehen mag, diese Bereitschaft ist der wesentliche Indikator dafür, dass die Therapie eine Chance auf Erfolg hat.

Statt in der nächsten Sitzung und den folgenden Wochen in seiner Gegenwart entspannter zu werden, fühlte ich mich ihm noch entfremdeter und noch unbehaglicher. In seinen Augen, schien es mir, verschmolz ich zunehmend mit dem Establishment und all jenen, die ihm nicht nur die Teilhabe an den guten Dingen des Lebens vorenthielten, sondern sich an seiner Misere weideten. Ich erfuhr, dass er den schwarzen Gürtel in einer der Kampfsportarten besaß, Bodybuilder war (wie ich vom ersten Augenblick an vermutet hatte) und meine frühere Patientin auf dem Schießplatz kennengelernt hatte, wo er sich im Pistolenschießen übte. Die letztgenannte Information war, schwach ausgedrückt, nicht geeignet, mich zu beruhigen.

Nach unserem dritten Termin merkte ich, dass ich mich in Gegenwart dieser Dynamitladung zunehmend bedroht fühlte, die nach meinem Eindruck jeden Moment hochgehen und mich verletzen oder sogar töten konnte. Mir wäre nichts lieber gewesen, als wenn sich unsere Wege getrennt hätten, aber ich fürchtete, wenn ich seine oft wiederholte Klage aufgriff, ihm nicht zu helfen, könnte mein Vorschlag, seine Besuche zu beenden, der Funke sein, der die Ladung seiner Fehlschläge zur Explosion bringt und den Angriff auslöst, dem ich entgehen wollte. Ich hatte das Gefühl, einen Tiger am Schwanz zu halten.

Als der Tag unseres nächsten Termins näher rückte, spielte mir mein Unbewusstes eine Erinnerung an ein Buch zu, das ich meinen Kindern vorgelesen hatte, als sie noch nicht in die Schule gingen. Es war eine Geschichte über einen sanften Riesen, der durch seine schiere Größe und gelegentliche Tollpatschigkeit die Bevölkerung in Angst und Schrecken versetzte und der aus einem Dorf nach dem anderen vertrieben wurde. Es gelang ihm jedoch, sich mit einer kleinen Prinzessin anzufreunden, die keine Angst vor ihm hatte, und sie überredete ihren Vater, den König, ihn zum Schloss kommen und mit ihr spielen zu lassen. Ich erinnerte mich an den Satz: »Wenn es heiß war, blies er eine sanfte Brise«; in meiner Erinnerung war da ein Bild von seinem riesigen Gesicht, das sich über das Schloss beugt und es zum Behagen der königlichen Familie klimatisiert. Mein nächster Gedanke war: »Aber er krümmte nie jemandem ein Haar.« Ich begriff jetzt, dass diese Kette unaufgeforderter Assoziationen mit Roger Povalente zusammenhing. Die Furcht, die er in mir auslöste, hatte mir den Blick darauf verstellt, dass er trotz all seiner Wut, seiner Größe und Kraft und seiner scheinbaren Impulsivität nie jemandem etwas getan hatte. Obwohl er glaubte, unfairerweise aus einer Stelle nach der anderen entlassen worden zu sein, hatte er keine Vergeltung geübt, sondern bereitwillig den nächsten und übernächsten Job angenommen. Er war nie durch Schlägereien und Raufhändel aufgefallen. Wodurch er Anstoß erregte, waren sein rüdes Vokabular und sein angsteinflößender Habitus.

Natürlich wirkte sich das, was ich für meine Einsicht in Rogers Situation hielt, in unserer nächsten Sitzung auf meinen Umgang mit ihm aus. In der Annahme, mich orientiert und eine gewisse Kompetenz gegenüber seiner Situation erreicht zu haben, steuerte ich unser Gespräch viel entschiedener. Statt ihn weiter über den »Beschiss« schwadronieren zu lassen, der ihm ständig zuteil geworden sei, lenkte ich das Gespräch auf die Vorgänge bei seiner gegenwärtigen Stelle im Lager eines Kaufhauses. Offenkundig wegen seiner Körpergröße und Muskelkraft eingestellt, be- und entlud er Lastwagen mit Dingen wie Kühlschränken und Küchenherden. Jetzt, nach einigen Monaten in dieser Stelle, argwöhnte er wie immer, dass sich sein Chef und seine Kollegen gegen ihn verschworen. Wütend stieß er Drohungen aus wie: »Ich bring dieses Arschloch um«, oder: »Eines Tages hau ich diesem Schwein den Kopf aufs Pflaster.« Ich fragte ihn: »Reden Sie in der Arbeit auch so?« Ein weiterer Schwall von Kraftausdrücken und Invektiven folgte; die Quintessenz war, dass er, nachdem man ihn bei diesem immer schwierigen und manchmal gefährlichen Job zu pausenloser Maloche antreibe, es als sein gutes Recht ansehe, seinen Gefühlen Luft zu machen, wie und wem gegenüber es ihm passte.

An dieser Stelle hätte ich ihn bestätigen können, dass es tatsächlich so klinge, als würde er ausgenützt, aber ich entschied mich dagegen. Vielmehr widersprach ich seiner Rechtfertigung für seine Wutausbrüche mit den Worten: »Ich könnte so sprechen, aber Sie nicht.« Das ließ ihn aufmerken. Ich erklärte ihm, wenn ich mich einer so unflätigen, bedrohlichen Sprache bediente, dann wären die Leute zwar beleidigt, aber niemand würde es ernst nehmen. Ein Blick auf mich würde sie überzeugen, dass ein solches Gerede meinerseits nur leeres Gezeter sei; ich könnte niemandem großen Schaden zufügen. Aber wenn er Wut erkennen lasse, speziell wenn diese mit körperlichen Drohungen einhergehe, dann müsse man das zwangsläufig ernst nehmen. Er könne sich eine solche Sprache nicht leisten, es sei denn, er wolle seine Zuhörer tatsächlich in Angst und Schrecken versetzen. Dies sei der Grund, erklärte ich ihm, warum er immer wieder entlassen werde. Wir wären alle frustriert, wenn wir ähnlich benutzt und ausgenutzt würden, aber was bei jedem anderen ein bedeutungsloser Ausdruck von Unzufriedenheit wäre, werde als echte Gefahr empfunden, wenn es von ihm komme. Die Folge sei, dass seine Arbeitgeber nur den Wunsch hätten, ihn sich vom Halse zu schaffen. »Sie sind ein hochgewachsener, athletisch gebauter Mann, der offenkundig in phantastischer körperlicher Verfassung ist. Wenn Sie so wütend aussehen und dasitzen, als würden Sie mir gleich ins Gesicht springen, dann machen Sie auch mir Angst – obwohl ich jetzt, wo ich Sie besser kenne, weiß, dass Sie nicht zu Gewalttätigkeit neigen«, schloss ich. Hier kompensierte ich die Tatsache, dass ich ihn mit seiner Inkompetenz in persönlichen Beziehungen konfrontierte, indem ich die Legitimität seines Leidens unter der Arbeitssituation bestätigte.

Roger war sehr überrascht über meine Worte. Weil er sich selbst als hilflos und ausgenützt empfand, war er nie auf den Gedanken gekommen, dass er auf andere anders wirken könnte. Was er mich sagen hörte, machte offenbar Eindruck auf ihn, denn bei unserem nächsten Treffen war er imstande, vernünftiger zu reden. Viele Dinge seien für ihn jetzt besser zu begreifen. Er habe sich selbst nie so betrachtet, wie ich es tat. Ich räumte ein, dass es schwierig sei, das zu tun, und sagte, deshalb hätte ich das Gefühl, das Hilfreichste, was ich für ihn tun könne, sei, ihm einen Spiegel vorzuhalten, in dem er sich sehen könne, wie andere ihn sahen. Er berichtete mir, dass er nach unserem letzten Gespräch sein Verhalten gemäßigt und bei der Arbeit ruhiger geworden sei. Er denke, er könne die Situation noch retten. Der Job sei gut bezahlt, und falls er dort bleiben könne, werde er imstande sein, auf sein Ziel hin zu sparen. Als sich die Sitzung dem Ende näherte, sagte er, er habe erhalten, weswegen er gekommen sei, und wolle keinen weiteren Termin vereinbaren. Ich ermutigte ihn, das, was er über sich gelernt habe, auch weiterhin anzuwenden, und wir verabschiedeten uns voneinander. Am Ende des Monats schickte ich ihm eine Rechnung für meine Dienste; es kam kein Scheck, und ich war gern bereit, die Sache zu vergessen.

Ich zuckte zusammen, als ich etwa vier Monate später die Tür meines Behandlungsraums öffnete und Roger Povalente in meinem ansonsten leeren Wartezimmer sitzen sah. Obwohl er viel adretter gekleidet war als früher – er trug Khaki-Hosen, ein sauberes weißes Hemd und einen zweireihigen blauen Blazer –, lag auf seinem Gesicht immer noch der unheimliche, höhnische Zug, den ich an ihm kannte. Seine Miene änderte sich nicht, als er mich erblickte. »Hallo, Doktor«, sagte er, wobei er die Worte dehnte und sie mehr wie eine Drohung als eine Begrüßung klingen ließ. Während er sprach, schwang seine rechte Hand in einem gezielten Bogen über seine Brust und griff in sein Jackett. Das einzige, was mir von diesem Moment in Erinnerung blieb, ist die Überraschung über meine innere Ruhe, als ich seine Hand nach seinem Schulterhalfter greifen sah. Blitzartig wurde mir klar, dass ich sein paranoides Potential unterschätzt hatte und dass dies mein Ende sein könnte. »Ich bin gekommen, um Ihnen Ihr Geld zu bringen«, grummelte er und zog statt des Revolvers, den ich erwartet hatte, einen Umschlag heraus. Ich dankte ihm und wollte ihn eben auf ein paar Minuten in den Praxisraum hereinbitten, aber er spürte wohl, was ich vorhatte, winkte ab und öffnete die Tür zum Vorzimmer. Im Hinausgehen wandte er den Kopf und sagte über seine Schulter: »Ich studiere wieder«, dann verschwand er im Treppenhaus.

Ein Defizit an Verwandtheit kompensieren

Die Aggressionen eines Patienten beunruhigen mich normalerweise nicht; im Gegenteil, mit offen geäußertem Affekt, ob positiv oder negativ, ist leichter umzugehen als mit Affekt, der verborgen wird. Außerdem war Roger Povalente sicherlich nicht der erste aggressive Mann, den ich behandelt hatte und der außerdem groß und kräftig war. Das augenblickliche Missbehagen, das ich bei unserer ersten Begegnung empfand, hatte nichts mit seinen Aggressionen oder seiner Größe zu tun. Was mich beunruhigte, waren das Gefühl abgrundtiefer Entfremdung, das Fehlen des unausgesprochenen, aber gewöhnlich vorhandenen Empfindens von Verwandtheit zwischen Menschen. Da war niemals das Wir-Gefühl, das sich gewöhnlich entwickelt, wenn der Patient merkt, dass er vom Therapeuten verstanden wird. Normalerweise teilen Therapeut und Patient die Überzeugung, dass Menschen zumindest im Prinzip füreinander hilfreich sein können. Als zwei Menschenkinder verbindet uns, so verschieden wir in vielen Dingen sein mögen, eine gemeinsame Grundlage, auf die wir uns beide stützen können, während wir daran arbeiten, einen Modus vivendi zu finden. Selbst bei Ms. Nelson und Mr. Shellman war trotz ihrer begrenzten Fähigkeit, sich jemandem anzuvertrauen, dieses Verbindende zu spüren. Es ist ein Schock, wenn jemand wie Mr. Povalente daherkommt und uns klarmacht, dass dies nicht immer der Fall ist.
Sobald man die Bedeutung des Verwandtheitsbedürfnisses erkannt hat, kann man den Patienten, dessen Schwierigkeiten in diesem Bereich liegen, besser verstehen. Im Grunde bringt ein solcher Mensch zum Ausdruck, dass persönliche Beziehungen nicht nur

nicht hilfreich, sondern eine Quelle von Stress sind. Die Aussicht auf eine therapeutische Beziehung erweckt in einem solchen Patienten nicht nur keine Hoffnung, sondern verschärft noch das spezifische Problem, das ihn in die Therapie geführt hat.

Es ist entscheidend, dass der Therapeut die Angst unter Kontrolle hält, die eine solche Situation erzeugen kann, und einen Schritt zurücktritt, um die Vorzüge zu erkennen, die der Patient in die Behandlung mitgebracht hat. Mr. Povalente verfügte nicht nur über eine gute Intelligenz, er war imstande gewesen, sie zu nutzen und einen ersten akademischen Grad zu erwerben. Er hatte seine Wut nicht ausgelebt, und er hatte das Trauma überstanden, aus dem Elternhaus verbannt zu werden. Es war also etwas da, womit man arbeiten konnte; blockiert war bloß das Herangehen an die Behandlung, an das wir gewöhnt sind. Wir sind bereit, das Bedürfnis eines Patienten nach Bindung, Vertrauen und Bestätigung zu verstehen und zu erfüllen und dadurch eine Grundlage zu schaffen, um dem Patienten – durch Klärung, Unterrichtung und Deutung – zu Lösungen zu verhelfen, die es ihm erlauben, kompetenter zu agieren. Bei Patienten wie Mr. Povalente, die sich in der Isolierung sicherer fühlen, aber durch den Leidensdruck ihrer Situation dazu getrieben werden, sich Hilfe zu holen, ist eine Orientierung auf das unmittelbare Problem und ein direktes und direktives Vorgehen sehr effektiv und ermöglicht uns, den bestmöglichen Nutzen aus ihrer wenn auch geringen Fähigkeit, sich uns anzuvertrauen, zu ziehen, die sie mobilisieren konnten.

Seit ich vor vielen Jahren Roger Povalente behandelte, hatte ich eine ganze Reihe ähnlicher Patienten, die von Anregungen, ihre Bewältigungsversuche zu verändern, profitiert haben. Obwohl affektiv behindert und im Bindungssektor der Entwicklung defizitär, haben sie das Beste aus ihren kognitiven Fähigkeiten gemacht und rasch gelernt und sich angepasst. Gewöhnlich werden durch die vorgeschlagene Änderung zwischenmenschliche Reibungen behoben, die sie aufgrund ihres affektiven Defizits außerstande waren zu sehen, geschweige denn zu beseitigen. Was ihre grundlegendere Problematik betrifft, nämlich die Unfähigkeit, Menschen zu vertrauen, befinden wir uns in einem Teufelskreis. Um unsere Arbeit tun zu können, benötigten wir ein Minimum an Vertrauen, aber das ist genau das Defizit, das bei diesen Patienten zu beheben wäre. Dennoch ist die kognitive Korrektur, die ein solcher Patient akzeptieren kann, mehr als ein Notbehelf; ganz im Gegenteil habe ich in vielen Fällen – wie es offenbar auch bei Roger Povalente der Fall war – erlebt, dass diese Korrektur dem Betroffenen tatsächlich helfen kann, ein höheres Kompetenzniveau zu erreichen und damit auch sein Selbstwertgefühl zu verbessern.

Die Schwierigkeit, mit der man sich in Mr. Povalentes Fall auseinandersetzen musste, war seine Unfähigkeit, die affektive Kommunikation zu verstehen oder daraus Nutzen zu ziehen, die für die soziale Anpassung unerlässlich ist. Seine Beschädigung lag vom entwicklungsbezogenen Standpunkt aus im affektiven Bereich des Affekt/Verstand-Sektors. Ich halte es für sehr wahrscheinlich, dass seine psychische Grundhaltung durch die Isolierung entstand, in die er geriet, als er sich in eine Welt einfügen musste, deren wichtigste Botschaften er entweder missverstand oder die ihm völlig entgingen. Er war chronisch affektiv gestört, aber da kein sichtbares Handicap seinen Zustand verriet, wurden keine Rücksichten auf ihn genommen und keine Heilungsversuche gemacht, und so wurde er mehr und mehr aus dem Mainstream gedrängt.

Verwandtheitsprobleme, die sich durch krasse Mängel im Bereich der affektiven Kommunikation zeigen, sind keinesfalls auf Patienten beschränkt, die eine paranoide oder paranoiaähnliche Abwehrhaltung aufweisen. Wie alle unsere PatientInnen begeben sich Menschen mit Verwandtheitsproblemen in Therapie, wenn die Ordnung, die sie herzustellen vermochten, in die Brüche zu gehen droht. Unter diesem Druck sind sie imstande, Dinge zu hören und anzunehmen, über die sie sich normalerweise hinwegsetzen würden. Dabei hoffen wir natürlich, dass die erfolgreiche Umsetzung der Erläuterungen des Therapeuten im Lauf der Zeit zu Erfahrungen führt, die die Isolierung des Patienten aufbrechen und ein Gefühl verwandtschaftlicher Zugehörigkeit zur Menschheit entstehen lassen. In jedem Fall habe ich die Erfahrung gemacht, dass Patienten, die der *conditio humana* so grundlegend entfremdet sind, nicht in Therapie bleiben, sobald sie das gekriegt haben, weshalb sie herkamen. Gravierende Affektdefizite können therapeutisch korrigiert werden, wie Mr. Dale zeigte. Nach meiner Erfahrung mussten die Patienten, die einem solchen therapeutischen Aufbau oder Umbau zugänglich sind, jedoch das Urerlebnis verwandtschaftlicher Zugehörigkeit nicht völlig entbehren, sondern wurden in einem späteren Entwicklungsstadium gezwungen, sich ihrer affektiven Bedürfnisse zu schämen, wenn sie sich in der Hoffnung auf Erfüllung ihrer Bedürfnisse an ihre Eltern wandten.

Die in den letzten drei Kapiteln vorgestellten Patienten werden gewöhnlich mit diagnostischen Etiketten versehen, die die pathologischen Aspekte ihrer Persönlichkeit fassen, wie borderline, paranoid, defizitär, schizoid oder selbstunsicher. Diese Bezeichnungen werden gewöhnlich auf Patienten mit einer gravierenden Störung im Bereich der Verwandtheit und späteren Schwierigkeiten im Umgang mit Affekten angewandt. Trotz des Schweregrads ihrer Charakterpathologie kann eine kurzfristige Psychotherapie für diese Patienten jedoch sehr hilfreich sein. Tatsächlich ist dies oft die einzige Therapie, die sie angesichts ihrer Schwierigkeit, Beziehungen aufrechtzuerhalten, die nicht in irgendeiner Weise destruktiv oder selbstschädigend sind, durchstehen können. Wie im letzten Fall beinahe geschehen, besteht die Gefahr, dass man sich vom negativen Aspekt der Schwierigkeiten solcher Patienten irreführen lässt. Ohne ihre Grenzen zu übersehen, müssen wir uns der Stärken bewusst bleiben, die sie trotz ihrer Probleme entwickeln konnten. Durch Anwendung des Entwicklungsmodells können wir diesen Patienten helfen, ein Gefühl von Kompetenz und Kohärenz zu erreichen, das sie vor der Behandlung nicht hatten.

Danksagung

Wieder einmal ergreife ich die Gelegenheit, Dr. Jan Fawcett, dem Leiter des Fachbereichs Psychiatrie am Rush Medical College, meinen Dank abzustatten, der meinte, dass dieses Buch benötigt werde, mir zuredete, es zu schreiben, und mir genügend Zeit verschaffte, um es zu vollenden.

Sobald ein lesbarer Entwurf Gestalt angenommen hatte, trommelte ich meine üblichen Helfershelfer zusammen, und alle gingen das Manuskript und dessen zahlreiche Überarbeitungen durch, bis es endlich in den Händen des Verlegers war. Ich stehe in der Schuld von Robert Buchanan, M. D., Roy R. Grinker, Jr., M. D., Paul C. Holinger, M. D., Charles M. Jaffe, M. D. Gary Rosenmutter, M. D., und Virginia C. Saft, M. D., deren Anregungen und Korrekturen mir ungeheuer geholfen haben. Ihre Unterstützung und Begleitung machten meine Aufgabe bei weitem leichter und vergnüglicher, als sie es sonst gewesen wäre.

Darüber hinaus nahmen sich gute Freunde und Kollegen die Zeit und Mühe, die vorletzte Fassung des Buches mit großer Sorgfalt zu lesen. Ich zog enormen Nutzen sowohl aus den inhaltlichen wie stilistischen Kommentaren von Douglas Detrick, Ph. D., Miriam Elson, M. A., A. C. S. W., Richard Gardiner, M. D., Jill R. Gardner, Ph. D., Arnold Goldberg, M. D., Constance Goldberg, M. S. W., David E. Morrison, M. D., und Donald L. Nathanson, M. D.

Wertvoll waren auch die Stellungnahmen zu bestimmten Aspekten des Manuskripts, beigesteuert von Gail Basch, M. D., Stephanie Cavenaugh, M. D., Suzanne Cooperman, M. D., Peter Fink, M. D., Karen Pierce, M. D., und Abbie Sivan, Ph. D. Ich danke außerdem Beatrice Beebe, Ph. D., ein weiteres Mal für die Klärung verschiedener Fragen auf dem Gebiet der kindlichen Entwicklung. In meinem Unterricht am Rush Medical College, wo ich psychotherapeutische Technik anhand des Entwicklungsmodells vermittelte, habe ich von den Ärzten in der psychiatrischen Facharztausbildung höchst wertvolle Rückmeldungen erhalten. Alle waren hilfreich, und ich danke der ganzen Gruppe. Besonderen Dank, den ich mit Vergnügen abstatte, schulde ich John Heather, M. D., für seine Beiträge.

Dank der Vermittlung von Gilbert Levin, Ph. D., dem Direktor des Cape Cod Institute, hatte ich die Chance, meine Vorstellungen über Kurzzeit-Psychotherapie an diesem Institut vorzustellen, das alljährlich vom Fachbereich Psychiatrie am Albert Einstein College of Medicine veranstaltet wird. Wie bei meinen früheren Präsentationen auf diesem Seminar habe ich die Gelegenheit zum Gedankenaustausch mit Kollegen aus allen Teilen des Landes sowie von fremden Gestaden als beflügelnd und lehrreich empfunden und sehr zu schätzen gewusst.

Mrs. Therese Molyneux, Verwaltungssekretärin im Fachbereich Psychiatrie am Rush Medical College, hat meine Aufgabe sehr erleichtert, indem sie mir die zahlreichen logistischen Details abnahm, die bei der Weiterleitung der verschiedenen Fassungen des Manuskripts eine Rolle spielen. Vielen Dank.

Wie sie es bereits wiederholt getan hat, ermutigte, unterstützte und beriet mich Jo Ann Miller, die Vizepräsidentin von Basic Books, in allen Phasen. Ich weiß ihre Bemühungen um mein Manuskript sehr zu schätzen.

Ich hatte das Glück, Nina Gunzenhauser als Bearbeiterin meines Manuskripts zu haben. Ihre Vorschläge – lexikalischer, syntaktischer und stilistischer Art – lösten bei mir regelmäßig die Reaktion aus: »Ja, genau *das* wollte ich sagen.« Vielen herzlichen Dank.

Da dies unser viertes gemeinsam geschaffenes Buch ist, gehen mir die Worte und Wendungen aus, um Eva Sandbergs unschätzbaren Beitrag zu diesem Projekt mit Lob und Dank zu würdigen. Leser, die quasi die erwachsene Version zu sehen bekommen, brauchten sich nicht, wie Eva, daran zu beteiligen, dieses Werk sozusagen von klein auf großzupäppeln. Während es Seite um Seite, Fassung um Fassung heranwuchs, hat Eva nicht nur die nötige Geduld aufgebracht und meinen Gedanken eine getippte Form gegeben, sondern gelegentlich auch Bemerkungen und Vorschläge gemacht, die mich in die richtige Richtung lenkten. Wie sie inzwischen weiß, wird der Lohn für ihre gute Arbeit in noch mehr Arbeit bestehen; ich bezweifle nicht, dass Eva und ich in Kürze wieder diesen Weg einschlagen werden. Ich könnte mir keinen besseren Kameraden wünschen.

Etwas geschrieben zu haben, macht Vergnügen; für das Schreiben gilt dies keineswegs immer. Niemand weiß dies besser als meine

Frau. Carol feuert mich an, wenn es gut läuft, und sie heitert mich auf, wenn es hakt. Ihre Zuversicht, dass ich nicht nur tun kann, sondern tun werde, was ich mir vorgenommen habe, hat mir Kraft gegeben und eine Idee Wirklichkeit werden lassen.

Liste der Illustrationen

Literatur

Alexander, F. (1954). Some quantitative aspects of psychoanalytic technique. *Journal of the American Psychoanalytic Association, 2,* 685-701.

– (1958). Unexplored areas in psychoanalytic theory and treatment, Part II. In *The scope of psychoanalysis* (pp. 319-335). New York: Basic Books.

Basch, M. F. (1980). *Doing psychotherapy.* New York: BasicBooks.

– (1983). Empathic understanding: A review of the concept and some theoretical considerations. *Journal of the American Psychoanalytic Association,* 31, 101-126.

– (1986). How does analysis cure? An appreciation. *Psychoanalytic Inquiry,* 6, 403-428.

– (1988). *Understanding psychotherapy: The science behind the art.* New York: BasicBooks. – Deutsch: Die Kunst der Psychotherapie. J. Pfeiffer Verlag, München 1992.

– (1991). Are selfobjects the only objects? Implications for psychoanalytic technique. In A. Goldberg (Ed.). *Progress in self psychology,* Vol. 7 (pp. 3-15). Hillsdale, NJ: The Analytic Press.

– (1992). *Practicing psychotherapy: A casebook.* New York: BasicBooks.

– (1994). The selfobject concept: Clinical implications. In A. Goldberg (Ed.). *Progress in self psychology,* Vol. 10 (pp. 1-7). Hillsdale, NJ: The Analytic Press.

Budman, S. H. (1981). *Forms of brief therapy.* New York: Guilford Press.

Burke, J., Jr., White, H., & Havens, L. (1979). Which short-term therapy? Matching patient and method. *Archives of General Psychiatry, 36* (Feb.), 177-186.

Crits-Christoph, P., & Barber, J. P. (1991). *Handbook of short-term dynamic psychotherapy.* New York: BasicBooks.

Davanloo, H. (1980). *Short-term psychotherapy,* Vol. 1. New York: Jason Aronson.

Erikson, E. H. (1950). *Childhood and society.* New York: Norton. – Deutsch: Kindheit und Gesellschaft. Pan Verlag, Zürich/Stuttgart 1957.

Fishman, G. (1989). Psychoanalytic psychotherapy. In *Treatments of psychiatric disorders,* Vol. 2. Washington, DC: American Psychiatric Association.

Flegenheimer, W. F. (1982). *Techniques of brief psychotherapy.* New York: Jason Aronson.

Freud, S. (1912a). Zur Dynamik der Übertragung. In: Freud, Gesammelte Werke (G. W.) Bd. VIII. London, Frankfurt a. M.

– (1912b). Ratschläge für den Arzt bei der psychoanalytischen Behandlung. G. W. Bd. VIII.

– (1913). Zur Einleitung der Behandlung. G. W. Bd. VIII.

– (1914). Erinnern, Wiederholen und Durcharbeiten. G. W. Bd. X.

– (1915). Bemerkungen über die Übertragungsliebe. G. W. Bd. X.

Gardner, J. R. (1991). The application of self-psychology to brief psychotherapy. *Psychoanalytic Psychology,* 8, 477-500.

Gay, P. (1988). *Freud: A life for our time.* New York: Norton. – Deutsch: Freud. Eine Biographie für unsere Zeit. Fischer Verlag, Frankfurt 1995.

Gedo, J. E. (1979). *Beyond interpretation.* New York: International Universities Press.

– (1988). *The mind in disorder.* Hillsdale, NJ: The Analytic Press.

Goldberg, A. (1973). Psychotherapy of narcissistic injuries. *Archives of General Psychiatry,* 28, 722-726.

Goldberg, C. (1995). The analytic template: Help or hindrance in the conduct of psychotherapy? *Clinical Social Work Journal,* 23, 87-99.

Greenson, R. R. (1967). *The technique and practice of psychoanalysis,* Vol. 1. New York: International Universities Press.

Gustafson, J. (1984). An integration of brief dynamic psychotherapy. *American Journal of Psychiatry, 141,* 935-944.

Horowitz, M. (1988). *Introduction to psychodynamics.* New York: Basic Books.

Jones, E. (1953). *The life and work of Sigmund Freud,* Vol. 1. New York: BasicBooks. – Deutsch: Sigmund Freud. Leben und Werk. S. Fischer Verlag, Frankfut a. M. 1969.

Karen, R. (1994). *Becoming attached.* New York: Warner Books.

Kohut, H. (1971). *The analysis of the self.* New York: International Universities Press.

- (1977). *The restoration of the self.* New York: International Universities Press.

- (1984). *How does analysis cure?* Chicago: The University of Chicago Press. – Deutsch: Die Heilung des Selbst. Suhrkamp Verlag, Frankfurt 1981.

- (1987). *The Kohut seminars.* Edited by M. Elson. New York: Norton. – Deutsch: Auf der Suche nach dem Selbst, hrsg. v. M. Elson. J. Pfeiffer Verlag, München 1993.

Lazarus, A. A., & Fay, A. (1990). Brief psychotherapy: Tautology or oxymoron? In J. K. Zeig & S. G. Gilligan (Eds.). *Brief therapy* (pp. 36-46). New York: Brunner/Mazel.

Malan, D. H. (1976). *The frontier of brief psychotherapy.* New York: Plenum Medical Book Company.

Mann, J. (1973). *Time-limited psychotherapy.* Cambridge: Harvard University Press.

- (1981). The core of time-limited psychotherapy: Time and the central issue. In S. H. Budman (Ed.). *Forms of brief therapy* (pp. 25-43). New York: Guilford Press.

Meltzoff, A. N. (1985). The roots of social and cognitive development: Models of man's original nature. In T. M. Field & N. A. Fox (Eds.). *Social perception in infants* (pp. 1-30). Norwood, NJ: Ablex Publishing Corporation.

- (1990). Foundations for developing a concept of self: The role of imitation in relating self to other and the value of social mirroring, social modeling, and self practice in infancy. In D. Ciccetti & M. Beeghly (Eds.). *The self in transition: Infancy to childhood* (pp. 139-164). Chicago: University of Chicago Press.

Nathanson, D. L. (Ed.). (1987). *The many faces of shame.* New York: Guilford Press.

- (1992). *Shame and pride: Affect, sex, and the birth of the self.* New York: Norton.

- (1994a). Shame, compassion, and the „borderline personality." *Psychiatric Clinics of North America, 17,* 785-810.

– (1994b). The case against depression. *Bulletin of the Tomkins Institute,* 1(2), pp. 1-3.

Shore, J. (1986). *Disaster stress studies: New methods and findings.* Washington, DC: American Psychiatric Press.

Sifneos, P. E. (1992). *Short-term anxiety-provoking psychotherapy: A treatment manual.* New York: BasicBooks.

Stern, D. (1985). *The interpersonal world of the infant.* New York: Basic Books. – Deutsch: Die Lebenserfahrung des Säuglings. Klett-Cotta Verlag, Stuttgart 1992.

– (1989). Crib monologues from a psychoanalytic perspective. In K. Nelson (Ed.). *Narratives from the crib* (pp. 309-319). Cambridge: Harvard University Press.

– (1990). *Diary of a baby.* New York: BasicBooks. – Deutsch: Tagebuch eines Babys. Piper Verlag, München 1991.

Strupp, H. (1980a). Success and failure in time-limited psychotherapy. A systematic comparison of two cases: Comparison 1. *Archives of General Psychiatry, 37* (May), 595-603.

(1980b). Success and failure in time-limited psychotherapy. A systematic comparison of two cases: Comparison 2. *Archives of General Psychiatry, 37* June), 708-716.

– (1980c). Success and failure in time-limited psychotherapy. Further evidence (comparison 4). *Archives of General Psychiatry, 37* (Aug.), 947-954.

Tomkins, S. S. (1970). Affects as the primary motivational system. In M. B. Arnold (Ed.). *Feelings and emotions* (pp. 101-110). New York: Academic Press.

– (1980). Affects as amplification: Some modification in theory. In R. Plutchik & H. Kellerman (Eds.). *Emotions: Theory, research and experience* (pp. 141-164). New York: Academic Press.

– (1981). The quest for primary motives: Biography and autobiography of an idea. *Journal of Personality and Social Psychology, 41,* 306-329.

Waddington, C. H. (1966). *Principles of development and differentiation.* New York: Macmillan.

Zeig, G. K., & Gilligan, S. G. (Eds.) (1990). *Brief therapy: Myths, methods, and metaphors.* New York: Brunner/Mazel.